微观经济学学习指导

（第二版）

刘 东　王国生　张建忠　主编

南京大学出版社

商学院文库编委会

主 任 委 员 洪银兴　赵曙明

副主任委员 刘厚俊　金鑫荣

委　　　员（按姓氏笔画排序）

　　　　　　　刘厚俊　刘志彪　刘　洪

　　　　　　　陈传明　杨雄胜　张二震

　　　　　　　沈坤荣　范从来　金鑫荣

　　　　　　　洪银兴　赵曙明　裴　平

前　言

本书是与刘东、梁东黎主编的《微观经济学》配套的教学参考书。书中简要介绍了每章基本内容，罗列了每章需掌握的基本概念，配备了与每章内容相应的选择题、判断题、计算题、问答题。通过本书，可以更扎实地掌握"微观经济学"的知识。

《微观经济学学习指导》2001年出版。为了更适应"微观经济学"的本科教学，《微观经济学学习指导（第二版）》在如下方面进行了调整：① 将第一版第二章"市场概貌"的内容并入第一章"稀缺资源的配置"中；② 保留了大部分第一版的题目，删除少量质量差的题目；③ 补充了一些低难度的题目；④ 难度较大的计算题用"﹡"表示；难度更大的计算题用"﹡﹡"表示，初学者可以不用做这些题。

本书第一版第1～8章由王国生编写，第9～16章由刘东编写，王屹亭参与了相关章节计算题的编写，张建忠承担了第二版的修改补充工作。在本书的编撰过程中，我们参考了尹伯成主编的《现代西方经济学习题指南》、周惠中的《微观经济学教学参考书》、胡维熊主编的《现代西方经济学习题集》、萨缪尔森和诺德豪斯的《经济学学习指南》、劳伦斯·W·马丁的《斯蒂格利茨〈经济学〉（第三版）学习指导》、史蒂芬·斯拉文、史先诚和刘东的《微观经济学》，在此特向有关作者表示感谢。

本书适用于高等院校经济管理类本科生、研究生及所有有志于学习"微观经济学"的读者。

刘　东

2009.6 于南京大学

目 录

第一篇 导 论

第 一 章 稀缺资源的配置 ················ 1
    概要 ···························· 1
    基本概念 ························ 3
    选择题及其答案 ···················· 3
    判断题及其答案 ···················· 5
    问答题及其答案 ···················· 7

第二篇 需 求

第 二 章 消费者行为 ·················· 10
    概要 ··························· 10
    基本概念 ······················· 11
    选择题及其答案 ··················· 11
    判断题及其答案 ··················· 18
    计算题及其答案 ··················· 19
    问答题及其答案 ··················· 25
第 三 章 需求 ······················ 30
    概要 ··························· 30
    基本概念 ······················· 31

　　　　选择题及其答案……………………………… 31
　　　　判断题及其答案……………………………… 41
　　　　计算题及其答案……………………………… 43
　　　　问答题及其答案……………………………… 48

第三篇　供　　给

第　四　章　厂商投入与产出的技术关系………… 55
　　　　概要…………………………………………… 55
　　　　基本概念……………………………………… 56
　　　　选择题及其答案……………………………… 56
　　　　判断题及其答案……………………………… 62
　　　　计算题及其答案……………………………… 64
　　　　问答题及其答案……………………………… 67

第　五　章　成本……………………………………… 71
　　　　概要…………………………………………… 71
　　　　基本概念……………………………………… 72
　　　　选择题及其答案……………………………… 72
　　　　判断题及其答案……………………………… 81
　　　　计算题及其答案……………………………… 83
　　　　问答题及其答案……………………………… 93

第　六　章　完全竞争条件下的产品供给…………… 97
　　　　概要…………………………………………… 97
　　　　基本概念……………………………………… 98
　　　　选择题及其答案……………………………… 98
　　　　判断题及其答案………………………………106
　　　　计算题及其答案………………………………107
　　　　问答题及其答案………………………………111

第四篇　产品市场的均衡

第七章　完全竞争市场产量和价格的决定……　114
　　概要……　114
　　基本概念……　116
　　选择题及其答案……　116
　　判断题及其答案……　129
　　计算题及其答案……　134
　　问答题及其答案……　145
第八章　完全垄断市场产量和价格的决定……　155
　　概要……　155
　　基本概念……　156
　　选择题及其答案……　156
　　判断题及其答案……　164
　　计算题及其答案……　166
　　问答题及其答案……　173
第九章　垄断竞争市场产量和价格的决定……　176
　　概要……　176
　　基本概念……　177
　　选择题及其答案……　177
　　判断题及其答案……　181
　　计算题及其答案……　183
　　问答题及其答案……　186
第十章　寡头垄断市场产量和价格的决定……　189
　　概要……　189
　　基本概念……　190
　　选择题及其答案……　190
　　判断题及其答案……　196

计算题及其答案…………………………… 197
   问答题及其答案…………………………… 204

第五篇 要素市场的均衡

第十一章 生产要素价格的决定…………………… 206
   概要……………………………………… 206
   基本概念………………………………… 207
   选择题及其答案………………………… 207
   判断题及其答案………………………… 213
   计算题及其答案………………………… 214
   问答题及其答案………………………… 222
第十二章 工资、利息、地租和利润……………… 224
   概要……………………………………… 224
   基本概念………………………………… 225
   选择题及其答案………………………… 225
   判断题及其答案………………………… 234
   计算题及其答案………………………… 235
   问答题及其答案………………………… 240

第六篇 一般均衡与经济福利

第十三章 一般均衡理论…………………………… 242
   概要……………………………………… 242
   基本概念………………………………… 243
   选择题及其答案………………………… 243
   判断题及其答案………………………… 248
   计算题及其答案………………………… 249
   问答题及其答案………………………… 252
第十四章 经济福利………………………………… 253
   概要……………………………………… 253

	基本概念	254
	选择题及其答案	254
	判断题及其答案	255
	计算题及其答案	256
	问答题及其答案	259
第十五章	市场经济与政府管制	260
	概要	260
	基本概念	260
	选择题及其答案	261
	判断题及其答案	264
	计算题及其答案	265
	问答题及其答案	270

第一篇 导　　论

第一章
稀缺资源的配置

概　要

1. "经济"一词最早出现在古希腊色诺芬撰写的《经济论》一书,当时的含义是探讨以家庭为单位如何管理、组织生产;到了重商主义阶段,在经济学前面加上政治一词,即政治经济学,表明转向研究"国家生财之学";进入古典主义阶段,亚当·斯密出版的《国富论》标志着政治经济学以独立的学科面世。

2. 进入十九世纪,政治经济学沿着两个方向发展,一派倡导建立具有科学、实证特点的经济学,反对使用"政治经济学"字眼,该学派由马歇尔集其大成,被称为新古典经济学,即现在我们所说的西方经济学;另一派由马克思主义经济学和制度学派为代表,强调对经济问题的综合考察,仍沿用政治经济学一词;进入二十世纪,资本主义国家出现大萧条,这对新古典经济学提出了责难,凯恩斯另辟蹊径,创立了宏观经济学,由此促成新古典经济学分离为微观经济学和宏观经济学。

3. 生产的目的是为了满足消费的需要,由于生产所耗用的资源是稀缺的,而人们的需要却是无限多样的,为了解决稀缺资源与无限需要之间的矛盾,就必须寻求稀缺资源有效配置的机制或方案,这就构成了微观经济学的研究对象。生产什么、生产多少和如何生产的问题是基本的资源配置问题,而为谁生产的问题则会影响上述两个问题的解决,这三个问题都是各个经济体制必须解决的,只是解决的方式有所不同。

4. 市场经济体制采用分散决策配置资源,市场价格担当了激励功能、信息传递功能、收入再分配功能;计划经济机制采用集中决策配置资源,激励、信息传递和收入再分配是纵向的,通过权威的方式进行资源配置。微观经济学通过对一般均衡的研究,证明了竞争性的市场能够实现稀缺资源的有效配置。

5. 微观经济学的研究方法主要包括:实证方法、经济理性主义假定和均衡分析方法。其中实证方法主要回答经济现象是什么、它怎样以及为什么变化,其后果是什么这一类问题。经济学通过构建经济模型来展开实证研究,一般说来首先要设立假设前提,然后建立有关经济变量的函数关系,进而通过演绎推导出结论。与实证方法相反,规范方法着眼于建立评判是非曲直的标准,判定现有的经济状况应该怎样。实证研究与规范研究互为补充。

6. 经济理性主义假定是假定从事经济活动的主体具有非常明确的目标,具有充分的知识和信息,在决策时善于权衡利弊得失,找到最佳方案,以获得尽可能大的利益。

7. 均衡分析在经济学中得到广泛的应用,所谓经济均衡是指在其他条件不变时,对立的经济变量不再改变其数值的状态。均衡分析又可进一步细分为静态均衡分析、比较静态均衡分析、动态均衡分析,或局部均衡分析与一般均衡分析等。

8. 经济学所研究的市场有比较严格的界定,它包含四个特征:① 一组当事人为了出让或取得商品互相发生关系;② 当事人的行为是自愿的;③ 当事人通过价格和一定数量的商品发生联系;④ 在出让和取得商品中存在竞争。

第一章 稀缺资源的配置

基本概念

生产可能性边界　资源配置　实证分析　规范分析　经济理性主义假定　经济均衡

选择题

1. 经济学可定义为　　　　　　　　　　　　　　　（　）
   A. 政府对市场制度的干预
   B. 企业赚取利润的活动
   C. 研究稀缺资源如何有效配置的问题
   D. 个人的生财之道

2. "资源是稀缺的"是指　　　　　　　　　　　　　（　）
   A. 资源是不可再生的
   B. 资源必须留给下一代
   C. 资源终将被耗费殆尽
   D. 相对于需求而言,资源总是不足的

3. 失业问题如果反映在生产可能性曲线图上,可记为（　）
   A. 生产可能性曲线内的一点
   B. 生产可能性曲线上的一点
   C. 生产可能性曲线以外的一点
   D. 不在该平面直角坐标系上

4. 下列哪一项会导致一国生产可能性曲线的外移？（　）
   A. 股市持续走强
   B. 通货膨胀
   C. 有用资源被发掘或技术进步
   D. 消费品生产增加,资本品生产下降

5. 一个经济体系必须作出的基本选择是　　　　　　（　）
   A. 生产什么,生产多少　　B. 如何生产
   C. 为谁生产　　　　　　　D. 以上都包括

6. 计划经济体制解决资源配置问题的方式有　　　（　）
   A. 分散决策　　　　　　B. 竞争生产
   C. 纵向传递信息　　　　D. 要素市场定价
7. 在市场经济体制中,价格不发挥哪个功能?　　（　）
   A. 激励功能　　　　　　B. 集中资源办大事
   C. 收入再分配功能　　　D. 信息传递功能
8. 下列哪个陈述不属于实证主义陈述?　　　　（　）
   A. 1990年的海湾危机引起石油价格上升,并导致了汽油消费的下降。
   B. 穷人应该不纳税。
   C. 美国经济比俄罗斯经济增长得更快。
   D. "让一部分人先富起来"政策,拉开了中国居民收入的贫富差距。
9. 政府税收政策和转移支付政策直接关系到　　（　）
   A. 生产什么　　　　　　B. 如何生产
   C. 为谁生产　　　　　　D. 生产多少
10. 经济均衡是指　　　　　　　　　　　　　（　）
    A. 在其他条件不变时,经济行为或经济状态不再改变
    B. 无论发生什么情况,这种状态都将处于稳定状况
    C. 一种理想状况,现实中并不会发生
    D. 规范分析中才使用的范畴

答　案

1. C。A、B、D都是经济学所考察的某一个方面,不能作为经济学的定义。

2. D。资源的稀缺性是指,在一定时期内,与人们的需要相比较,资源的供给量相对不足。事实上有些资源是可再生的,并且用之不竭,但我们对其用途进行选择,这仍然是稀缺资源如何配置的问题。

3. A. 失业代表一部分劳动力资源没有被利用,处于闲置状态,社会没有达到最大产出水平。

4. C. 股市过热或通货膨胀都属于符号经济的过热表现,不代表实体经济的增长。

5. D. 生产什么、生产多少和如何生产,以及为谁生产的问题都是各个经济体制必须解决的基本问题。

6. C. 在计划经济体制中,决策部门所需信息都是通过垂直的渠道汇总而来的。A、B、D属于市场经济体制配置资源的方式。

7. B. 弗里德曼将价格归纳为三大功能:激励、信息传递、收入再分配。

8. B. B是价值判断,A、C、D是对经济状况的描述。

9. C. 为谁生产是指产品的销售收入如何在参与生产的各部分人之间进行分配,选择结果决定了各类要素所有者的收入水平。税收和转移支付恰恰影响的是居民收入水平,故选C。

10. A. 经济均衡是可以实现的最优状态,给定某种外在条件,就会对应一种均衡结果,当外部条件变化了,均衡也随之改变。

判断题

1. 稀缺资源的有效配置要求生产的产品越多越好。( )
2. 为谁生产是资源配置在产出方面的反映,生产什么、生产多少、如何生产则是资源配置在投入方面的反映。( )
3. 规范方法就是抓住主要的因素,建立抽象的理论结构,赋予经常发生的经济现象一种理论上的意义,以此概括复杂的经济现象。( )
4. 经济理性主义认为利他主义是一种"非理性"的行为。( )
5. "石油公司获得了超额利润,它们应该上缴额外利润税"是规范分析。( )

6. 比较静态分析是从时间序列角度对经济现象的分析。
(　　)

7. 一般均衡是对全部产品同时达到市场均衡状态的分析。
(　　)

8. 如何生产是指产品的销售收入如何在参与生产的各部分人之间进行分配。(　　)

9. 生产可能性曲线表明一国资源总能被充分利用。(　　)

10. 微观经济学认为,通过竞争性市场制度的安排,可以将人们的利己之心引导到资源配置的最优状态。(　　)

11. 微观经济学认为市场是商品买卖的场所。(　　)

12. 西方经济学认为价格是价值的外在表现,价格围绕价值上下波动。(　　)

13. 政府征税不是市场行为。(　　)

14. 政府采购不是市场行为。(　　)

15. 工资、地租、利息是要素市场的价格。(　　)

答　案

1. 错误。稀缺资源的有效配置并非生产的产品越多越好,而是要求生产消费者最需要的产品。

2. 错误。生产什么、生产多少是资源配置在产出方面的反映,为谁生产、如何生产则是资源配置在投入方面的反映。

3. 错误。实证方法就是抓住主要的因素,建立抽象的理论模型,赋予经常发生的经济现象一种理论上的意义,以此概括复杂的经济现象。

4. 错误。理性行为不一定是自私自利的,更不一定是损人利己的,对于利他主义而言,助人为乐是能够令自己幸福的事情,这同样是一种理性的选择。

5. 正确。规范分析只涉及对事实的评价,而不涉及对事实的科学描述。

6. 错误。动态分析是从时间序列角度对经济现象的分析。

7. 错误。一般均衡是对全部产品和要素同时达到市场均衡状态的分析。

8. 错误。为谁生产是指产品的销售收入如何在参与生产的各部分人之间进行分配。

9. 错误。生产可能性曲线表明在既定的资源约束下,社会产出所能达到的最大限度。当资源未被充分利用时,一国产出就会落在生产可能性曲线以内。

10. 正确。微观经济学尊重人的本性,并不试图改造它,而是通过有效的制度安排,以实现社会的最优目标。

11. 错误。将市场定义为商品买卖的场所,是对有形市场的界定,是一种狭义的定义,未能概括市场的本质特征。经济学考察市场,更注重市场中买卖双方基于资源基础上的相互作用。

12. 错误。马克思主义经济学认为价格是价值的外在表现,价格围绕价值上下波动。西方经济学并不试图揭示经济的本质,而只注重经济的运行,认为价格是需求与供给相互作用的结果。

13. 正确。市场中当事人的行为是自愿的,而征税则是超经济的强制,不是市场行为。

14. 错误。政府既是市场规则的制定者、监督者,也是市场活动的参与者。在政府采购中,政府是以商品需求者的身份参与市场交易,是一种市场行为。

15. 正确。要素市场可进一步细分为劳动市场、货币市场、土地市场等,其中工资是劳动市场的价格,地租是土地市场的价格,利息是货币市场的价格。

问答题

1. 微观经济学研究什么?
2. 每个经济体系都面临的基本选择有哪些?
3. 资源配置的有效性有哪几个方面的含义?它们分别如何

表示？

4. 实证经济学与规范经济学各自的特点是什么？相互关系如何？
5. 微观经济学为什么又叫价格理论？
6. 什么是经济理性主义假定？为何要作出该假定？
7. 市场机制的特点是什么？包含哪些要素？

答　案

1. 答：社会的生产实质上就是对资源的利用。资源具有两方面的特点：① 稀缺性，相对于人们的需要而言，资源的供给量是不足的；② 多用性，同一种资源可以有多种用途。而人们对产品和劳务的需要则是无限的，永远没有满足。这样一来，资源稀缺性和需要无限性就构成了一对矛盾，要求能够最优地或有效地配置稀缺资源，以满足人们无限多样的需要，这一问题就构成微观经济学的研究对象。

2. 答：任何经济体系，无论其内部制度安排如何，由于资源稀缺与需要无限这对矛盾的存在，都必须对三个基本选择作出答复：① 生产什么，生产多少，这是对产出的选择；② 如何生产，这是对投入资源的选择；③ 为谁生产，这关系到产品销售收入如何在参与生产的各部分人之间的分配，实质是对资源投入的评价。生产什么、生产多少和如何生产是基本的资源配置问题，而为谁生产的问题则会影响上述两个问题的解决。这三个问题都是各个经济体制必须解决的，只是解决的方式有所不同。

3. 答：资源配置的有效性包括以下三方面的含义：① 技术效率，以实际产出与生产可能性边界的距离来衡量，它反映在技术水平既定，资源数量既定的情况下，实际产出最大化的程度；② 配置效率，以实际产出组合与社会需要的产出组合之间的距离来表示，它表示实际产出组合与社会要求的产出组合相吻合的程度，该距离越短效率越高；③ 动态效率，以生产可能性边界向外扩展的距离来表示，它主要反映由技术进步带来的生产能力提高的程度。

第一章 稀缺资源的配置

4. 答：实证方法的特点在于描述现象，说明现象。它主要回答，某种经济现象是怎么一回事，它是由什么导致的，为什么会变化，后果是什么。实证研究可以通过建立经济模型来展开：首先设立假设前提，其次建立有关经济变量的联系，进而通过演绎推导出结论。而规范方法的特点在于说明应该怎样做。首先要建立评判是非曲直的标准，然后用它与存在的事件对比，看该事件是否符合标准。规范研究要借助于实证研究，实证研究也包括规范研究，两者互补。

5. 答：微观经济学在产品市场分析中，考察消费者对各种产品的需求与生产者对产品的供给怎样决定每种产品的价格；在要素市场分析中，考察生产要素的供给与生产者对生产要素的需求怎样决定生产要素的使用量及价格（工资、正常利润、地租、利息）。在市场经济中，这些问题都是由价格机制决定的，也就是产品价格和要素价格的决定问题。因此微观经济学通篇就是研究价格的形成问题，所以又叫价格理论。在市场经济中，产品价格和要素价格的决定，其实就是资源配置问题，因为资源配置于什么部门，即生产什么、生产多少、为谁生产，完全由价格决定，通过价格的变动调节资源配置的方向，从而实现资源的合理配置。

6. 答：经济理性主义假定人在经济生活中总是受到利己之心驱使，通过对各种可能方案的理性选择，寻求能够实现最大限度利益的最优方案。通过经济理性主义假定撇开了人类行为的其他动机，赋予个人以"经济人"的行动目标，从而可以抓住主要问题，建立起一整套经济理论体系。这种抽象的方法是科学赖以建立和发展的重要基础。

7. 答：市场机制解决资源的配置问题时，生产什么、生产多少是由众多的生产者分散决策形成的；如何生产，是通过构造竞争性的市场环境，迫使生产者以最低的成本进行供给；为谁生产，是通过生产要素市场的供给与需求所形成的价格来实现，当事人的收入取决于他提供的要素数量与要素价格的乘积。

第二篇 需 求

第二章
消费者行为

概　要

1. 微观经济学研究消费者行为,目的并不在于指导消费者在现实生活中具体购买哪种商品,而是为了从理论上对消费者行为加以概括,从而为研究市场需求提供理论基础。

2. 基数效用理论假定,消费者在消费中所获得的主观满足程度,可以用统一的效用单位来精确地衡量,消费者在各种消费中获得的效用没有质的不同,只有量的差异,这对研究消费者行为提出了较为苛刻的要求;而序数效用理论则假定,消费满足程度的高低,仅仅表现为消费者偏好的强弱,不需要也不能够用效用单位精确地衡量。由于序数效用理论放松了假定,但仍然能够获得与基数效用一致的结论,故而是理论上的进步。

3. 基数效用理论依据的公理性假设是边际效用递减规律,这一规律来源于对日常经验的归纳,不能通过逻辑推理加以证明。而序数效用理论采用无差异曲线分析方法,假定各种商品间的边际替代率是递减的,在持续地以一种商品替代另一种商品的过程中,被替代的商品数量越来越少,这意味着大多数消费者并不仅仅消费一种商品,而是同时消费几种商品。边际替代率递减规律也是对经验的归纳,是公理性假设,不能被逻辑推理所证明。

4. 消费者均衡是指消费者在收入和商品价格既定的条件下,所购买的商品数量能使主观满足程度达到最大的状态。无论是基数效用理论,还是序数效用理论,都能推导出相同的消费者均衡条件:$MU_X/MU_Y = P_X/P_Y$。撇开基数和序数意义上的区别,两种理论对消费者行为的描述殊途同归。

基本概念

效用　边际效用　边际效用递减规则　消费者均衡　无差异曲线　边际替代率　消费者预算线　基数效用　序数效用

选择题

1. 如果我们知道某人的需求表,我们可以得出　　　　（　　）
   A. 他的边际效用而非他的总效用
   B. 他的总效用而非他的边际效用
   C. 他的边际效用和总效用
   D. 既非他的边际效用也非他的总效用

2. 姚明去买鞋子而且他有足够多的钱,他将买鞋直到（　　）
   A. 他的总效用等于价格
   B. 他的边际效用等于价格
   C. 他用完全部的钱
   D. 这个商店售完全部的鞋子

3. 当你越来越多地购买某种商品或服务时,你的　　（　　）
   A. 总效用和边际效用都递减
   B. 总效用和边际效用都增加
   C. 总效用增加,边际效用减少
   D. 总效用减少,边际效用增加

4. 在 MRS 递增的情况下,均衡点是消费者只购买其中一种

商品,这一判断 ( )
 A. 错误
 B. 正确
 C. 需依据商品性质而定
 D. 假设与结论没有关系

5. 已知消费者的收入是 100 元,商品 X 的价格是 10 元,商品 Y 的价格是 3 元,假定他打算购买 7 单位 X,10 单位 Y,这时商品 X 和 Y 的边际效用是 50 和 18,如要获得最大效用,他应该( )
 A. 停止购买   B. 增加 X,减少 Y
 C. 增加 Y,减少 X D. 同时增购 X,Y

6. 若某条无差异曲线是水平直线,这表明该消费者对哪种商品的消费已达饱和?(设 X 由横轴度量,Y 由纵轴度量) ( )
 A. 商品 Y B. 商品 X
 C. 商品 X 和商品 Y D. 货币

7. 若消费者甲的 MRS_{XY} 大于消费者乙的 MRS_{XY},那么甲应该 ( )
 A. 用 X 换乙的 Y B. 用 Y 换乙的 X
 C. 或放弃 X 或放弃 Y D. 无法判断

8. 对于一条向上倾斜的无差异曲线,我们知道 ( )
 A. 消费者收入增加了
 B. 消费者偏好有了改变
 C. X 或 Y 的价格有了改变
 D. 对理性的消费者来说不可能发生

9. 预算线的位置和斜率取决于 ( )
 A. 消费者的收入水平
 B. 消费者的收入和商品价格
 C. 消费者偏好
 D. 消费者的偏好、收入和商品价格

10. 图 2-1 表示的是某人的预算约束线,回答问题(1)和

(2)。

(1) 如果此人的收入是 90 元,那么啤酒的价格是 （　　）

A. 30 元　　　　　B. 15 元
C. 6 元　　　　　 D. 3 元

(2) 面包的相对价格是啤酒的（　　）

A. 30 倍　　　　　B. 15 倍
C. 2 倍　　　　　 D. 0.5 倍

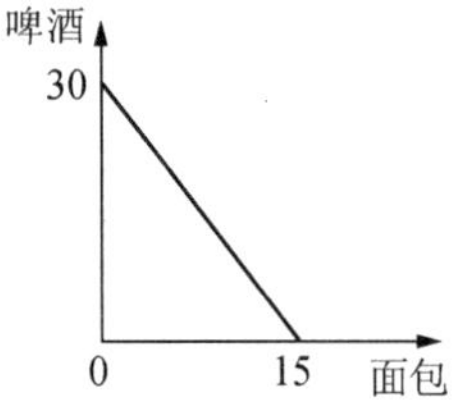

图 2-1

11. 随着收入和价格的变化,消费者的均衡也发生变化,假如在新均衡下,各种商品的边际效用均低于原均衡状态的边际效用。这意味着 （　　）

A. 消费者生活状况有了改善
B. 消费者生活状况恶化了
C. 消费者生活状况没有变化
D. 无法判断

12. 假设消费者预算方程是 $P_1X_1+P_2X_2=M$。如果政府决定征 U 单位的总额税、对商品 1 征 T 单位的数量税和对商品 2 补贴 S,新的预算线公式是 （　　）

A. $(P_1+T)X_1+(P_2-S)X_2=M-U$
B. $(P_1-T)X_1+(P_2+S)X_2=M-U$
C. $(P_1-T)X_1+(P_2+S)X_2=M+U$
D. $(P_1+T)X_1+(P_2-S)X_2=M+U$

13. 若 $MRS=0$,则无差异曲线的形状为 （　　）

A. 平行于横轴的直线　　B. 平行于纵轴的直线
C. 直角线　　　　　　　D. 单元弹性的曲线

14. 你每周可以花 20 元随心所欲地购买商品 A 和 B,这两种商品的价格,你现在购买的数量,以及你对消费相应数量的效用评估在表 2-1 中列出。眼下,你将你每周的预算全部花光,为了实现自身满足最大化,你应该 （　　）

表 2-1

	价格（元）	购买量	总效用	边际效用
A	0.70	20	500	30
B	0.50	12	1 000	20

A. 购买较少的 A 和较多的 B

B. A 的购买量不变，B 的购买量增多

C. 购买较多的 A 和较少的 B

D. 购买较多的 A，B 的购买量不变

15. 若需求函数为 $Q=400-2P$，当价格为 150 美元时的消费者剩余是 （　　）

　　A. 2 500 单位　　　　　　B. 5 000 单位

　　C. 7 500 单位　　　　　　D. 17 500 单位

16. 当两种商品 X、Y 的效用函数为 XY 时，下列哪一个效用函数代表了相同的偏好序？ （　　）

　　A. $U(X,Y)=(X-5)(Y-5)$

　　B. $U(X,Y)=(X+5)(Y+5)$

　　C. $U(X,Y)=(X/5)(Y/5)$

　　D. $U(X,Y)=(X-5)(Y+5)$

17. 已知效用函数为 $U=\ln X+\ln Y$，预算约束为 $PX_X+P_YY=M$。消费者均衡条件为 （　　）

　　A. $P_XY=P_YX$　　　　　B. $P_XX=P_Y/Y$

　　C. $P_X/X=P_YY$　　　　　D. $P_XX=P_YY$

18. 消费者行为的"均衡状态"可表述为： （　　）

　　A. 在该状态下，价格既定，消费者为了达到更高的满足水平需要更多的收入

　　B. 消费者实际上总是处于该状态下

　　C. 如果消费者有足够的收入，会希望调整到这种状态

　　D. 在该状态下，消费者不愿意拥有更多的任何商品

19. 消费者剩余的概念反映这样的事实： （   ）

A. 在某些购买量下,消费者从购买中所获利益超过生产者从销售中所得到的利益

B. 对消费者来讲,许多商品的购买非常便宜,如果必要的话,为得到这些商品,他们愿意支付的价格远远大于他们实际支付的价格

C. 当消费者收入增加或者他们必须支付的该商品价格下降时,总效用增加

D. 当需求价格弹性缺乏时,较少的货币支出可使消费者获得更多的商品

20. 对于效用函数 $U(X,Y)=(X+Y)/5$ 来说,无差异曲线（   ）

A. 是一条直线　　　　　　B. 其边际替代率递减
C. 切线斜率为正　　　　　D. 上面的说法均不正确

21. 如果消费者消费的 X、Y 商品的价格之比是 1.25,它们的边际效用之比是 2,为达到最大效用,消费者应 （   ）

A. 增加购买 X 和减少购买 Y

B. 增加购买 Y 和减少购买 X

C. 同时增加购买 X 和 Y

D. 同时减少购买 X 和 Y

22. 无差异曲线上的任意一点的商品 X 和商品 Y 的边际替代率等于它们的 （   ）

A. 价格之比　　　　　　B. 数量之比
C. 边际效用之比　　　　D. 边际成本之比

23. 某两种商品的无差异曲线如图 2-2,这表示两种商品是 （   ）

A. 以固定比例替代的

B. 不完全替代的

C. 互补的

D. 互不相关的

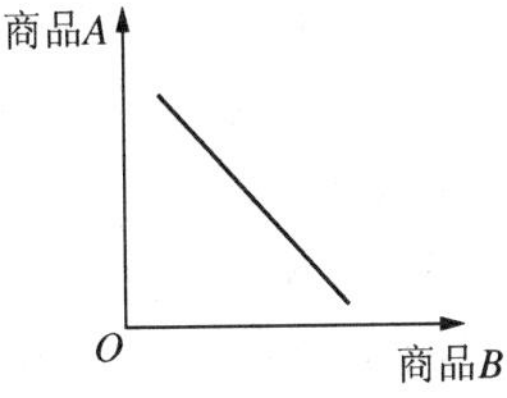

图 2-2

答 案

1. C. 需求表既能刻画边际效用也能刻画总效用。

2. B. 根据消费者效用最大化条件,保证消费者最后一元钱以货币形式存在给他带来的效用与购买商品给他带来的效用相等。

3. C. 根据边际效用递减法则,只要边际效用大于零,总效用总在增加。

4. B. 在 MRS 递增的条件下,增加一种商品的消费所能替代的另一种商品越来越多,这时消费者就会倾向于购买一种商品,而不是选择多种商品组合。

5. C. $MU_X/P_X < MU_Y/P_Y$,这意味着花一元钱购买 X 商品所能得到的边际效用,要小于花一元钱购买 Y 商品所能得到的边际效用,故而消费者应减少对 X 商品的消费,增加 Y 商品的消费。

6. B. 无差异曲线为水平直线,表明无论怎样增加 X 商品的消费,只要 Y 商品消费量不变,消费者的效用水平都保持原状,因而增加 X 商品的消费,不能提高效用水平,说明消费者对 X 商品的消费已经饱和。

7. B. 对消费者甲而言,每增加一单位 X 商品所能替代的 Y 商品较多,说明甲对 Y 的评价较低,对 X 的评价较高,因此应该用 Y 换乙的 X。

8. D. 无差异曲线向上倾斜意味着,同时增加两种商品的消费仍然保持相同的效用,这种情况只有当消费处于饱和状态时才会发生,对理性的消费者而言,不会将消费扩张到这一水平。

9. B. 预算线记为 $P_X X + P_Y Y = M$,可见取决于商品价格和消费者收入,至于消费者偏好则决定的是无差异曲线的形状。

10. (1) D. (2) C. 预算约束线的斜率反映的是面包与啤酒的相对价格之比。用收入除以啤酒的最大消费量即是啤酒的价格。

11. A. 商品的边际效用降低,说明消费者对于商品的消费数量增加,生活状况改善。

12. A. 征收总额税表明消费者收入降低,征收产品数量税相当于提价,补贴相当于降价,选 A。

13. C. 当 X 商品数量为横轴,Y 商品数量为纵轴时,如果 $MRS_{XY}=0$,说明为保持相同效用,增加 X 商品不能替代 Y 商品,无差异曲线为水平于横轴的直线;反之,若 $MRS_{YX}=0$,无差异曲线为水平于纵轴的直线,当 $MRS=0$ 表明两种商品相互不能替代,即为直角线。

14. C. 根据消费者选择的均衡条件,A 的边际效用同价格之比要高于 B 的边际效用同价格之比,因此应该增加消费 A,较少消费 B。

15. A. 根据消费者剩余计算公式可得。

16. C. C 代表 X 与 Y 的消费数量同比例降低,从而是相同的偏好序。

17. D. $MU_X = 1/X$,$MU_Y = 1/Y$,根据均衡条件 $MU_X/MU_Y = P_X/P_Y$,得 $Y/X = P_X/P_Y$,即为 D。

18. A. 消费者均衡是在收入和价格既定条件下,消费者主观满足程度最大化的状态,并非每一次消费活动都能达到这一状态,故 B 错;对应于每一种收入水平,都有一个均衡状态,故 C 错;消费者均衡不仅反映主观意愿,也反映客观约束,单纯从意愿来看,消费者仍然希望获得更多商品,故 D 错。

19. B. 根据消费者剩余的定义,可得 B 正确;A、C、D 均错。

20. A. 画图可知只有 A 正确。

21. A. 因为 P_X/P_Y 小于 MU_X/MU_Y,即 MU_X/P_X 大于 MU_Y/P_Y,所以为获得最大效用,应增加购买 X,减少购买 Y。

22. C. 需要注意的是,在没有实现消费者均衡时,边际替代率不等于商品价格之比,由于题目没有指出该点为无差异曲线与预算线的切点,故不能选 A。

23. A. 无差异曲线为直线,表示两种商品的边际替代率为常数,可以完全替代。

判断题

1. 在无差异曲线图上存在无数多条无差异曲线,是因为消费者的收入有时高有时低。（ ）
2. 水—钻石悖论并没有得到解决。（ ）
3. 效用是用产品的有用性来度量的。（ ）
4. 总效用决定产品的价格,而边际效用决定消费的数量。（ ）
5. 在同一条预算线上,货币收入是不变的。（ ）
6. 当边际效用是零时,总效用最大化。（ ）
7. 达到消费者均衡时,各种商品提供给消费者的边际效用相等。（ ）
8. 消费者剩余是消费者愿意为某种商品支付的量减去实际为此种商品支付的量。（ ）
9. 向下倾斜的无差异曲线越接近于直线,说明两种商品之间的替代性就越大。（ ）
10. 如果在新的消费者均衡状态下,各种商品的边际效用低于原均衡状态,则意味着消费者的生活状况恶化了。（ ）
11. 如果边际效用递减,总效用相应下降。（ ）
12. 只有边际效用在增加,总效用才在增加。（ ）
13. 无差异曲线表示不同消费者选择商品的不同组合所得到的效用是相同的。（ ）
14. 如果消费者的效用函数为 $U=XY$,那么他总是把他的一半收入花费在 X 商品上。（ ）

答　案

1. 错误。无差异曲线图反映的是消费者主观上对各种商品组合的评价,与收入无关。

2. 错误。运用等边际原理,已获解决。

3. 错误。效用反映的是消费者从消费某种商品中获得的满足程度,是一种主观评价。

4. 错误。边际效用决定产品的价格,而总效用取决于消费的数量。

5. 正确。预算线反映的是消费者购买商品时所面临的货币收入的约束,同一预算线代表同一货币收入水平。

6. 正确。此时,多消费一个单位的商品带来的效用(即边际效用)为零,总效用不因多消费一单位的商品而增加。

7. 错误。消费者均衡时,各种商品的边际效用除以相应的价格水平相等。

8. 正确。此即消费者剩余的定义。

9. 正确。无差异曲线越接近于直线,说明商品之间的替代比率趋向于固定常数,不会越来越小。

10. 错误。边际效用低于原有状态,表明消费者购买的商品数量有所增加,即生活状况改善。

11. 错误。当边际效用开始递减直至等于零这一阶段,总效用仍然上升。

12. 错误。总效用增加的条件是边际效用为正即可。

13. 错误。无差异曲线表示同一个消费者选择的商品的不同组合所得到的效用是相同的。

14. 正确。根据消费者均衡条件:$MU_X/MU_Y=P_X/P_Y$,得 $Y/X=P_X/P_Y$,即 $P_X X=P_Y Y=(1/2)M$。

计算题

1. 若消费者张某的收入为 55 元,全部用于购买食品(F)和衣服(C),食品和衣服的价格分别为 5 元和 10 元。已知两类商品对张某的边际效用值如表 2-2 所示,试求张某购买食品和衣服各多少?

表 2-2

消费量	消费食品的边际效用 MU_F	消费衣服的边际效用 MU_C
1	25	40
2	23	35
3	20	30
4	18	25
5	15	20
6	10	15

2. 某人每周花 360 元买 X 和 Y,$P_X=3$,$P_Y=2$,效用函数为:$U=2X^2Y$,求在均衡状态下,他如何购买效用最大?

3. 求最佳需求,max: $U=X_1+(X_2-1)^3/3$
   S.T. $4X_1+4X_2=8$

(1) 如果效用函数变为 $U=3X_1+(X_2-1)^3$,而预算约束不变,则最佳需求会改变吗?

(2) 如果效用函数不变,而预算约束变为 $2X_1+2X_2=4$,则最佳需求会改变吗?

4. *某人的收入为 10 000 元,全部用于购买商品 X 和商品 Y (各自的价格分别为 50、20 元),其效用函数为 $U=XY^2$。假设个人收入税率为 10%,商品 X 的消费税率为 20%。为实现效用极大化,该人对商品 X、Y 的需求量应分别为多少?

5. **所有收入用于购买 X、Y 的一个消费者的效用函数为 $U=XY$,收入为 100,Y 的价格为 10,当 X 的价格由 2 上升至 8 时,其补偿收入(为维持效用水平不变所需的最小收入)是多少?

6. *若某消费者的效用函数为 $U=XY^4$,他会把收入的多少用于商品 Y 上?

7. *设某消费者的效用函数为 $U(X,Y)=2\ln X+(1-\alpha)\ln Y$,消费者的收入为 M,X、Y 两商品的价格分别为 P_X、P_Y,求对于 X、Y 两商品的需求。

8. *某人的效用函数依赖于全年不劳动的闲暇天数 X 和对商品 Y 的消费量,购买 Y 的支出全部来源于其劳动天数 L 所得的工资。假设日工资为 100 元,商品 Y 的价格为 50 元,问该人若想实现效用最大化($U=X^2Y^3$),则他每年应安排多少个劳动日?

9. 消费 X、Y 两种商品的消费者的效用函数为 $U=X^3Y^2$,两种商品的价格分别为 $P_X=2$,$P_Y=1$,消费者收入为 $M=20$,求其对 X,Y 的需求量。

10. 消费者剩余的计算:表 2-3 是四个消费者 A、B、C、D 的需求表,试画出需求曲线,并分别计算价格为 50 元、70 元时的消费者剩余。

表 2-3

价格	买者	需求量
大于 100 元	无	0
80~100 元	A	1
70~80 元	A、B	2
50~70 元	A、B、C	3
50 元或以下	A、B、C、D	4

11. **令消费者的需求曲线为 $P=a-bQ$,$a,b>0$,并假定每单位商品征收 t 单位的销售税,使得他支付的价格提高到 $P(1+t)$。证明:他的消费者剩余的损失将总是超过政府因征税提高的收益。

答 案

1. 解:根据基数效用理论的消费者均衡条件 $MU_i/P_i=\lambda$,可以由两类商品的边际效用值和价格求得 MU_F/P_F 以及 MU_C/P_C,如表 2-4 所示。

表 2-4

消费量	MU_F/P_F	MU_C/P_C
1	5	4
2	4.6	3.5
3	4	3
4	3.6	2.5
5	3	2
6	2	1.5

当 $MU_F/P_F = MU_C/P_C$ 时，张某可以选择购买 3 个单位食品、1 个单位衣服，或者购买 5 个单位食品、3 个单位衣服，或者购买 6 个单位食品、5 个单位衣服。考虑到张某只有 55 元的收入，所以第三种选择不可能实现(支出为 80 元，超过 55 元)，而第一种选择并没有把收入全部用完(支出为 25 元)，这样，第二种选择为最佳(支出为 55 元，正好等于其收入)。所以，张某应该买 5 个单位食品和 3 个单位衣服。

2. 解：$\max: U = 2X^2Y$

   S.T. $360 = 3X + 2Y$

   构造拉格朗日函数得：$W = 2X^2Y + \lambda(360 - 3X - 2Y)$。

   $dW/dX = MU_X - 3\lambda = 4XY - 3\lambda = 0$

   $dW/dY = MU_Y - 2\lambda = 2X^2 - 2\lambda = 0$

   求得：$4Y = 3X$，又 $360 = 3X + 2Y$，得 $X = 80, Y = 60$

3. 解：运用拉格朗日函数，$L = X_1 + (X_2 - 1)^3/3 + \lambda(8 - 4X_1 - 4X_2)$。

   $$dL/dX_1 = 1 - 4\lambda = 0$$

   $$dL/dX_2 = (X_2 - 1)^2 - 4\lambda = 0$$

   显然，$(X_2 - 1)^2 = 1$，求得：$X_2 = 0, X_1 = 2$；或 $X_2 = 2, X_1 = 0$。

   代入总效用函数，可将 $X_2 = 2, X_1 = 0$ 舍去，因此最佳需求为 $X_2 = 0, X_1 = 2$。

   (1) 当 $U = 3X_1 + (X_2 - 1)^3$ 时，同理求得 $X_1 = 2, X_2 = 0$，即最佳需求不变。

(2) 当预算约束变为 $2X_1+2X_2=4$ 时,同理求得:$X_1=2$,$X_2=0$,最佳需求也不变。

4. 解:$M=10\,000(1-10\%)=9\,000$

$P_X=50(1+20\%)=60$

$P_Y=20$

预算约束式:$60X+20Y=9\,000$,由此可得:$Y=450-3X$,代入 $U=XY^2$ 得:

$$U=9(X^3-300X^2+22\,500X)$$

由 $dU/dX=9(3X^2-600X+22\,500)=0$ 得:$X_1=150$,$X_2=50$。

由于 $X_1=150$ 时,$U=0$ 不合题意,所以该人需求量为 $X=50$,$Y=300$。

5. 解:最初的预算约束式为 $2X+10Y=100$,效用极大化条件 $MU_X/MU_Y=P_X/P_Y=2/10$。

由此得 $Y/X=1/5$,$X=25$,$Y=5$,$U=125$。

价格变化后,为维持 $U=125$ 效用水平,在所有组合 (X,Y) 中所需收入为

$$M=8X+10Y=8X+10\cdot 125/X$$

最小化条件(在 $XY=125$ 的约束条件下):

$$dM/dX=8-1\,250X^{-2}=0$$

解得 $X=12.5$,$Y=10$,$M=200$。

6. 解:由 $U=XY^4$,得 $MU_X=Y^4$,$MU_Y=4XY^3$,根据消费者均衡条件得 $Y^4/P_X=4XY^3/P_Y$,

变形得:$P_XX=(1/4)P_YY$,将其代入预算方程得 $P_YY=(4/5)M$,即收入中有 4/5 用于购买商品 Y。

7. 解:构造拉格朗日函数 $L=2\ln X+(1-\alpha)\ln Y+\lambda(M-P_XX-P_YY)$。

对 X、Y 分别求一阶偏导得 $2Y/(1-\alpha)X=P_X/P_Y$,代入 $P_XX+P_YY=M$,得:

$X = 2M/(3-\alpha)P_X$, $Y = (1-\alpha)M/(3-\alpha)P_Y$

8. 解：预算约束式为 $50Y = 100L$，即 $Y = 2L = 2(365-X)$。构造拉格朗日函数 $L = X^2Y^3 - \lambda(Y + 2X - 730)$。

对 X、Y 分别求一阶偏导得 $Y = 3X$，进而得 $X = 146$，$Y = 438$，$L = 219$，即该人每年应安排 219 个劳动日。

9. 解：$P_X X + P_Y Y = M$

$$2X + Y = 20$$

$$U = X^3(20-2X)^2 = 400X^3 - 80X^4 + 4X^5$$

效用极大 $1\,200X^2 - 320X^3 + 20X^4 = 0$，解得

$$X_1 = 0, X_2 = 6, X_3 = 10$$

$X = 0$ 或 10 时 $U = 0$，不合题意，所以 $X = 6$，$Y = 8$。

10. 解：根据表 2-3，作需求曲线如图 2-3。

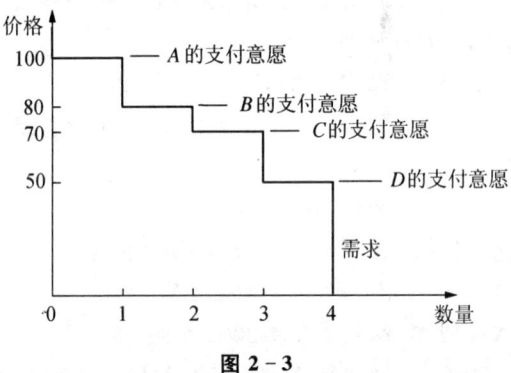

图 2-3

需求曲线的高度反映了买者的意愿。

当价格是 50 元时，A、B、C、D 都愿意购买，每人购买的数量均是 1，其中 A 的消费者剩余是 $100 - 50 = 50$（元），B 的消费者剩余是 $80 - 50 = 30$（元），C 的消费者剩余是 $70 - 50 = 20$（元），D 的消费者剩余是 $50 - 50 = 0$（元），因此总的消费者剩余是 $50 + 30 + 20 + 0 = 100$（元）。当价格是 70 元时，只有 A、B、C 愿意购买，但 C 的消费者剩余为零，而 A 的消费者剩余为 $100 - 70 = 30$（元），B 的

消费者剩余为 $80-70=10$（元），总消费者剩余是 $30+10=40$（元）。

11. 解：设价格为 P 时，消费者的需求量为 Q_1，由 $P=a-bQ_1$，得 $Q_1=(a-P)/b$。

又设价格为 $P(1+t)$ 时，消费者的需求量为 Q_2，则 $Q_2=[a-P(1+t)]/b$。

$$\text{消费者剩余的损失}=\int_0^{Q_1}(a-bQ)\mathrm{d}Q-PQ_1-[\int_0^{Q_2}(a-bQ)dQ-P(1+t)Q_2]$$
$$=\int_{Q_1}^{Q_2}(a-bQ)\mathrm{d}Q+P(1+t)Q_2-PQ_1$$
$$=(aQ-bQ^2/2)\Big|_{Q_1}^{Q_2}+P(1+t)Q_2-PQ_1$$

政府征税而提高的收益 $=P(1+t)Q_2-PQ_1$

$$\text{消费者剩余损失}-\text{政府征税得到的收益}=(aQ-bQ^2/2)\Big|_{Q_1}^{Q_2}$$
$$=(aQ_1-bQ_1^2/2)-(aQ_2-bQ_2^2/2)$$
$$=(2tP+t^2P^2)/2b$$

因为 $b、t、P>0$，所以 $(2tP+t^2P^2)/2b>0$。因此，消费者剩余的损失要超过政府征税而提高的收益。

问答题

1. 什么是总效用，什么是边际效用？两者的相互关系如何？
2. 边际效用递减规律的内容及原因。
3. 消费者均衡的含义及其实现条件是什么？为什么达到这个条件就能实现消费者均衡？
4. 无差异曲线的含义及无差异曲线的特征是什么？
5. 何谓边际替代率？它为什么会递减？
6. 序数效用论与基数效用论的区别和联系。

7. 亚当·斯密在《国富论》中的论述:"没有什么能比水更有用。然而水却很少能交换到任何东西。相反,钻石似乎没有任何使用价值,但却经常可交换到大量的其他物品。"请给出解释。

8. 如将高收入者的收入转移给低收入者,能否增加全社会的总效用?

9. 免费发给消费者一定量的实物(如食物)与发给消费者按市场价计算的这些实物折算的现金,哪种方法给消费者最大的效用?为什么?

10. 在我国过去的计划经济中,政府实行票证配给制度,请问这种制度实行的好处是什么?坏处是什么?

11. 你先拥有了一只鞋,当你获得与之相配的另一只鞋时,这第二只鞋的边际效用似乎超过了第一只鞋的边际效用,这是不是违反了边际效用递减规律?

12. 利用无差异曲线分析说明现金补贴比无限制实物补贴更有效。

答　案

1. 答:总效用是指一定时期内消费者消费一定量商品所获得的总满足感,记为 $TU = f(Q)$;而边际效用是指当商品的消费量(或购买量)增加一点时总效用的增加量,记为 $MU = \Delta TU/\Delta Q$。如果消费量的增量非常小,趋近零,则边际效用就是总效用对消费量的一阶导数,即 $MU = dU/dQ$。总效用与边际效用有如下关系:① 只要边际效用大于零,总效用必定上升;② 当边际效用为零时,总效用达到最高点,即饱和点;③ 当边际效用为负值时,总效用曲线开始下降;④ 边际效用是总效用的一阶导数,反过来,总效用的数值就等于边际效用的积分。

2. 答:边际效用递减法则,是指在一定时期内,边际效用随着商品消费量的增加而不断减少。这一规律是对经验的归纳,不能证明,但可以加以解释。导致边际效用递减的原因有:① 根据微积分原理,商品稀缺时,边际效用大于零,总效用最大时,边际效用等于零,由此可见边际效用递减;② 消费者对反复刺激的反应趋于下降;③ 商品有多种用途,消费者按轻重缓急次序依次满足各种需要,先满足的需要边际效用高,后满足的需要边际效用低。

3. 答:消费者均衡是指在效用函数确定时,在收入和商品价格均既定的条件下,消费者通过对商品数量的选择,使总效用达到最大的状态。消费者均衡的条件是: $MU_1/P_1 = MU_2/P_2 = \cdots = MU_n/P_n = \lambda$。其中 MU/P 表示商品的边际效用与价格之比,即 1 元钱的支出使消费者新增的效用单位。当各种商品的边际效用与价格之比相等时,表明消费者无论选择哪一种商品,每元钱所获得的新增效用都将相同,这时候消费者就不会改变目前的购买方案,购买达到最优状态。

4. 答:无差异曲线是商品空间中,反映偏好相同的商品组合的点的连线。无差异曲线具有如下性质:① 其切线斜率为负值;② 消费者对较高位置的无差异曲线所对应的商品组合更偏好;③ 任意两条无差异曲线不相交;④ 无差异曲线凸向原点。

5. 答: X 对 Y 的边际替代率记为 $MRS_{XY} = -\Delta Y/\Delta X$,它表示在偏好不变的情况下,对一组商品组合而言,增加一个单位的 X 可以放弃几个单位的 Y。在持续以 X 替代 Y 的过程中,一定量 X 所能替代的 Y 的数量(保持偏好不变)是递减的,这就是边际替代率递减。原因是,开始时, X 数量较少, Y 相对较多,一个单位 X 可以抵消多个 Y。随着 X 数量增加, X 消费者对 X 偏好下降,一单位 X 能够抵消的 Y 的数量下降。同时, Y 方向也有同样的变化。开始时, Y 数量较多,随着替代发生, Y 数量减少,偏好增强,能替代一定量 X 的能力增加,故只需要少量 Y 的减少就可以抵消一单位 X 的增加。

6. 答:基数效用理论假定,消费者在消费中所获得的主观满足程度,可以用统一的效用单位来精确地衡量,消费者在各种消费中获得的效用没有质的不同,只有量的差异;而序数效用理论则假定，消费满足程度的高低，仅仅表现为消费者偏好的强弱，不需要也不能够用效用单位精确地衡量。基数效用理论依据的公理性假设是边际效用递减规律，而序数效用理论采用无差异曲线分析方法，依据的假设是边际替代率递减。无论是基数效用理论，还是序数效用理论，都能推导出相同的消费者均衡条件：$MU_X/MU_Y = P_X/P_Y$。撇开基数和序数意义上的区别，两种理论对消费者行为的描述殊途同归。由于序数效用理论放松了假定，但仍然能够获得与基数效用一致的结论，故而是理论上的进步。

7. 答：商品的交换价值（价格）并不取决于该商品的使用价值，而是取决于它的边际效用。尽管水的使用价值很高，但是水资源相对丰裕，致使最后一单位水带给消费者的边际效用很低，所以水只能以很低的价格出售。而钻石尽管似乎没有使用价值，但钻石十分稀缺，得到钻石的成本很高，对消费者来说边际效用高，所以钻石价格高昂。在经济学中，有一个比喻，叫"狗尾摇动狗身子"，其中商品价格和数量是狗身子，而边际效用则是狗尾巴。

8. 答：由于货币的边际效用递减，低收入者的货币边际效用要大于高收入者的边际效用，所以把相同部分的收入从高收入者手里转移到低收入者手里，从全社会来看，损失的总效用要小于增加的总效用，最后全社会的总效用是增加的。

9. 答：用现金的方法给消费者会带来更高的效用，因为发了现金，消费者可根据自己的偏好选择自己需要的商品，而发实物不一定是消费者所需或最需要的，这时消费者的总效用就难以得到最大满足。

10. 答：短缺经济时，政府通过配给制使需求曲线左移，从而达到抑制商品价格的作用，一方面，可以使得穷人也能买到他们需要的东西，同时，政府也可收购到便宜的商品（尤其是粮食），为其积累财富，但同时也带来了不利的影响，政府干涉了市场的运行，可能使商品均衡点不能达到，票证的不可购买，造成了低效率，物品通常不能被最愿意和最有支付能力的人购买，而且还会促使人们有强烈动力建立黑市。

11. 答：这不违背边际效用递减规律。因为边际效用是指物品的消费量每增加（或减少）一个单位所增加（或减少）的总效用的量。这里的"单位"是指一完整的商品单位，这是边际效用递减规律有效性的前提。这个定律适用于一双鞋子，而不适用于单只鞋子，因此不能说第二只鞋的边际效用超过了第一只鞋。

12. 答略。参见：梁东黎,刘东.微观经济学.南京大学出版社,2004：40-42.

第三章

需 求

概 要

1. 影响商品需求量的因素有商品价格、消费者收入、其他商品价格、消费者偏好、预期价格等。为了突出商品价格的作用,经济学把单纯由于商品价格因素对需求量产生的影响,称为需求量的变化,反映在图形上表现为需求量沿着需求曲线滑动;而把除了商品价格以外其他因素的影响,称为需求的变化,反映在图形上是需求曲线本身位置发生位移。

2. 消费者剩余是消费者愿意付出的货币总额与实际付出的货币总额之间的差额,它用于衡量消费者购买商品时的满意程度(福利水平),它的大小取决于商品价格的高低。

3. 一般说来,商品需求量与价格之间存在反向变化关系,因而需求曲线是一条自左上方向右下方倾斜的曲线,这一规律被称为需求法则。但对于吉芬商品而言,则出现特例,价格上涨,需求量不降反升,这被称为"吉芬之谜"。

4. 为了解释"吉芬之谜",经济学家将价格效应分离为替代效应和收入效应的共同作用。其中替代效应是指,消费者实际收入不变时,纯粹由于商品相对价格变动所引起的需求量改变;收入效应是指,消费者因为实际收入水平的改变所引起的需求量变动。正常商品的替代效应和收入效应,均与价格呈反向变化关系;而劣等商品的替代效应与价格呈反向变化,收入效应与价格呈同向变化,其中一般劣等品,因为替代效应大于收入效应,所以总效应符合需求法则,而吉芬商品替代效应小于收入效应,所以产生了价格与需求量同时提高的反常现象。

5. 需求弹性表示的是,影响需求的诸因素(自变量)发生变化之后,需求数量(因变量)增减变化的程度大小,它是两个相对值的比值。根据自变量的不同,需求弹性可分为:需求价格弹性、需求收入弹性、需求交叉弹性,这些弹性概念在经济分析中均有广泛的运用。

基本概念

需求　需求量的变化　需求的变化　消费者剩余　需求法则　替代效应　收入效应　需求价格弹性　需求收入弹性　需求交叉弹性

选择题

1. 若需求缺乏弹性,而价格上升,则总收入会　　　　（　）
   A. 上升　　　　　　　B. 下降
   C. 不变　　　　　　　D. 有可能上升也有可能下降
2. 如果需求曲线富有弹性,其确切的含义是价格上的上升会引起　　　　　　　　　　　　　　　　　　　　（　）
   A. 购买者购买量的下降　B. 购买者购买量的增加
   C. 购买者总支出增加　　D. 购买者总支出减少
3. 消费者剩余是消费者的　　　　　　　　　　　　（　）
   A. 实际所得
   B. 意愿支付与实际支付的差额
   C. 没有购买的部分
   D. 消费者剩余的部分
4. 下列哪种属于需求有弹性的情形?　　　　　　　（　）
   A. 价格变动的百分比大于需求量变动的百分比
   B. 价格变动的百分比小于需求量变动的百分比

C. 需求曲线是垂直的
D. 价格上升减少了总支出

5. 糖价上升5个百分点造成了需求量下降15个百分点,那么对糖的需求是 （ ）
A. 完全弹性   B. 无弹性
C. 有弹性   D. 完全无弹性

6. 伴随消费者预算线的平移,联结消费者诸均衡点的曲线称为 （ ）
A. 需求曲线   B. 价格-消费曲线
C. 收入-消费曲线   D. 恩格尔曲线

7. 弧弹性系数对需求曲线的点弹性系数的估计,在下列哪种情况发生时将得到改善？ （ ）
A. 弧长变短时   B. 弧的曲率变小时
C. 上面两者都发生变化时 D. 上述都不变时

8. 吉芬商品表现为 （ ）
A. 需求收入弹性和需求价格弹性都是正值
B. 需求收入弹性和需求价格弹性都是负值
C. 需求收入弹性为正,需求价格弹性为负值
D. 需求收入弹性为负,需求价格弹性为正值

9. 决定需求弹性大小的最重要因素是 （ ）
A. 产品是否为高价商品   B. 产品是否为奢侈品
C. 产品用途的多寡   D. 能否获得替代品

10. 在收入给定的条件下,Y 商品价格不变,而 X 商品价格变动（X 商品数量为横轴）,这时的价格-消费线是与横坐标平行的直线,X 商品的需求价格弹性为 （ ）
A. 大于1   B. 等于0
C. 小于1   D. 等于1

11. 观点1:完全弹性的需求曲线弹性为0;观点2:当需求有弹性且价格上升时,消费者的总支出会下降。 （ ）

A. 观点1正确,观点2错误
B. 观点2正确,观点1错误
C. 两个观点都正确
D. 两个观点都错误

12. 从甲地到乙地的汽车票价为10元,火车的乘客为12万人,当汽车的票价从10元减至8.5元时,火车乘客与汽车票价的交叉弹性为0.8,则乘客坐火车的人数减至 （ ）

　　A. 10.54万人　　　　B. 10.50万人
　　C. 10.56万人　　　　D. 10.97万人

13. 沿直线型的需求曲线移动,随价格的下跌,收益会（ ）

　　A. 保持不变　　　　B. 减少
　　C. 先上升,后下降　　D. 先下降,后上升

14. 如果价格下降10%能使买者总支出增加1%,则这种商品的需求量对价格 （ ）

　　A. 富有弹性　　　　B. 具有单元弹性
　　C. 缺乏弹性　　　　D. 其弹性不能确定

15. 需求曲线斜率为正的充要条件是 （ ）

　　A. 低档商品
　　B. 替代效应超过收入效应
　　C. 收入效应超过替代效应
　　D. 低档商品且收入效应超过替代效应

16. 某类电影现行平均票价为4元,对该类电影需求的价格弹性为-1.5,经常出现许多观众买不起票的现象,这些观众大约占可买到票的观众的15%,采取以下何种方法,可以使所有想看电影又能买得起票的观众都买到票？ （ ）

　　A. 电影票降价10%
　　B. 提价15%
　　C. 提价10%
　　D. 降价15%

E. 以上方法都不行

17. 图 3-1 中，D_1 到 D_2 代表鸡蛋需求曲线的移动，其原因可能是 （   ）

　　A. 鸡蛋价格上涨
　　B. 鸡蛋预期价格上涨
　　C. 猪肉价格上涨
　　D. 猪肉预期价格上涨

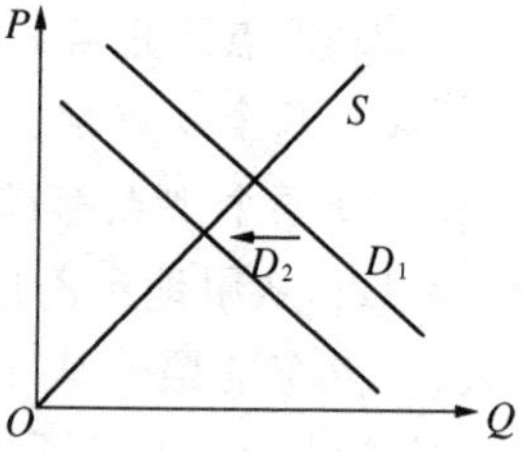

图 3-1

18. 当工资率下降，替代效应（   ）
　　A. 减少闲暇时间，收入效应加强这种作用
　　B. 增加闲暇时间，收入效应加强这种作用
　　C. 减少闲暇时间，收入效应抵消这种作用
　　D. 增加闲暇时间，收入效应抵消这种作用

19. "需求量的变动"的确切含义是 （   ）
　　A. 随着某些因素的变动，生产者在每种或任何价格下愿意出售的数量相应改变
　　B. 由于某些别的因素，比如习惯或收入的变化，消费者愿意以每种或任何价格购买数量的相应改变
　　C. 随着市场价格变化，生产者出售的具体数量的相应改变
　　D. 随着市场价格变化，消费者购买的具体数量的相应改变

20. 某消费者花在某商品上的消费支出随着该商品的价格上升而增加，那么，我们可以推断该消费者对该商品的需求价格弹性一定是 （   ）
　　A. $|E|<1$　　　　　B. $|E|=1$
　　C. $|E|>1$　　　　　D. $|E|\to 0$

21. 如果非线形需求曲线是凹面的，那么非线形边际收益曲线位于价格轴和需求曲线之间距离的平分线的 （   ）
　　A. 中点　　B. 左边　　C. 右边　　D. 以上都不是

22. 某农户今年扩大播种面积并取得丰收，则可预期他的收入 （   ）

A. 增加　　B. 减少　　C. 不变　　D. 不确定

23. 需求的价格弹性通常　　（　　）

A. 长期弹性高于短期弹性

B. 长期弹性低于短期弹性

C. 短期弹性趋于零

D. 长期弹性与短期弹性相同

24. 选出正确的一项　　（　　）

A. 替代品种类越多,则商品的需求价格弹性越小

B. 商品对消费者越重要,则需求价格弹性越大

C. 用于商品的购买支出占消费者总收入的比重越高,则需求价格弹性越小

D. 在价格和需求量既定的条件下,需求曲线越平缓,则需求价格弹性越大

25. 如果人们的收入水平提高,则食物支出在总支出中比重将　　（　　）

A. 大大增加　　　　B. 稍有增加

C. 下降　　　　　　D. 不变

26. 小麦歉收导致小麦价格上升,在这个过程中　　（　　）

A. 小麦供给的减少引起需求下降

B. 小麦供给减少引起需求量的下降

C. 小麦量的减少引起需求下降

D. 小麦供给量的减少引起需求量的下降

27. 如图 3-2,两条斜率不同的线性需求曲线相交于 E 点,A,B 在 D_1 上,C,F 在 D_2 上,下列判断正确的是　　（　　）

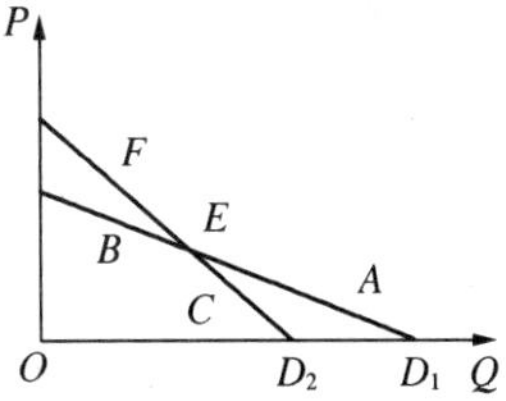

A. $|E_A|>|E_C|$

B. $|E_C|>|E_B|$

C. $|E_A|>|E_F|$

图 3-2

D. $|E_B|>|E_C|$

28. 某低档商品价格下降时， （ ）
   A. 替代效应和收入效应都将导致该商品需求量的增加
   B. 替代效应和收入效应都将导致该商品需求量的减少
   C. 替代效应倾向于增加该商品的需求量，而收入效应倾向于减少其需求量
   D. 替代效应倾向于减少该商品的需求量，而收入效应倾向于增加其需求量

29. 若商品价格不变，消费者收入的增加，将导致 （ ）
   A. 需求的增加　　　　　B. 需求量的增加
   C. 需求的减少　　　　　D. 需求量的减少

30. 若两种商品的需求交叉弹性小于零，则表明这两种商品是 （ ）
   A. 替代商品　　　　　　B. 补充商品
   C. 既非替代又非补充　　D. 正常商品

31. 已知销售商品 X 的总收益（$R=PQ$）方程为：$R=60Q-Q^2$，则需求的点价格弹性为 -2 时的边际收益 MR 等于 （ ）
   A. 10　　B. 20　　C. -10　　D. 40

32. 斜直线型需求曲线的弹性为： （ ）
   A. 曲线上各点的弹性都相同
   B. 在高的价格段缺乏弹性，在低的价格段富有弹性
   C. 在高的价格段富有弹性，在低的价格段缺乏弹性
   D. 在与纵轴的交点上为单元弹性

33. 如果甲产品价格下降引起乙产品需求曲线向左移动，那么 （ ）
   A. 甲和乙产品是替代商品
   B. 甲和乙产品是互补商品
   C. 甲为低档商品，乙为高档商品

D. 甲为高档商品,乙为低档商品

34. 造成一般劣质商品的需求量与价格成反向关系的原因是 ( )

A. 替代效应大于收入效应
B. 替代效应等于收入效应
C. 替代效应与收入效应的同向变动
D. 价格效应出现特例

35. 已知对新汽车需求的价格弹性绝对值为1.2,需求的收入弹性为3.0,前一期新汽车的销售量为100万辆。假设价格提高8%,收入增加10%,则本期新汽车销售量估计是 ( )

A. 102万辆 B. 118万辆
C. 118.8万辆 D. 120.4万辆

36. 当服务的价格提高时, ( )

A. 消费者剩余减少
B. 消费者剩余增加
C. 消费者剩余可能增加也可能减少
D. 消费者剩余不变

37. 在图3-3中,消费者剩余是 ( )

A. OBD B. OACD
C. ABC D. 上述答案都不对

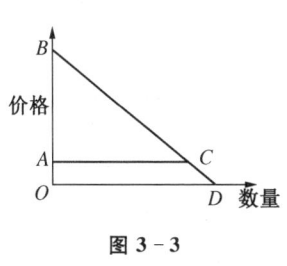

图 3-3

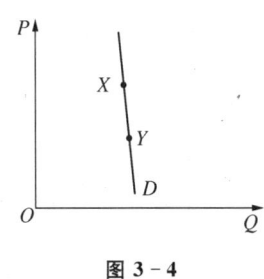

图 3-4

38. 对图3-4的描述哪一项是正确的? ( )

A. 需求是完全弹性的
B. 需求是完全无弹性的
C. X 点的弹性比 Y 点的弹性大
D. Y 点的弹性比 X 点的弹性大

答　案

1. A. 缺乏弹性,表明需求价格弹性的绝对值小于 1,这时提价会增加消费者的总支出。

2. D. 富有弹性,表明需求价格弹性的绝对值大于 1,这时提价会减少消费者的总支出。

3. B. 根据消费者剩余的定义。

4. B. 需求有弹性表明需求量的调整对于价格的变动更加敏感,即需求量变动的百分比要大于价格变动的百分比。

5. C. 需求弹性等于需求量变动的百分比除以价格变动的百分比,本题中需求弹性为 3,大于 1,因此是有弹性。

6. C. 预算线的平移,表明收入的变动,相应的均衡点的连线是各个收入水平下均衡消费量的变化,故为收入-消费线。

7. C. 弧长变短表明价格的变动幅度减小;而曲率变小,表明曲线接近于直线,这样两种情况的发生会使得弧弹性数值接近点弹性。

8. D. 吉芬商品的需求量随价格上升而增加,需求价格弹性为正值;同时,作为劣等商品,当收入提高时,会减少对它的需求,即需求收入弹性为负值。

9. D. 能否获得替代品直接关系到消费者能否选择另一种商品以替换原有商品,如果不能,消费者只能选择一种商品,那么对于这种商品的需求将是完全缺乏弹性的,即需求曲线将是接近垂直的。

10. D. 价格-消费曲线是由于某一商品的价格变动而导致的消费均衡点变化,连接这一系列均衡点而形成的曲线。由题目知,

Y商品的价格和消费数量都没变,即用于Y商品的花费未变,再加上总收入一定,表明用于X的花费也未变。根据对需求价格弹性的分析,当价格变动并不带来总支出的改变时,需求价格弹性为1。

11. B. 完全有弹性的需求曲线弹性为无穷大,需求有弹性且价格上升,消费者需求下降得更厉害,从而消费者支出减少。

12. A. 由于票价的降价幅度大,所以采用弧弹性的计算公式,可得A。注意:不能用点弹性计算公式。

13. C. 需求曲线上的点价格弹性是不同的,在高价区间价格弹性大,在低价区间价格弹性小,当降价时,收益先上升,随着弹性变小,收益下降。

14. A. 价格下降,而支出增加,说明需求量增加的比率大于价格下降的比率,从而弹性大于1,是富有弹性。

15. D. 并非所有的低档商品需求曲线都为正;同时,也并非所有收入效应超过替代效应的商品都为吉芬商品,例如有些正常商品的收入效应也会大于替代效应,但由于作用方向相同,需求曲线仍为负。因此只有D对。

16. A. 增加需求量的办法是电影票降价,由于需求价格弹性为-1.5,降价10%,可使需求量上升15%,故选A。

17. D. 图中需求曲线整体向左方移动,因此是需求的变化。鸡蛋价格上涨表现为沿着需求曲线向左上方移动,A错;B和C表现为需求曲线右移;而D中,猪肉预期价格上涨,消费者会增加对当前猪肉的需求,而减少对鸡蛋的需求,需求曲线左移。

18. D. 工资率下降,替代效应是增加闲暇时间减少工作;而工资率下降,在商品价格不变时,意味着消费者实际收入下降,这会迫使消费者减少闲暇时间,抵消替代效应。

19. D. 需求量的变动是对商品价格变化作出的反映。

20. A. $dE/E = dP/P(1-|E_d|)$,因为题意要求$dE/E > 0$,$dP/P > 0$,故$|E_d| < 1$。

21. C. 举例：设需求曲线方程为 $P = aQ^2 - b$（$a < 0, b < 0$），则需求曲线与横轴交点为 $Q = (b/a)^{1/2}$，价格轴和需求曲线之间的中点为 $Q = (b/4a)^{1/2}$；而 $TR = aQ^3 - bQ$，相应 $MR = 3aQ^2 - b$，边际收益曲线与横轴交点为 $Q = (b/3a)^{1/2}$，由于 $(b/3a)^{1/2} > (b/4a)^{1/2}$，故而在平分线的右边。

22. D. 农户产量增长，但需求未知，价格水平不确定，故选 D。

23. A. 长期中，由于竞争厂商增多或替代品投入市场等因素，消费者面临更多的选择，所以对某种商品的需求价格弹性会增大。

24. D. 替代品越多，价格弹性越大；重要性越强，价格弹性越小；商品支出占总收入比重越高，价格弹性越大，只有 D 正确。

25. C. 根据恩格尔定律。

26. B. 小麦歉收表现为供给的减少，而不是供给量的减少，由此导致价格水平上升，进而引起需求量下降。

27. D. 在需求曲线 D_1 上，$|E_B| > |E_E|$；在需求曲线 D_2 上，$|E_E| > |E_C|$；而 E 点在曲线 D_1 上的价格弹性要高于在曲线 D_2 上的价格弹性，故 $|E_B| > |E_C|$。

28. C. 低档商品的替代效应与价格变动方向相反，收入效应与价格变动方向相同，当价格下降时，替代效应增加需求量，而收入效应是减少需求量。

29. A. 收入增加对需求的影响表现为需求的增加而不是需求量的增加。

30. B. 需求交叉弹性小于零，说明一种商品的提价会引起对另一种商品需求的减少，表明这两种商品是互补品，如汽油与汽车。

31. B. 根据题意，$P = 60 - Q$，$E_D = -P/Q = -(60-Q)/Q = -2$，得 $Q = 20, P = 40$，故 $MR = 60 - 2Q = 20$。

32. C.（略）

33. A. 甲产品价格下降,引起乙产品需求下降,说明需求交叉弹性为正,为替代商品,如汽车与摩托车,猪肉与牛肉,火车票与飞机票等。

34. A. 一般劣质品的替代效应与价格成反向关系,收入效应与价格成正向关系,由于替代效应大于收入效应,故价格总效应表现为反向关系。

35. D. 价格上涨导致需求量下降 $100 \times 1.2 \times 8\% = 9.6$ 万辆,收入增加导致需求上升 $100 \times 3.0 \times 10\% = 30$ 万辆,综合这两方面的效应,本期销售量为 120.4 万辆。

36. A. 服务价格提高,导致消费者购买数量减少,总的消费者剩余减少。

37. C. 消费者剩余是价格线、需求曲线和纵轴所围成的三角形的面积。

38. C. 对于直线性需求曲线,价格越高弹性越大。

判断题

1. 直线型需求曲线的斜率不变,因此其价格弹性也不变。
（   ）

2. 劣质商品一定是吉芬商品,但吉芬商品不一定是劣质品。
（   ）

3. 市场需求是个人需求的加总,因此市场需求曲线连续的必要条件是每个人的需求曲线是连续的。
（   ）

4. 一般说来,生活必需品的需求价格弹性比奢侈品的需求价格弹性要小。
（   ）

5. 当需求富有弹性时,降低价格可以增加利润。（   ）

6. 偏好改变导致人们的需求量沿着需求曲线上下移动,而收入改变则引起需求曲线本身位移。
（   ）

7. 为某商品做广告旨在使对该商品的需求量沿着需求曲线向上移动。
（   ）

8. 当某种商品的价格上升时,其互补商品的需求将上升。

( )

9. 如果两种商品的需求交叉弹性为负数,则这两种商品为替代品。

( )

10. 消费者预期某商品的未来价格要下降,则会减少对该商品当前的需求。

( )

11. 需求曲线为直线时,在单一弹性点上总收益达到最大。

( )

12. 消费者实际收入增加,会带来商品需求的普遍上升。

( )

13. 同一种商品的价格提高会导致消费者剩余的减少。

( )

14. 消费者剩余是对于消费者福利的主观性测度指标。

( )

答　案

1. 错误。需求曲线上点的位置也会影响需求价格弹性的大小。

2. 错误。吉芬商品一定是劣质商品,但劣质商品不一定是吉芬商品。

3. 错误。市场需求曲线不一定要求每个人的需求曲线为连续。

4. 正确。生活必需品一方面因为对消费者非常重要,无法舍弃,另一方面因为其购买支出在消费者收入中比例较小,故需求价格弹性小。

5. 错误。$dE/E = dP/P(1-|E_d|)$,当$|E_d|>1$,$dP/P<0$时,$dE/E>0$。

6. 错误。偏好与收入对需求的影响都表现为需求曲线本身位置的移动。

7. 错误。商品广告会扩张需求,表现为需求曲线向右方移动。

8. 错误。某种商品价格上升,消费者的需求量会减少,进而也会降低对其互补品的需求。

9. 错误。需求交叉弹性为负,表明这两种商品是互补品。

10. 正确。商品的预期价格下降,当前的价格显得相对昂贵,消费者会减少对该商品的当前需求。

11. 正确。总收益最大化要求一阶导数等于零,即 $dE=0$,因此 $|E_d|=1$。

12. 错误。实际收入上升,对劣等品的需求反而会下降。

13. 正确。在需求不变(需求曲线不移动)的前提下,价格提高只会减少消费者的剩余。

14. 错误。消费者剩余等于消费者愿意支付减去实际支付的差额,既有主观判断的因素,也有支付价格这类客观的因素。因此它不是纯粹主观的福利测度指标。

计算题

1. 假设公务乘客和度假乘客对从上海到广州之间民航机票的需求如表 3-1:

表 3-1

价格(元)	需求量(公务乘客)	需求量(度假乘客)
150	2 100	1 000
200	2 000	800
250	1 900	600
300	1 800	400

当票价从 200 元上升到 250 元时,分别求出公务乘客和度假乘客的需求价格弹性,并加以比较。

2. 假设猪肉价格上升 20% 使城市居民每周的消费量减少

10%,对于某城市居民来说,猪肉的需求价格弹性是多少?对猪肉的需求是否富于弹性?猪肉价格上升使其用于支付猪肉的金额是上升还是下降?

3. ** 假设 X 商品的需求曲线为直线,$Q_X = 40 - 0.5P_X$,Y 商品的需求曲线也为直线,X 与 Y 的需求线在 $P_X = 8$ 的那一点相交,在 $P_X = 8$ 的那一点上,X 的需求弹性的绝对值只有 Y 的需求弹性的绝对值的一半,请根据上述条件求 Y 的需求函数。

4. * 某人每周收入120元,全部花费在 X 和 Y 两种商品上,他的效用函数为 $U = XY$,$P_X = 2$ 元,$P_Y = 3$ 元。

(1) 为获得最大效用,他会购买几单位 X 和 Y?

(2) 货币的边际效用和总效用各多少?

(3) 假如 X 的价格提高44%,Y 的价格不变,为使他保持原有的效用水平,收入必须增加多少?

5. 证明需求曲线 $P = a/Q$ 上的点均为单一弹性。

6. 1986年7月某外国城市公共汽车票价从 32 美元提高到 40 美元,1986年8月的乘客为 880 万次,与 1985 年同期相比减少了 12%,求需求的弧弹性。

7. 研究表明香烟的需求价格弹性为 0.4。如果现在香烟的平均价格为 5 元,政府想减少 20% 的吸烟量,价格应该提高多少?

8. 某电脑公司生产的芯片的需求弹性为 -2,软盘驱动器的弹性为 -1,如果公司将两种产品都提价 2%,那么这些产品的销售将会怎样变化?

9. 消费 X、Y 两种商品的效用函数为 $U = XY$,X、Y 的价格均为 4,消费者的收入为 144,求 X 价格上升为 9,所带来的替代效应和收入效应。

10. ** 某消费者消费 X 和 Y 两种商品时,无差异曲线的斜率处处是 Y/X,Y 是商品 Y 的消费量,X 是商品 X 的消费量。

(1) 说明对 X 的需求不取决于 Y 的价格,X 的需求弹性为 1;

(2) $P_X = 1$,$P_Y = 3$,该消费者均衡时的 MRS_{XY} 为多少?

(3) 对 X 的恩格尔曲线形状如何？对 X 的需求收入弹性是多少？

11. *已知销售商品 X 的总收益 ($R = PQ$) 方程为：$R = 100Q - 2Q^2$，计算当边际收益为 20 时的点价格弹性。

12. *X 公司和 Y 公司是机床行业的两个竞争者，这两家公司的主要产品的需求曲线分别为：$P_X = 1\,000 - 5Q_X$，$P_Y = 1\,600 - 4Q_Y$，这两家公司现在的销售量分别为 100 单位 X 和 250 单位 Y。

(1) 求 X 和 Y 当前的价格弹性。

(2) 假定 Y 降价后，使 Q_Y 增加到 300 单位，同时导致 X 的销售量 Q_X 下降到 75 单位，试问 X 公司产品 X 的交叉价格弹性是多少？

(3) 假定 Y 公司的目标是谋求销售收入最大化，你认为它降价在经济上是否合理？

答　案

1. 解：根据弧弹性的计算公式，公务乘客的弹性＝[(1 900－2 000)/(250－200)]×[(250＋200)/(1 900＋2 000)]＝－3/13，

度假乘客的弹性＝[(600－800)/(250－200)]×[(250＋200)/(600＋800)]＝－9/7。

很明显度假乘客对民航机票的需求比公务乘客对民航机票的需求更富有弹性。

2. 解：根据需求价格弹性的定义，弹性为－10％/20％＝0.5＜1，因此猪肉的需求缺乏弹性。猪肉缺乏弹性使得价格提高，需求量减少的比例要小于价格增加的比例，从而总支出提高，因此猪肉价格上涨导致城市居民用于购买猪肉的金额支出增加。

3. 解：当 $P_X = 8$ 时，$Q_X = 36$，且 $|E_X| = 1/9$，故 $|E_Y| = 2/9$。设 Y 商品的需求函数为 $Q_Y = a - bP_Y$。

由此可得 $b = 1$，由于 $36 = a - 8$，得 $a = 44$，故 Y 商品的需求函数为 $Q_Y = 44 - P_Y$。

4. 解：(1) 由 $U = XY$，得 $MU_X = Y$，$MU_Y = X$，根据消费者

均衡条件得 $Y/2 = X/3$,考虑到预算方程为 $2X + 3Y = 120$,

解得 $X = 30, Y = 20$。

(2) 货币的边际效用 $\lambda = MU_X/P_X = Y/P_X = 10$。总效用 $TU = XY = 600$。

(3) 提价后 $P_X = 2.88$,新的消费者均衡条件为 $Y/2.88 = X/3$。

由题意知 $XY = 600$,解得 $X = 25, Y = 24$。

将其代入预算方程,$M = 2.88 \times 25 + 3 \times 24 = 144$ 元。

$\Delta M = 144 - 120 = 24$ 元。

因此,为保持原有的效用水平,收入必须增加 24 元。

5. 证明:$dQ/dP = -aP^{-2}$,$E_d = (dQ/dP)(P/Q) = (-aP^{-2})(P/aP^{-1}) = -1$,故 $|E_d| = 1$,为单一弹性。

6. 解:由题设:$P_1 = 32$,$P_2 = 40$,$Q_2 = 880$,

$Q_1 = 880/(1 - 12\%) = 880/88\% = 1\,000$

于是,$E_d = [(Q_2 - Q_1)/(P_2 - P_1)] \times [(P_1 + P_2)/(Q_1 + Q_2)] \approx -0.57$,故需求弹性约为 -0.57。

7. 解:因为 $(dQ/Q) \cdot (P/dP) = -0.4$,要使 $dQ/Q = -20\%$,则有 $dP/P = 0.5$。

$dP = 5 \times 0.5 = 2.5$,所以平均每包香烟的价格要上涨 2.5 元。

8. 解:因为芯片弹性 $(dQ/Q) \cdot (P/dP) = -2$,所以 $dQ/Q = -2 \times 2\% = -4\%$。

因为软盘驱动器弹性 $(dQ/Q) \cdot (P/dP) = -1$,所以 $dQ/Q = -1 \times 2\% = -2\%$。

即提价 2% 后,芯片销售下降 4%,软盘驱动器销售下降 2%。

9. 解:$MU_X = Y$,$MU_Y = X$,因为 $MU_X/P_X = MU_Y/P_Y$,得 $X = Y$。

又因为 $4X + 4Y = 144$,得 $X = Y = 18$。

在 X 价格为 9 时,根据均衡条件:$Y/9 = X/4$,因为总效用不变,所以 $(9/4)Y \times X = 18 \times 18$。

$X = 12, Y = 27$,替代效应为 X 减少 6 单位,Y 增加 9 单位。

再来看价格总效应,当 $P_X = 9, P_Y = 4$ 时,$MU_X = Y, MU_Y = X, Y/X = 9/4$ 且 $9X + 4Y = 144$,

得 $X = 8, Y = 18$。

由此可见价格总效应使 X 商品的购买减少 10 单位,收入效应为 X 减少 4 单位,替代效应为 X 减少 6 单位。

10. 解:(1) 消费者均衡时,$MRS_{XY} = Y/X = P_X/P_Y$,即 $P_X X = P_Y Y$,又因为 $P_X X + P_Y Y = M$,故 $X = M/2P_X$,可见对 X 的需求不取决于 Y 的价格。

由于 $dX/dP_X = - M/2P_X^2$,$|E_X| = - (dX/dP_X) \cdot (P_X/X) = 1$。

(2) 已知 $P_X = 1, P_Y = 3$,消费者均衡时,$MRS_{XY} = P_X/P_Y = 1/3$。

(3) 因为 $X = M/2P_X$,所以 $dX/dM = 1/2P_X$。

若以 M 为纵轴,X 为横轴,则恩格尔曲线是从原点出发,一条向右上方倾斜的直线,其斜率是 $dM/dX = 2P_X$。

对 X 的需求收入弹性 $E_M = (dX/dM)(M/X) = 1$。

11. 解:由 $R = 100Q - 2Q^2$,得 $MR = dR/dQ = 100 - 4Q$。

当 $MR = 20$ 时,$Q = 20$,考虑到 $R = PQ = 100Q - 2Q^2$,得 $P = 100 - 2Q = 60$。

$Ed = (dQ/dP) \cdot (P/Q) = (-1/2) \cdot (60/20) = -3/2$

12. 解:(1) $P_X = 1\,000 - 5Q_X = 1\,000 - 5 \times 100 = 500$

$P_Y = 1\,600 - 4Q_Y = 1\,600 - 4 \times 250 = 600$

$E_{dX} = (dQ_X/dP_X) \cdot (P_X/Q_X) = (-1/5) \cdot (500/100) = -1$

$E_{dY} = (dQ_Y/dP_Y) \cdot (P_Y/Q_Y) = (-1/4) \cdot (600/250) = -3/5$

(2) 由题设,$Q_Y' = 300, Q_X' = 75$,则 $P_Y' = 1\,600 - 4Q_Y' = 400, \Delta Q_X = -25, \Delta Q_Y = -200$。于是

$E_{XY} = (\Delta Q_X/\Delta P_Y) \cdot [(P_Y + P_Y')/2] \cdot [2/(Q_X + Q_X')] = 5/7$。

(3) 根据(1)得知 Y 公司产品在价格 $P = 600$ 时,需求价格弹

性为 $-3/5$,说明缺乏弹性,这时降价会使销售收入减少,故降价不合理。

问答题

1. 影响个人需求的因素有哪些?
2. 什么是需求法则?
3. 何谓消费者剩余?它与消费者均衡的区别何在?
4. 价格变动的两重效应分别是什么?以正常商品为例,作图说明替代效应和收入效应。
5. 需求价格弹性与厂商销售收入之间关系如何?在何种情况下,薄利可以多销?
6. 请解释下列情况为何正确:① 全世界的干旱使得从出售粮食中得到收入的农民总收益增加。② 但如果只是堪萨斯有干旱,就会减少堪萨斯农民得到的总收益。
7. 假设你是一个大型艺术博物馆的馆长。你的财务经理告诉你,博物馆缺乏资金,并建议你考虑改变门票价格以增加总收益。你将怎么办呢?你是要提高门票价格还是降低门票价格?
8. 关于美国的电力需求的一个案例:据估计,美国居民消费的电力需求的长期价格弹性为 1.2,收入弹性为 0.2,电力与天然气的需求的交叉弹性为 0.2。

(1) 如果长期中电力价格上升 1%,天然气的价格需变化多少才能抵消电力价格上升对电力需求量的影响?

(2) 假如其他因素不变,对芝加哥郊区居民来说,总货币收入与电力消费量之间的关系如表 3-2。这些数据是否与前面的估算结果相一致?如不一致,可能是由何原因造成的?

表 3-2

总收入（百万美元）	电力消费量
100	300
110	303
121	306

（3）对于第二个问题的答案与上表电力消费量的计算单位有无关系？

（4）短期与长期相比，需求的收入弹性和交叉弹性会高些还是低些？

9．一般说，钢铁需求的价格弹性较小。一项研究表明，钢铁的需求价格弹性不超过 0.4。

（1）若干年前，一家钢铁公司的总裁声称钢铁的需求价格弹性远远低于 1，这是否说明这家公司的钢铁的价格弹性也较低？

（2）如果这家公司的钢铁的价格弹性在当时所定的价格水平上弹性较低，它是否获得最大利润？

（3）这家公司的钢铁与从日本进口的钢铁之间的交叉弹性是正数还是负数？

10．降低汇率对商品进出口额的影响是什么？

11．《纽约时报》上的一篇文章描述了法国香槟酒行业一次成功的推销活动。这篇文章还提到：许多企业管理者为香槟酒价格狂涨而兴奋，但他们也担心这种价格急剧上升会引起需求的减少，需求减少又使价格下跌。这些管理者在分析形势时犯了什么错误？

12．所有收入用于消费 X、Y 的消费者的效用函数 $U=XY+X$，当 $P_X=2$，$P_Y=1$ 时，对于这一消费者来说，X 是哪种类型的商品？

13．某消费者原来每月煤气开支为 50 元，煤气的某些用途如取暖等可用电来代替。现在煤气价格上涨 100%，其他商品价格不变，政府给予消费者 50 元作价格补贴，试问该消费者处境改善了还是恶化了？为什么？

14. ACME公司确定，在目前价格上，其电脑芯片的需求在短期内有 -2 的价格弹性，其软盘驱动器的价格弹性为 -1。如果公司决定将两种产品价格都提高 10%，其销量会有什么变化？销售收入呢？你现在能否判断，哪个产品会给厂商带来最大收入？如果能，为什么？如果不能，还需要什么信息？

15. 在价格效应中，吉芬商品与劣质商品的相同与不同之处。

16. 分别分析汽油价格的上涨对汽车销售的影响和航空油料价格的上涨对飞机乘客的影响。

17. 有人说，气候不好对农民不利，因为农业要歉收。但有人说，气候不好对农民有利，因为农业歉收以后谷物要涨价，收入会增加。对这两种议论你有何评价？

答　案

1. 答：影响个人需求的因素主要包括：① 商品价格，一般说来商品价格上升，需求量下降，反之上升；② 消费者收入，收入上升，需求增加，需求曲线右移；③ 消费者偏好，偏好提高，需求增加，曲线右移；④ 商品预期价格，预期价格上升，本期需求提高；⑤ 替代品价格，替代品价格上升，对所考察商品的需求增加；⑥ 互补品价格，互补品价格上升，对所考察商品的需求下降。

2. 答：一般说来，在其他因素不变时，若商品价格提高，则市场需求量降低；若价格降低，则市场需求量提高，这被称为需求法则，它反映了市场需求量与商品价格之间的一般规律。需要注明的是，需求法则反映的只是一般规律，事实上某些特殊商品，如吉芬商品，就不符合需求法则。

3. 答：消费者剩余是指消费者愿意付出的货币总额与实际付出的货币总额之间的差额，它是衡量消费者在购买中所获福利大小的一个指标。而消费者均衡是指消费者获得最大效用的购买量，它是在价格既定条件下，对不同购买方案选择的结果。与此相反,消费者剩余则完全被动地取决于价格的高低。

4. 答:价格的双重效应可分解为:替代效应和收入效应。替代效应是指在消费者实际收入不变时,商品价格的变动引发商品相对价格的变化,进而导致对该商品需求量的改变;收入效应则是指,纯粹由于消费者实际收入的变动而引起的对商品需求量的改变。对于正常商品 X 和 Y 而言,当 P_X 提高时,Y 商品价格相对便宜,替代效应使 X 数量减少,Y 数量增多;而收入效应使 X、Y 数量同时减少。因此综合起来反映为,P_X 提高,Q_X 降低;反之,P_X 下降,Q_X 提高。所以,需求曲线向右下方倾斜。(图略)

5. 答:商品的需求价格弹性与厂商销售收入之间的关系可以记为:$dE/E=dP/P(1-|E_d|)$。需求弹性大于 1 的商品,若价格降低,则厂商销售收入上升;需求弹性小于 1 的商品,若价格降低,则厂商销售收入下降;需求弹性等于 1 的商品,其价格无论下降还是上升,厂商销售收入不变。因此只有当商品富于弹性,才能实现"薄利多销"。

6. 答:① 全世界干旱使粮食的供给减少,供给曲线向左移动,从而均衡价格提高,又因为粮食作为人们的必需品,对人们很重要,所以缺乏弹性,从而使农民获得的总收益增加。② 但如果只是堪萨斯有干旱,对整个粮食市场的影响是很小的,同时其他地区的粮食几乎可完全替代堪萨斯农民所出售的粮食,从而使堪萨斯的农民所得到的总收益减少。

7. 答:取决于需求弹性。如果参观博物馆的需求是缺乏弹性的,那提高门票价格会增加总收益,否则就会减少总收益,这时就应该降价以提高总收益。为了估算需求的价格弹性,还需请教统计学家。他们会用历史资料来研究门票的价格变化时,参观博物馆的人数的逐年变动情况。或者他们也可以用国内各个博物馆参观人数来说明门票价格如何影响参观人数。同时再考虑到影响参观人数的其他因素——天气、人口、藏品多少等等——以便把价格因素独立出来。最后,这种资料分析会提供一个需求弹性的估算,进而决定是否提高门票价格。

8. 答:(1)由题意可知,电力价格上升1%会减少电力消费1.2%,又因为电力和天然气需求的交叉弹性为0.2,则天然气价格上升6%可使电力消费增加1.2%。所以,如果天然气价格上升6%,则可抵消电力价格上涨的效应。

(2)根据表中给出的数据,收入增加10%可引起电力消费增长1%,这样收入弹性为0.1,而不是前面给出的0.2。这种差别可能是由于城郊居民比其他美国人更感到电力是一种必需品。

(3)收入弹性的计算与电力消费量的单位没关系,它反映的是百分比的变化。

(4)在短期内,收入弹性和交叉弹性都会比较小,因为消费者需要一定的时间来对收入和价格的变化作出反应和调整。

9. 答:(1)钢铁总的需求价格弹性小并不说明这家公司的钢铁的价格弹性也必然小,因为单个企业产品的需求曲线不同于整个钢铁行业的需求曲线。一般说,单个企业的需求曲线比整个行业的需求曲线更富弹性。

(2)如果这家公司的价格弹性较低,小于1,这时,企业的边际收入为负数,则企业产销量减少可增加总收入,这样,企业就可通过减少产量同时提高价格的办法来增加利润。因为利润=总收入—总成本,而减少产量既能增加总收入又能降低总成本。可见,该企业当时的利润不是最大。

(3)因为该公司的钢铁与从日本进口的钢铁互为替代品,所以其交叉弹性应为正数。

10. 答:汇率降低,相当于出口商品价格降低了。商品价格降低,会使需求量增加,但能否使总收益也增加呢?这要看需求价格弹性。若商品富于弹性,则会使总需求增加,进而出口总额增加;反之,只能使总收益下降。汇率降低,会使进口商品价格提高,而购买支出也取决于需求价格弹性。若富于弹性,则价格提高会使需求量按较大比率减少,从而减少购买支出,进而进出口总额下降;反之,只会增加购买支出。

11. 答:价格上升,需求下降,但不一定会使企业的利润下降,这要看商品的需求弹性如何。当弹性小于1,提价反而会使收入增加。当市场上香槟酒的替代者很少时,就可能盈利。

12. 答:设收入为M,预算约束式为$2X+Y=M$,则效用极大化的条件为$MU_X/MU_Y=P_X/P_Y$,由此可见$Y+1/X=2$,进而有$X=(M+1)/4$。计算需求收入弹性可得$(dX/X)/(dM/M) = (dX/dM) \cdot (M/X) = M/(M+1)$,由于$0 < M/(M+1) < 1$,所以$X$是正常品且为必需品。

13. 答:改善了。因为煤气的用途可替代,且替代品的价格不变。

14. 答:由于电脑芯片的需求价格弹性为-2,提价10%,将使销售量下降20%;软盘驱动器的需求价格弹性为-1,提价10%,将使销售量下降10%。由于软盘驱动器的需求价格弹性为单元弹性,提价前后,销售收入不变,故软盘驱动器现有的销售收入已经达到最大。

15. 答:相同之处在于,劣质品与吉芬品的替代效应与收入效应都是方向相反的,即当商品价格下降时,替代效应倾向于增加对商品的需求量,而收入效应倾向于减少对商品的需求量;二者不同之处是,劣质品的替代效应大于收入效应,因此,劣质品价格下降时,需求量总体上是增加的;而吉芬品的收入效应大于替代效应,因而吉芬品价格下降时,需求量总体上是减少的。

16. 答:汽油和汽车是互补品,汽油价格的上涨并不改变汽车本身的价格,但会增加汽车购买后的运营费用,因而汽油价格的上涨将导致汽车需求的降低,是需求的变化,反映在图形上是整个汽车需求曲线的左移。而航空油料价格的上涨会导致飞机运行成本的上升,进而导致飞机票价的提高,减少消费者乘坐飞机的需求量,这是需求量的变化,反映在图形上是乘客人次沿着需求曲线左移。

17. 答：气候不好对农民是否有利就是要看农民的总收入在气候不好的情况下如何变动。显然气候不好的直接影响是农业歉收，即农产品的供给减少，这表现为农产品供给曲线向左上方移动。假若此时市场对农产品的需求状况不发生变化，即需求曲线固定不动，那么农产品供给的减少将导致均衡价格的上升。由于对农产品的需求一般缺乏弹性，根据需求的价格弹性与销售总收入之间的关系可知，此时农民的总收入将随着均衡价格的上升而增加。故在需求状况不因气候不好发生变化并且对农产品需求缺乏弹性的情况下，气候不好引致的农业歉收对农民增加收入是有利的。当然，若需求状况也同时发生变化，或者需求不是缺乏弹性，那么农民将不因气候不好而得到更多的收入。故对这个问题的回答依赖于对弹性系数及需求状况所作的假设，一般不能笼统下判断。

第三篇 供 给

第四章
厂商投入与产出的技术关系

概 要

1. 厂商是以赢利为目的的生产单位,它可以是单个的农户,也可以是巨型的跨国公司。微观经济学着眼于探讨实现整个社会经济一般均衡的机制,因而并不逐一比较不同厂商之间的差别,而是把大小不等、所处行业各异的生产单位看作是整齐划一的厂商,它们的共同特征是实现投入与产出之间的转换,都追求利润的最大化。

2. 在一定技术水平下,要素投入量与产出量之间的关系就可用生产函数加以分析,在某种意义上,厂商就对应着一种生产函数。根据从简单到复杂的顺序,我们将研究三种类型的投入与产出的技术关系:① 一种可变要素投入与产出的关系;② 可替代要素的投入与产出的关系;③ 各投入要素同比例增加与产出的关系。

3. 简明的生产函数可记为 $Q=f(L,K)$,在实际经济分析中,人们构造了许多具体的生产函数形式,其中柯布-道格拉斯生产函数是较为常用的一种,它记为 $Q=AL^{\alpha}K^{\beta}, \alpha+\beta=1$。

4. 在技术不变、其他生产要素投入量不变时,连续地把某一种要素的投入量增加到一定数量之后,所得的产量的增量是递减的。这就是要素报酬递减法则,为此理性的厂商会在可变要素的产出弹性 $0<E_L<1$ 阶段进行生产。

5. 在投入要素可相互替代的状况下,为达到一定的产量,存在多种投入组合,这一点可用等产量曲线刻画。等产量曲线凸向原点,意味着边际技术替代率递减,也就是说,为保持产量不变,持续地增加一种要素的投入所能替代的另一种要素的数量是逐渐减少的。

6. 在生产作业中,同比例增加各种要素的投入,产出量会表现为三种可能性:① 规模报酬递增,即产出增加比例大于投入增加比例;② 规模报酬不变,即产出增加比例等于投入增加比例;③ 规模报酬递减,即产出增加比例小于投入增加比例。

基本概念

厂商　生产函数　要素报酬递减法则　边际产量　平均产量　等产量曲线　边际技术替代率　规模报酬　产出弹性

选择题

1. 如果要素投入的比例是固定的,那么这些要素的边际产量的数值所受影响为　　　　　　　　　　　　　　　　（　　）

　A. MP 必定等于零

　B. MP 会大于比例不固定的情况

　C. MP 与比例不固定的情况没有什么不同

　D. 投入要素的 MP 必定相等,但不等于零

2. 当劳动投入量(L)增加,而总产量下降时　　　　（　　）

　A. AP_L 是递增的　　　　B. AP_L 为零

　C. MP_L 为零　　　　　　D. MP_L 为负

3. 根据图 4-1 回答(1)至(2)题。

　(1) 厂商投入可变要素(L)的理性决策区间应在　　（　　）

A. Ⅰ区　　B. Ⅱ区　　C. Ⅲ区　　D. Ⅳ区

(2) 此时该要素的产出弹性　　　　　　　　　　(　　)

A. $E_L<0$　　　　　　B. $0<E_L<1$

C. $E_L>1$　　　　　　D. E_L 趋向无穷大

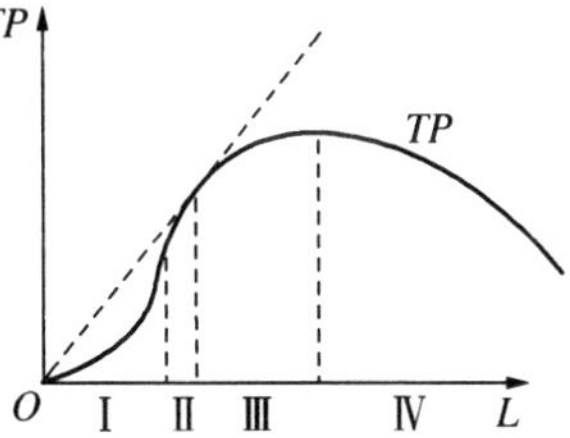

图 4-1

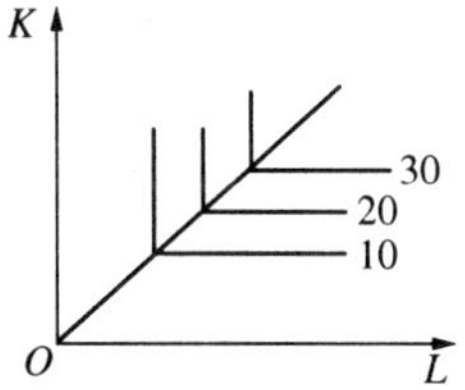

图 4-2

4. 对于图 4-2 所示的等产量曲线,下列说法错误的是

(　　)

A. 规模报酬不变

B. 固定比例生产函数

C. L 与 K 之间完全可以替代

D. L 与 K 的边际技术替代率为零

5. 如果连续地增加某种生产要素,在总产量达到最大值时,边际产量曲线与哪条曲线相交?　　　　　　　　　　(　　)

A. 平均产量曲线　　　　B. 纵轴

C. 横轴　　　　　　　　D. 总产量曲线

6. 如果一个企业经历规模报酬不变阶段,则 LAC 曲线是

(　　)

A. 上升的　　B. 下降的　　C. 垂直的　　D. 水平的

7. $Q=3L^{0.2}K^{0.8}M^{0.2}$,则其规模报酬　　　　(　　)

A. 递增　　B. 递减　　C. 不变　　D. 不确定

8. $Q=L^{0.5}K^{0.5}$ 表示规模报酬　　　　　　　(　　)

A. 递增　　B. 递减　　C. 不变　　D. 不确定

9. 规模报酬递减是在下述情况下发生的？ ( )
   A. 按比例连续增加各种生产要素
   B. 不按比例连续增加各种生产要素
   C. 连续地投入某种生产要素而保持其他生产要素不变
   D. 上述都正确

10. 生产可能性曲线凹向原点反映了 ( )
    A. 资源在所有生产活动中都同样有效率
    B. 机会成本递增
    C. 存在政府政策
    D. 存在失业问题

11. 边际生产力下降是由于 ( )
    A. 生产过程的低效率
    B. 使用劣等生产要素
    C. 懒惰
    D. 可变投入与固定投入比例上升

12. 下列说法中正确的是 ( )
    A. 生产要素的边际技术替代率递减是规模报酬递减造成的
    B. 边际收益递减是规模报酬递减造成的
    C. 规模报酬递减是边际收益递减规律造成的
    D. 生产要素的边际技术替代率递减是边际收益递减规律造成的

13. 图 4-3 表示的是 ( )
    A. 规模报酬递减
    B. 规模报酬递增
    C. 规模报酬不变
    D. 要素报酬递减

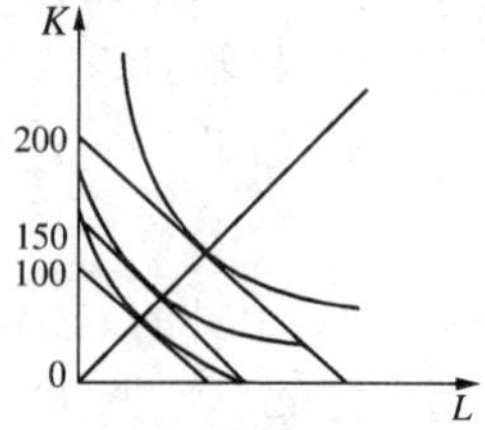

图 4-3

14. 已知生产函数为 $Q = 2L^{0.6}K^{0.8}$，该生产函数表示 ( )
    A. 规模报酬递增　　　B. 规模报酬递减

C. 规模报酬不变   D. 无法判断

15. 总的来讲,随着产出的增加,你首先得到   （ ）
A. 递增的报酬,然后是递减的报酬,最后是负的报酬
B. 递减的报酬,然后是负的报酬,最后是递增的报酬
C. 负的报酬,然后是递增的报酬,最后是递减的报酬
D. 递增的报酬,然后是负的报酬,最后是递减的报酬

16. 在 $MP_L/P_L > MP_K/P_K$ 情况下,企业如何降低成本而又维持相同产量？   （ ）
A. 增加劳动投入   B. 增加资本投入
C. 提高规模经济水平   D. 提高劳动的边际产量

17. 如果一个企业在各种产出水平上都显示规模报酬递减,把这个企业划分为两个相等规模的较小企业,它的总产出（ ）
A. 减少   B. 不变
C. 增加   D. 无法判定

18. 同一条等产量线上的各点代表   （ ）
A. 为生产同等产量,投入要素的各种组合比例是不能变化的
B. 为生产同等产量,要素的价格是不变的
C. 不管投入各种要素量如何,产量总是相等的
D. 投入要素的各种组合所能生产的产量都是相等的

19. 如果规模报酬不变,单位时间里增加了20%的劳动使用量,但保持资本量不变,则产出将   （ ）
A. 增加20%   B. 减少20%
C. 增加大于20%   D. 增加小于20%

20. 在生产的有效区域内,等产量线   （ ）
A. 凸向原点   B. 不能相交
C. 负向倾斜   D. 上述都对

21. 图4-4表示某企业的生产函数,回答(1)至(2)题。

(1) 下面关于劳动的边际产量和平均产量的说法哪一个是不

正确的？　　　　　　（　　）

A. 边际产量是总产量的斜率

B. 边际产量在 L_3 达到最大

C. 在 L_2 和 L_4 劳动的平均产量相等

D. 边际产量先随 L 上升,然后下降

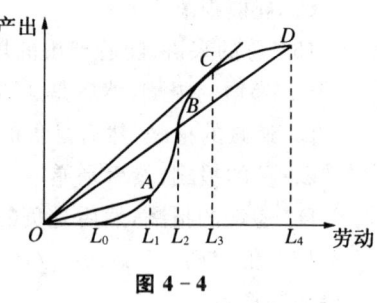

图 4-4

(2) 以下说法哪一个是正确的？　　　　　　（　　）

A. 在 C 和 D 之间,平均产量下降

B. 在 A 和 C 之间边际产量上升

C. C 点的平均产量最小

D. C 点的边际产量最大

E. 在 B 和 D 之间平均产量上升

答　案

1. A. 当要素投入比例是固定的,表明单方面地增加某一要素的投入量,并不会增加产出,所以要素的边际产量为零。

2. D. 只要边际产量大于零,总产量就处于上升阶段;而边际产量小于零,总产量就会下降。

3. (1) B. (2) B. 由于要素投入到一定阶段,会出现报酬递减,故而厂商会选择第二阶段进行生产,这时要素的产出弹性大于零且小于 1。

4. C. 从图形可知,要素投入增加一定的比例,产出也相应增长同样的比例,说明规模报酬不变;等产量线为直角线,说明是固定比例的生产函数,且在另一种要素投入保持不变的情况下,单方面增加某一要素,产出不变,边际技术替代率为零。

5. C. 总产量最大时,边际产量为零,即与横轴相交。

6. D. LAC下降阶段,表明规模报酬递增;LAC水平,表明规模报酬不变;LAC上升,表明规模报酬递减。

7. A. 因为$f(\lambda L,\lambda K)=3(\lambda L)^{0.2}(\lambda K)^{0.8}(\lambda M)^{0.2}=3\lambda^{1.2}L^{0.2}K^{0.8}M^{0.2}$,所以规模经济增加。

8. C. 因为$f(\lambda L,\lambda K)=(\lambda L)^{0.5}(\lambda K)^{0.5}=\lambda L^{0.5}K^{0.5}$,所以规模经济不变。

9. A. 注意区分规模报酬递减和要素报酬递减,规模报酬递减发生在按比例连续增加各种生产要素,要素报酬递减则发生在连续投入某一要素。

10. B. 由于资源的稀缺性和要素之间的不完全替代,导致机会成本递增,这表现为生产可能性曲线凹向原点。

11. D. 边际生产力下降是因为可变要素投入增加,而固定要素投入保持不变。在正常的生产过程,理性厂商也会将要素投入增加到边际生产力递减阶段,所以 A、B、C 错。

12. D. 规模报酬递减与边际收益递减、边际技术替代率递减是不同的概念。规模报酬递减发生在各种要素按比例增加到一定阶段,而边际收益递减、边际技术替代率递减则发生在某一种要素增加,而其他要素保持不变的情况。由于边际收益递减,才使得增加一种要素所能替代的另一种要素越来越少,出现边际技术替代率递减现象。

13. A. 从图 4-3 可以看出,由 100 单位产出增加到 150 单位产出,只要追加较少的劳动和资本就可以实现,而从 150 单位产出到 200 单位产出,则需要增加较多的劳动和资本,这说明增加同样比例的各种要素投入,产出增长幅度有所减少,故规模报酬递减。

14. A. 因为$f(\lambda L,\lambda K)=2(\lambda L)^{0.6}(\lambda K)^{0.8}=2\lambda^{1.4}L^{0.6}K^{0.8}$,所以规模报酬递增。

15. A. 根据生产的三阶段特征,最开始要素报酬递增,随后递减,最后出现负的报酬。

16. A. 不等式表明,同样的钱用于劳动投入所获得的产出效率要高于资本,故应增加劳动的投入。

17. C. 规模报酬递减表明增加的要素投入比例要高于产出增加比例,企业规模过大,运行效率低下,倘若分拆企业可以提高效率,获得更高的产出。

18. D. 根据定义,等产量曲线是反映曲线上各种要素组合能实现相同的产量,因此要素组合比例可变,A 错;等产量曲线仅反映投入产出之间的物质技术关系,与要素价格无关,B 错;等产量曲线上的点对应着要素投入组合,不能说各种投入量都有相同产量,故 C 错。

19. D. 由于规模报酬不变,当增加 20% 劳动量,同时也增加 20% 资本量时,产出将增加 20%,现在题目中假定资本量不变,故产出增加将小于 20%。

20. D. 依据等产量曲线的性质。

21. (1) B. (2) A. 边际产量是总产量曲线的斜率,因此图中 L_2 边际产量达到最大,L_3 是平均产量的最大点,故(1)中的 B 是错误的,(2)中 C 和 D 是错误的。注意到从原点到总产量曲线上每一点连线的斜率反映某一固定投入下平均产量的大小,因此平均产量的变化可以通过观察这一连线斜率的变化得到,边际产量的变化就是总产量曲线相应点斜率的变化。因此(2)中的 A 正确,而 B 和 D 之间的平均产量是先上升后下降。

判断题

1. 如果生产函数规模报酬不变,那么各要素间的边际技术替代率也不变。　　　　　　　　　　　　　　　　　　　（　　）

2. 规模报酬递增的厂商不可能也会面临要素报酬递减的现象。　　　　　　　　　　　　　　　　　　　　　　　（　　）

3. 假定生产某产品要用两种要素,如果这两种要素价格相等,则该生产者最好要用同等数量的这两种要素投入。（　　）

4. 生产要素的边际技术替代率递减是规模收益递减造成的。
( )
5. 可变要素的报酬总是递减的。 ( )
6. 边际产量总是小于平均产量。 ( )
7. 随着生产技术水平的变化,生产函数也会发生变化。
( )
8. 随着某生产要素投入的增加,边际产量和平均产量增加到一定程度后,将同时下降。 ( )
9. 生产要素的边际技术替代率递减是边际收益递减规律造成的。 ( )
10. 如果两种投入要素的价格相等,当产出一定时,最低成本支出的要素投入组合将取决于等产量曲线切线斜率为 -1 的点。
( )

答 案

1. 错误。规模报酬不变与边际技术替代率不变是两个不同的概念。

2. 错误。规模报酬递增是建立在各种要素投入都增加的前提上,倘若只增加某一要素,不排除要素报酬递减的发生。

3. 错误。按照生产者均衡的条件,要使用同等数量的要素,不仅要求要素价格相等,还要求此时要素的边际产量相等。

4. 错误。边际技术替代率递减与规模报酬递减不存在因果关系。

5. 错误。可变要素的报酬是先递增后递减。

6. 错误。在要素投入的不同阶段,边际产量可能会大于、可能会等于、也可能会小于平均产量。

7. 正确。特定生产函数总是描述一定技术水平下的要素投入与产出关系,技术水平变化,生产函数也要反映这一变化。

8. 错误。边际产量先下降,带动平均产量后下降。

9. 正确。边际收益递减、边际技术替代率递减都发生在某一种要素增加,而其他要素保持不变的情况。由于边际收益递减,才使得增加一种要素所能替代的另一种要素越来越少,出现边际技术替代率递减现象。

10. 正确。要素的边际技术替代率为等产量曲线的切线斜率的绝对值,达到生产者均衡时也等于两种要素的价格之比。当两种要素价格相等时,边际技术替代率为1,所对应的点切线斜率为 -1。

计算题

1. 假设某厂商的生产函数为 $Q=LK-0.5L^2+0.08K^2$,如果资本投入量为10,求出 AP_L、MP_L 和 MP_K。

2. 假定某大型生产企业,有三种主要产品 X、Y、Z,已知它们的生产函数分别为: $Q_X=1.6L^{0.4}C^{0.4}M^{0.1}$,$Q_Y=(0.4L^2CM)^{1/2}$,$Q_Z=10L+7C+M$。试求这三种产品的生产规模报酬性质。

3. 已知生产函数为 $Q=f(K,L)=10KL/(K+L)$。求:
(1) 劳动的边际产量及平均产量函数。
(2) 劳动边际产量的增减性。

4. 完成表 4-1:

表 4-1

可变投入品	3	4	5	6	7
总产量	( )	( )	130	( )	( )
边际产量	未知	20	( )	5	( )
平均产量	30	( )	( )	( )	19.5

5. 珠江三角洲某 U 盘的生产商,其劳动的边际产量是人均每小时10个单位,劳动对资本的边际技术替代率是5,求资本的边际产量。

6. 填写表 4-2、表 4-3 中"边际产出"一列,并写出从第几个工人开始分别出现报酬递减和负的报酬。

表 4-2

工人数量	总产出	边际产出
0	0	—
1	1	
2	3	
3	6	
4	9	
5	11	
6	13	
7	14	
8	14	
9	13	
10	11	
11	8	

表 4-3

工人数量	总产出	边际产出
0	0	—
1	3	
2	7	
3	10	
4	12	
5	13	
6	13	
7	12	
8	10	

7. 假定某厂商只使用一种生产要素劳动进行生产,生产函数为 $Q=-0.1L^3+6L^2+12L$。求:

(1) 劳动的平均产量最大时厂商雇佣的劳动量。

(2) 劳动的边际产量最大时厂商雇佣的劳动量。

8. *已知厂商的生产函数为 $Q=L^{3/8}K^{5/8}$,又设 $P_L=4$ 元,$P_K=5$ 元,求该厂商生产 200 单位产品时,应使用多少单位的 L 和 K 才能使成本降至最低?

9. *证明在柯布-道格拉斯生产函数 $Q=AL^\alpha K^\beta$ 中,α、β 分别为劳动和资本的产出弹性。

答　案

1. 解:$AP_L=10-0.5L+8/L$,$MP_L=K-L=10-L$,$MP_K=L+0.16K=L+1.6$。

2. 解:$f_X(\lambda L,\lambda C,\lambda M)=1.6(\lambda L)^{0.4}(\lambda C)^{0.4}(\lambda M)^{0.1}=\lambda^{0.9}Q_X$,产品 X 的规模报酬递减。

$f_Y(\lambda L,\lambda C,\lambda M)=[0.4(\lambda L)^2(\lambda C)(\lambda M)]^{1/2}=\lambda^2 Q_Y$,产品 Y 的规模报酬递增。

$f_Z(\lambda L,\lambda C,\lambda M)=10\lambda L+7\lambda C+\lambda M=\lambda Q_Z$,产品 Z 的规模报酬不变。

3. 解:(1)劳动的边际产量 $MP_L=dQ/dL=10K^2/(K+L)^2$。

劳动的平均产量 $AP_L=Q/L=10K/(K+L)$。

(2)因为 $MP_L=10K^2/(K+L)^2$,得:

$$d(MP_L)/dL=[-10K^2\times 2(K+L)]/(K+L)^4$$
$$=-20K^2/(K+L)^3<0$$

所以边际产量函数为减函数。

4. 利用关系:平均产量×投入数量=总产量,以及投入单位的增加导致总产量的增量即为边际产量,因此上表中第一行答案从左到右依次为:90、110、135、136.5,第二行的答案从左到右依次为 20、1.5,第三行的答案从左到右依次为 27.5、26、22.5。

5. 在同一条等产量曲线上,总产量不变,有:$MP_L\times\Delta L+MP_K\times\Delta K=0$,根据边际技术替代率的定义,$MRTS_{LK}=-\Delta K/\Delta L=MP_L/MP_K$,本题中,$MRTS_{LK}=5$,$MP_L=10$,所以

$MP_K = 2$,资本的边际产量为2。

6. 表4-2中从上而下依次填:1、2、3、3、2、2、1、0、-1、-2、-3;表4-3中从上而下依次填3、4、3、2、1、0、-1、-2。表4-2中从第5和第9个工人开始分别出现报酬递减和负的报酬,表4-3中从第3和第7个工人开始分别出现报酬递减和负的报酬。

7. 解:(1) 因为 $AP_L = Q/L = -0.1L^2 + 6L + 12$,$dAP_L/dL = -0.2L + 6 = 0, L = 30$。

(2) $MP_L = dQ/dL = -0.3L^2 + 12L + 12$,$dMP_L/dL = -0.6L + 12 = 0$,则 $L = 20$。

8. 解:$MP_L = (3/8)L^{-5/8}K^{5/8}$,$MP_K = (5/8)L^{3/8}K^{-3/8}$

要实现成本最小化,即要求 $MP_L/MP_K = P_L/P_K = 4/5$,可得 $L = (3/4)K$。

于是有 $(3K/4)^{3/8}K^{5/8} = 200$,因此 $K = 200(3/4)^{-3/8}$,$L = 200(3/4)^{5/8}$。

9. 证明:柯布-道格拉斯生产函数记为:$Q = AL^\alpha K^\beta$。

$E_L = (dQ/dL) \cdot (L/Q) = (\alpha/L) \cdot Q \cdot (L/Q) = \alpha$

$E_K = (dQ/dK) \cdot (K/Q) = (\beta/K) \cdot Q \cdot (K/Q) = \beta$

问答题

1. 要素报酬递减法则的内容和前提是什么?
2. 说明生产三个阶段的划分标准。
3. 说明总产量、边际产量和平均产量三条曲线的特点及其相互关系。
4. 说明各种规模报酬的类型及其原因。
5. 以下生产函数,哪些呈现递增、递减或不变的规模报酬? ① $Q = \min\{aK, bL\}$;② $Q = 10K^{0.2}Q^{0.8}$;③ $Q = 5K^{0.5}Q^{0.9}$;④ $Q = aK^2 + bL^2$;⑤ $f(K, L) = K^2L$;⑥ $f(K, L) = 10K + 5L$;⑦ $f(K, L, W) = (K^4 - 5LW^3)^{1/6}$
6. 规模报酬的递增、不变和递减这三种情况与可变比例生产函数的报酬递减、不变和递减的三种情况的区别何在？

7. 怎样区分固定比例生产函数和规模报酬不变的投入与产出的数量关系？

8. 为什么生产可能性曲线凹向原点而不是凸向原点？

答　案

1. 答：要素报酬递减法则是指，在技术不变、其他要素投入数量不变时，连续地把一种投入要素增加到一定数量之后，所得产量的增量是递减的。而且，在一定条件下，不仅其边际产量是递减的，平均产量、总产量也是递减的。要素报酬递减的前提是技术水平不变、其他生产要素投入量不变。如果发生技术进步或者其他生产要素投入量增加，会推迟生产要素报酬递减的出现，但不会消除要素报酬递减法则。

2. 答：划分生产阶段的标准是依据可变要素的产出弹性。在第一阶段，$E_L>1$，即 $MP_L>AP_L$；在第二阶段，$E_L<1$，即 $MP_L<AP_L$；在第三阶段，$E_L=MP_L/AP_L<0$。在第一阶段尽管劳动边际产量达到最高点，但这只是说明劳动的增加使资源配置效果提高得最多，并不说明资源配置效果已经达到最好。可取的是第二阶段，这时不仅总产量达到最大，而且劳动的平均产量达到最大，资本的平均产量也达到最大（因为 TP_L 最大时，AP_K 也最大）。

3. 答：总产量曲线先递增地上升，后递减地上升；边际产量曲线先上升，后下降；平均产量曲线也是先上升，后下降。当边际产量处于上升阶段时，会带动平均产量的上升；由于要素报酬递减规律的作用，在可变要素投入量达到一定阶段时，边际产量达到最大，随后表现为递减趋势，只要边际产量高于平均产量，平均产量仍然会上升；而当边际产量小于平均产量时，平均产量才开始下降。可以证明边际产量与平均产量的交点，对应平均产量的最大值。只有当边际产量为零时，总产量才达到最大，随着边际产量为负数，总产量不断减少。因此，随着可变要素投入量的增加，边际产量、平均产量和总产量依此达到最大。

4. 答：规模收益变动规律是指在技术水平不变的条件下,当两种生产要素按同一比例同时增加时,最初这种生产规模的扩大会使得产量增加出现三种情况：规模收益递增,即产量增加的比例超过投入增加的比例;规模收益不变,即产量增加的比例等于投入增加的比例;规模收益递减,即产量增加的比例小于投入增加的比例。

之所以出现这种情况,一方面是由于厂商规模的扩大使得厂商的生产由内在经济逐渐转向内在不经济。在规模扩大的初期,厂商可以购置到大型的先进机器设备,这是小规模生产所无法解决的。随着规模的扩大,厂商可以进一步在内部实行专业分工,提高生产率。同时,企业的管理人员也可以发挥管理才能,提高管理效率,并且大规模的生产有利于应付随机事件的发生,有效摊薄固定成本等等。此外大厂商在购买生产要素方面往往拥有某些优厚的条件,从而使得成本支出减少。因此,随着厂商规模的扩大,收益的增加量会超过投入的增加量,从而出现规模报酬递增。

但是,厂商的规模并不是越大越好。当厂商的规模扩大到一定程度以后,由于管理机构越来越庞大,信息不畅,从而出现管理效率下降的现象。此外,一方面厂商规模的扩大使得信息处理费用和销售费用增加,可能抵消规模经济带来的效益;另一方面,当厂商的规模扩大到只有提高价格才能购买到足够的生产要素时,厂商的成本势必增加。这些因素最终会导致生产出现规模报酬递减。

当然,在规模报酬递增向规模报酬递减转化过程中,也会出现规模收益不变阶段,这一阶段的长短在不同的生产过程中表现不同。

5. 答：① 规模报酬不变;② 规模报酬不变;③ 规模报酬递增;④ 规模报酬递增;⑤ 规模报酬递增;⑥ 规模报酬不变;⑦ 规模报酬递减。

6. 答：规模报酬是在长期分析中，所有投入要素都按同一比例变动，所对应的产量增量不变、递增还是递减；而要素报酬是在短期分析中，只变动一种投入而其他投入保持不变，由于变动投入与固定投入的比例发生变动，而产生的产量递增、递减或不变三种情况。

7. 答：固定比例生产函数反映的是资本与劳动在技术上必须以固定比例投入的情形，其等产量曲线为一直角形式，表示劳动和资本完全不能替代，其一般形式的生产函数可以表示成 $Q=f(L,K)=\min(aK,bL)$。由于 $f(\lambda L,\lambda K)=\min(a\lambda K,a\lambda L)=\min\lambda(aK,bL)=\lambda\min(aK,bL)=\lambda Q$，即当劳动和资本的投入都增加 λ 倍时，其产量亦增加 λ 倍，所以固定比例生产函数是规模报酬不变的生产函数。然而，除了固定比例生产函数外，其他形式的线性函数 $Q=f(L,K)=aK+bL$ 以及柯布-道格拉斯函数 $Q=f(L,K)=AK^{0.5}L^{0.5}$ 等也具有不变的规模效益。简言之，固定比例生产函数其规模报酬不变，而规模报酬不变的生产函数可以是固定比例生产函数，也可以是可变比例生产函数。因此，不可将规模报酬不变的生产函数与固定比例的生产函数混为一谈。

8. 答：由于资源的稀缺性和要素之间的不完全替代，导致机会成本递增，这表现为生产可能性曲线凹向原点，当生产可能性为凹性时，随着一种商品产量的增加，每增加一单位这种商品所需放弃的另一种商品的产量呈递增趋势。

第五章

成　本

概　要

1. 经济学探讨的成本不同于会计成本。会计成本是对已完成经济活动的统计,而经济学强调的是机会成本,它是厂商将要素投入其他领域可能带来的最大收益,这将帮助厂商在经济活动开始之前作出决策。机会成本不仅包括会计成本,还包括内隐成本。

2. 与机会成本相对应,经济学所讲的利润是经济利润,它等于会计利润减去内隐成本。经济利润并不反映生产活动的实际盈亏,但可作为厂商决策的依据。如果经济利润大于零,表明该项目的获利要超过其他任何选择,项目决策可行;如果经济利润小于零,表明其他项目更能获利,选择该项目将损失投资机会。

3. 私人成本是由厂商承担的成本,而社会成本是从整个社会角度看所需承担的成本。两种成本之间的数量差额是外在成本,没有被厂商承担。

4. 为寻求既定产量下的最低成本,厂商所采用的投入组合应当是等产量曲线与等成本线的切点,这时实现了生产者均衡,它满足等式:$MP_L/MP_K = P_L/P_K$。

5. 成本函数揭示的是,随着产量的增加,最低成本的变化规律。根据生产规模是否改变,我们将成本函数区分为短期成本函数和长期成本函数。在短期,用于购买固定要素的费用就是固定成本,而支付变动要素的费用就是可变成本。可变成本随产量的变动而变动,固定成本则保持不变。在长期,由于生产规模本身可变,各种生产要素都是可变投入,也就不存在固定成本与可变成本的区分。

6. 短期的成本函数反映了技术、规模、要素价格给定的条件下,最低成本随着产量变动而变动的一般规律,而技术水平是通过生产函数来刻画的。因此,成本函数和生产函数之间存在着非常密切的对应关系。具体说来,总产量曲线和总成本曲线、边际产量曲线与边际成本曲线、平均产量曲线与平均可变成本曲线在一定意义上有倒数关系。

7. 长期总成本表示在所有要素投入均可变的情况下,随着产量的变动,厂商最低支出的变化规律。长期平均成本曲线 LAC 实际上就是各生产规模下,短期平均成本的包络线。长期平均成本也与短期平均成本相切于长期总成本与短期总成本相切的产量,与此同时长期边际成本与短期边际成本相交。

基本概念

机会成本　内隐成本　会计成本(外露成本)　经济利润　会计利润　社会成本　私人成本　总变动成本(TVC)　总固定成本(TFC)　边际成本(MC)　平均成本(AC)　平均变动成本(AVC)　长期总成本(LTC)　长期边际成本(LMC)　长期平均成本(LAC)

选择题

1. 短期内边际产量最高点对应于　　　　　　　　　(　　)

　　A. 边际成本最低点　　B. 平均成本最低点

　　C. 平均可变成本最低点　D. 平均产量最高点

2. 在短期,　　　　　　　　　　　　　　　　　　(　　)

　　A. 所有成本都是固定成本

　　B. 所有成本都是可变成本

　　C. 某些成本是固定成本

D. 所有成本都是边际成本

3. 等成本线的斜率表示的是 （ ）

A. 在既定成本下所能生产的各种产量

B. 生产既定产量的总成本

C. 纵轴上的要素价格对横轴上要素价格的比率

D. 横轴上要素价格对总轴上要素价格的比率

4. 等成本曲线围绕着它与纵轴的交点逆时针移动表明

（ ）

A. 生产要素 Y 的价格上升了

B. 生产要素 X 的价格上升了

C. 生产要素 X 的价格下降了

D. 生产要素 Y 的价格下降了

5. 如果确定了最优的生产要素组合, （ ）

A. 在生产函数已知时可以确定一条总成本曲线

B. 就可以确定一条总成本曲线

C. 在生产要素价格已知时可确定一条总成本曲线

D. 在生产函数和生产要素价格已知时可确定总成本曲线上的一个点

6. 假定某机器原来生产产品 A,利润为 200 元,现在改生产产品 B,所花的人工,材料费为 1 000 元,则生产产品 B 的机会成本为 （ ）

A. 200 元   B. 1 200 元

C. 1 000 元   D. 无法确定

7. 某先生辞去月薪 1 000 元的工作,取出自有存款 100 000 元(月息 1%),办一独资企业。如果不考虑商业风险,则该先生自办企业按月计算的机会成本是 （ ）

A. 2 000 元   B. 100 000 元

C. 1 000 元   D. 101 000 元

8. 根据图 5-1 所示的某公司总成本曲线,回答问题(1)至(3)。

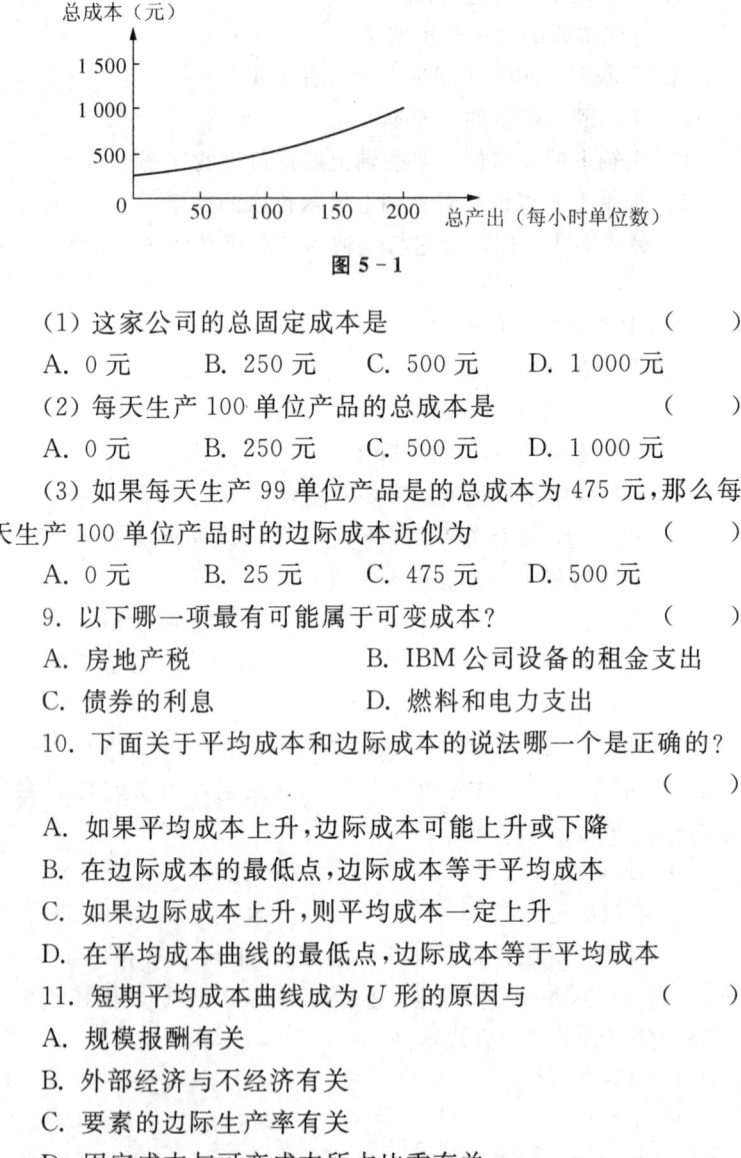

图 5-1

(1) 这家公司的总固定成本是 （ ）

A. 0 元   B. 250 元   C. 500 元   D. 1 000 元

(2) 每天生产 100 单位产品的总成本是 （ ）

A. 0 元   B. 250 元   C. 500 元   D. 1 000 元

(3) 如果每天生产 99 单位产品是的总成本为 475 元,那么每天生产 100 单位产品时的边际成本近似为 （ ）

A. 0 元   B. 25 元   C. 475 元   D. 500 元

9. 以下哪一项最有可能属于可变成本？ （ ）

A. 房地产税   B. IBM 公司设备的租金支出

C. 债券的利息   D. 燃料和电力支出

10. 下面关于平均成本和边际成本的说法哪一个是正确的？

（ ）

A. 如果平均成本上升,边际成本可能上升或下降

B. 在边际成本的最低点,边际成本等于平均成本

C. 如果边际成本上升,则平均成本一定上升

D. 在平均成本曲线的最低点,边际成本等于平均成本

11. 短期平均成本曲线成为 U 形的原因与 （ ）

A. 规模报酬有关

B. 外部经济与不经济有关

C. 要素的边际生产率有关

D. 固定成本与可变成本所占比重有关

12. 就短期边际成本和短期平均成本的关系来说， （　）
A. 如果平均成本下降,则边际成本下降
B. 如果平均成本下降,则边际成本小于平均成本
C. 如果边际成本上升,则平均成本上升
D. 如果边际成本上升,则边际成本小于平均成本

13. 如果没有分摊成本,且生产过程中规模收益递增,那么
 （　）
A. 边际成本等于平均成本,两者不随产量变化
B. 边际成本随产量增加而下降,平均成本保持不变,边际成本大于平均成本
C. 平均成本随产量增加而减少,边际成本保持不变,边际成本小于平均成本
D. 边际成本和平均成本随产量的增加而减少,平均成本大于边际成本

14. 边际成本曲线经过下列哪条曲线的最低点？ （　）
A. ATC 曲线　　　　B. AVC 曲线
C. ATC 和 AVC 曲线　　D. 既非 ATC 也非 AVC 曲线

15. 根据图 5-2 回答(1)至(3)题。

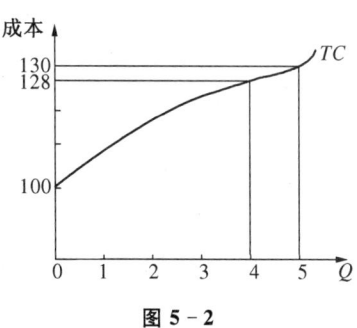

图 5-2

(1) 产出为 5 单位时,平均固定成本为 （　）
A. 5 元　B. 20 元　C. 26 元　D. 100 元　E. 130 元

(2) 第5个单位产出的边际成本是 （　）
A. 0元　　B. 2.00元　C. 2.60元　D. 6.00元
E. 30.00元

(3) 5个单位产出的平均变动成本是 （　）
A. 0元　　B. 2.00元　C. 2.60元　D. 6.00元
E. 30.00元

16. 由企业购买或使用任何生产要素所发生的成本是指 （　）
A. 固定成本　　　　B. 内隐成本
C. 会计成本　　　　D. 机会成本

17. 若某个产量的长期平均成本等于短期平均成本,但高于长期边际成本,则 （　）
A. 规模报酬处于递减阶段
B. 长期平均成本正在下降
C. 短期平均成本最小
D. 短期平均成本等于长期边际成本

18. 在长期中,下列哪一项不存在? （　）
A. 固定成本　　　　B. 平均成本
C. 机会成本　　　　D. 隐含成本

19. 当产出增加时,LAC 曲线下降,这是由于 （　）
A. 规模的不经济性
B. 规模的经济性
C. 要素报酬递减规律的作用
D. 无法判断

20. 当边际成本上升时 （　）
A. 要素平均产量下降　B. 平均成本上升
C. 要素边际产量下降　D. 以上都正确

21. 某一直线通过原点,并且从下方与 TC 相切,在切点处,平均总成本 （　）

A. 等于 MC　　　　　B. 达到最小值
C. 等于 AVC 加 AFC　　D. 以上都正确

22. 成本极小化的均衡条件　　　　　　　　　　（　）
   A. 与利润极大化的均衡条件一致
   B. 为等成本与等产量线的切点
   C. 为预算线与无差异曲线的切点
   D. 都正确

23. 机会成本的经济含义是　　　　　　　　　　（　）
   A. 使用一种资源的机会成本是放弃这种资源另一种用途的收入
   B. 放弃这种资源在其他用途中所能得到的最高收入
   C. 是将其用于次优用途的收入
   D. 保证这种资源在现用途继续使用而必须支付的费用

24. 若企业生产处于规模经济常数阶段,长期平均成本曲线切于短期平均成本曲线的　　　　　　　　　　（　）
   A. 左端　　B. 右端　　C. 最低点　　D. 无法确定

25. 当某厂商以既定的成本生产出最大产量时,他　　（　）
   A. 一定获得了最大利润
   B. 一定没有获得最大利润
   C. 是否获得了最大利润,还无法确定
   D. 经济利润为零

26. 已知产量为 500 单位时,平均成本是 2 元,产量增加到 550 单位时,平均成本等于 2.50 元,在这个产量变化范围内,边际成本　　　　　　　　　　　　　　　　　　　　　（　）
   A. 随着产量的增加而上升,并在数值上大于平均成本
   B. 随着产量的增加而上升,并在数值上小于平均成本
   C. 随着产量的增加而下降,并在数值上小于平均成本
   D. 随着产量的增加而下降,并在数值上大于平均成本

27. 长期边际成本曲线与短期边际成本曲线相交于① 长期

总成本与短期总成本曲线相切处,② 同时也是长期平均成本与短期平均成本曲线相切处。这一判断   (　　)

 A. ①对,②错　　　　　B. ①、②均对

 C. ①错,②对　　　　　D. ①、②均错

28. 随着产出的增加,最终   (　　)

 A. 规模经济大于规模不经济

 B. 规模不经济大于规模经济

 C. 规模经济和规模不经济都增加

 D. 规模经济和规模不经济都减少

29. 长期平均成本曲线为 U 形的原因与下列哪一个选项有关?   (　　)

 A. 固定成本与可变成本所占比重

 B. 要素的边际生产率

 C. 规模报酬

 D. 外部经济与外部不经济

30. 已知生产函数 $Q=20L+50K-6L^2-2K^2$,且 $P_L=15$ 元,$P_K=30$ 元,$TC=660$ 元,则最优的生产要素组合 $L:K=$
    (　　)

 A. 7∶3　　　　　　B. 20.5∶3

 C. 3∶10　　　　　D. 3∶20.5

31. 假如增加一单位产量所带来的边际成本大于产量增加前的平均可变成本,那么在产量增加后平均可变成本   (　　)

 A. 减少　　B. 增加　　C. 不变　　D. 都有可能

32. 下列说法哪个是错误的?   (　　)

 A. 生产可能性边界之所以凹向原点,是因为机会成本递增

 B. 平均成本曲线最低点即停止营业点

 C. 两种要素的边际技术替代率等于常数,则等产量线为一斜直线

 D. 等产量曲线斜率为负值的区域属生产经济区域

33. 下列说法正确的是 ( )

A. 在短期内,随变动要素投入量的增加,总产量先递减地增加,后递增地增加

B. 短期内使平均产量最大的变动要素投入量,对应于平均成本最低的产量

C. 短期内使边际产量最大的要素投入量,对应于边际成本最低的产量

D. 短期内使平均产量最大的变动要素投入量,对应于边际成本最低的产量

答　案

1. A. 成本函数与生产函数存在对应关系。使边际产量最大的变动要素投入量,对应于边际成本最低的产量。$MC = \mathrm{d}TVC/\mathrm{d}Q = \mathrm{d}(P_L \times L)/\mathrm{d}Q = P_L \times \mathrm{d}L/\mathrm{d}Q = P_L(1/MP_L)$。

2. C. 在短期,存在着一些固定成本,而在长期,所有成本都是可变成本。

3. D. 等成本线 $C = P_X X + P_Y Y$,变形得 $Y = (C/P_Y) - (P_X/P_Y)X$,可以看出斜率为 $-P_X/P_Y$,选 D。

4. C. 等成本线 $C = P_X X + P_Y Y$,它在横轴的截距为 $X = C/P_X$,等成本线围绕它与纵轴的交点逆时针移动,表明等成本线与横轴的截距在增加,即 P_X 下降。

5. D. 总成本线是各种产量水平下最低成本的变动轨迹,当最优的生产要素组合确定时,如果已知生产函数与生产要素价格,就可以确定某一产量下的最低成本,即确定总成本线的一个点。

6. B. 机会成本等于会计成本加上内隐成本,会计成本 1 000 元,内隐成本 200 元,故选 B。

7. A. 题中没有列出办企业发生的会计成本,故只要测算因办企业所损失的自有资源收益,其中资本收益每月为 1 000 元,劳动收益每月也为 1 000 元,故选 A。

8. (1) B. (2) C. (3) B. 固定成本是总产出为零时的总成本。

9. D. 燃料和电力支出属于原材料等之类的支出,这类支出一般是短期可以调整的支出,应看作是可变成本。

10. D. 只要平均成本上升,边际成本就一定处于上升阶段,A 错;在边际成本上升,但小于平均成本时,平均成本下降,C 错;边际成本最低时,不存在边际成本与平均成本的相等关系,B 错。

11. C. 短期成本函数与短期生产函数存在对应关系,短期平均成本与可变要素的平均产量具有倒数关系,而可变要素的平均产量之所以呈倒 U 形,是因为要素报酬递减规律的作用。

12. B. 当边际成本高于平均成本时,会带动平均成本上升。

13. D. 规模报酬递增反映在长期平均成本上,表现为曲线处于下降阶段,而推动平均成本下降则源于边际成本也下降且小于平均成本。

14. C. 边际成本曲线既穿过 AVC 曲线的最低点,也穿过 ATC 曲线的最低点。

15. (1) B. (2) D. (3) D. 固定成本为 100 元,可变成本等于总成本减去固定成本。

16. C. 购买要素发生的成本是会计成本,它用于事后统计而非事前决策。

17. B. 当长期平均成本高于长期边际成本时,说明长期平均成本处于下降阶段,规模报酬递增。

18. A. 在长期中所有要素均是可变的,不存在固定成本与可变成本之分。

19. B. 长期平均成本下降是因为各种要素的投入量增加,企业规模扩张所实现的,故而是由于规模的经济性。

20. C. 边际成本上升对应边际产量下降,但不对应平均成本上升。

21. D. 平均成本达到最小,与此同时平均成本等于边际成本。

22. B. 最小成本是等成本线与等产量线的切点,而非预算线与无差异曲线曲线切点。尤其需要注意的是,达到最小成本时,由于不知道产品价格,不能判断此时是否获得最大利润。

23. B. 根据机会成本的定义。

24. C. 当规模报酬不变时,长期平均成本曲线的切线斜率为零,由此可见此时短期平均成本曲线的切线斜率也为零,短期平均成本达到最低点。

25. C. 由于不知道产品的价格,无法从最小成本推出利润是否最大。

26. A. 从产量500到550,平均成本处于上升阶段,在这一区间内,边际成本一定高于平均成本,且处于上升阶段。

27. B. 长期边际成本与短期边际成本相交,表明在这一产量水平,长期总成本与短期总成本曲线的切线斜率相同,两者相切。同时,该切点与原点的连线只有一条,表明长期平均成本与短期平均成本相等,两条曲线相切。

28. B. ATC曲线的上升部分代表了规模不经济,而ATC曲线的下降部分代表了规模经济,从长期来看,最终ATC曲线趋于上升,规模不经济将超过规模经济。

29. C. 参见第14题。

30. D. $MP_L = 20 - 12L, MP_K = 50 - 4K, MP_L/MP_K = 15/30$,且$15L + 30K = 660$,故有$L/K = 3/20.5$。

31. B. 只要边际成本大于平均可变成本,就会带动平均可变成本上升。

32. B. 平均可变成本的最低点是停止营业点。

33. C. 总产量先递增地增加,后递减地增加,A错;短期内使平均产量最大的变动要素投入量对应于平均可变成本最低的产量,B、D错,而C正确。

判断题

1. 如果边际成本曲线上升,则对应的平均成本曲线一定上

升。   (   )
    2. 平均固定成本决不会随产量的增加而提高。   (   )
    3. 短期平均成本总是大于等于长期平均成本。   (   )
    4. 平均成本先于边际成本而上升。   (   )
    5. 如果规模报酬不变,长期平均成本等于边际成本且不变。
                                                  (   )
    6. SAC 与 LAC 相切处,其 SMC 与 LMC 相等。   (   )
    7. 当边际成本达到它的最低点时,平均成本达到最低。
                                                  (   )
    8. 由于固定成本不随产出的变化而变化,因而平均固定成本也为常数。   (   )
    9. 只要边际成本曲线位于平均成本曲线的上方,平均成本曲线一定向下倾斜。   (   )
    10. 短期边际成本曲线在达到一定产量水平后趋于上升,是由边际收益递减规律所造成的。   (   )
    11. 长期平均成本曲线在达到一定的产量水平以后趋于上升,是由边际收益递减规律所造成的。   (   )
    12. 如果某个社会存在失业,它实际生产出来的商品组合可以用生产可能性曲线上的一个点来表示。   (   )
    13. 生产可能性边界之所以凹向原点,是因为机会成本递增。
                                                  (   )
    14. 在短期总成本曲线与长期总成本曲线的相切处,SMC 与 LMC 也相切。   (   )
    15. 短期内使平均产量最大的变动要素投入量,对应于边际成本最低的产量。   (   )

答 案

    1. 错误。只有当边际成本高于平均成本时,平均成本曲线才上升。

2. 正确。随着产量的增加,总的固定成本被逐步分摊,使得平均固定成本趋于降低。

3. 正确。长期平均成本曲线是短期平均成本的包络线,不会高于短期平均成本,从经济意义上看,则表现为适度地变动生产规模,比既定规模下增加变动要素投入更能实现成本节约。

4. 错误。边际成本上升在前,平均成本上升在后。

5. 正确。规模报酬不变时,长期平均成本曲线保持水平,而边际成本曲线也呈水平。

6. 正确。当 SAC 与 LAC 相切,其 STC 与 LTC 也相切,SMC 与 LMC 相交。

7. 错误。边际成本最低时,为总成本曲线从递减上升转向递增上升的拐点,并不对应平均成本的最低点。

8. 错误。参见第 2 题。

9. 错误。边际成本高于平均成本,表现为平均成本上升。

10. 正确。短期边际成本上升对应边际产量下降,这是因为边际收益递减规律的作用。

11. 错误。长期平均成本上升,是因为规模报酬递减规律的作用。

12. 错误。由于资源没有被充分利用,失业状况可表示为生产可能性曲线内的一个点。

13. 正确。生产可能性边界凹向原点,表明既定的资源如果生产某一产品可以替代的另一产品越来越多,即机会成本增加。

14. 错误。正确的应该是 SMC 与 LMC 相交。

15. 错误。短期内使平均产量最大的变动要素投入量,对应于平均可变成本最低的产量。

计算题

1. (1) 一家丰田汽车的工厂有 300 亿元的固定成本,540 亿元的可变成本。如果它生产了 6 000 辆丰田车,那么它生产一辆车的平均成本是多少?

(2) 如果亚马逊网上书店花了1亿元建立起了一个关于潜在消费者信息的数据库,且每给这些消费者发一次电子邮件的总成本是100万元,那么发送10封电子邮件的平均总成本是多少呢? 发送100封电子邮件的平均总成本是多少呢?

2. A公司是一家生产水杯并挨家挨户出售的公司,表5-1是某一天中工人数量与产量、成本之间的关系。

表 5-1

工人	产量	边际产量	总成本	平均总成本	边际成本
0	0				
1	20				
2	50				
3	90				
4	120				
5	140				
6	150				
7	155				

(1) 填写边际产量栏,并解释其变化的趋势。

(2) 工人的工资是一天100元,企业固定成本是200元,用这些信息填写总成本栏。

(3) 填写平均总成本栏、边际成本栏。

(4) 分别比较边际产量和边际成本栏,平均总成本和边际成本栏,说明他们之间的关系。

3. 假设一家油漆公司固定成本为200元,表5-2给出了可变成本,计算每单位产量的平均固定成本、平均可变成本以及平均总成本,油漆公司的有效规模是多少?

表 5-2

每月油漆房屋量(间)	1	2	3	4	5	6	7
可变总成本(元)	10	20	40	80	160	320	640

4. *某企业的平均可变成本为 $AVC = X^2 - 30X + 310$，AVC 为平均可变成本，X 为产量，当市场价格为 310 时，该企业利润为 0，问该企业的固定成本是多少？

5. 某企业短期总成本函数为 $STC = 1\,000 + 240Q - 4Q^2 + (1/3)Q^3$。

(1) 当 SMC 达到最小值时的产量是多少？

(2) 当 AVC 达到最小值时的产量是多少？

6. 生产函数 $Q = LK$，劳动和资本价格分别为 P_L 和 P_K，求相应的成本函数。

7. 考虑以下生产函数 $Q = K^{0.25} L^{0.25} M^{0.25}$，在短期中，令 $P_L = 2, P_K = 1, P_M = 4, K = 8$，推导出短期可变成本函数和平均可变成本函数。

8. IBM 公司是世界上电子计算机的主要制造商，根据该公司的一项资料，公司生产某种型号计算机的产量范围为 200 到 700，在此范围内，总成本函数为 $C = 28\,303\,800 + 460\,800Q$，其中 C 为总成本，Q 为产量。

(1) 如果该种机型的全部市场为 1 000 台，且所有企业的长期总成本函数都相同，那么占有 50% 市场份额的企业比占有 20% 市场份额的企业有多大的成本优势？

(2) 长期边际成本为多少？

(3) 是否存在规模经济？

9. 已知某厂商的生产函数为 $Q = L^{3/8} K^{5/8}$，又设 $P_L = 3$ 元，$P_K = 5$ 元。求总成本为 160 元时厂商均衡的 Q、L 与 K 的值。

10. 假设某产品生产的边际成本函数是 $MC = 3Q^2 - 8Q + 100$，若生产 5 单位产品时总成本是 595，求总成本函数、平均成本函数、总可变成本函数及平均可变成本函数。

11. 以重油 X 和煤炭 Z 为原料的某电力公司,其生产函数为 $Y=(2X^{1/2}+Z^{1/2})^2$,X、Z 的市场价格分别 30、20,其他生产费用为 50。

(1) 求电力产量 $Y=484$ 时的 X,Z 投入量及总成本为多少?

(2) 求该电力公司的总成本函数。

12. *一厂商用资本(K)和劳动(L)生产 X 产品,在短期中资本是固定的,劳动是可变的。短期生产函数是 $X=-L^3+24L^2+240L$,X 是每周产量,L 是劳动量,每人每周工作 40 小时,工资每小时为 12 元,该厂商每周纯利润要达到 1 096 美元,需雇佣 16 个工人,试求该厂商固定成本是多少?

13. 企业的生产函数为 $Q=L^{1/3}K^{2/3}$,L 为劳动投入(短期可变)、K 为资本投入(仅长期可变),各自的报酬率 $W_L=1$、$W_K=2$,求企业的长期成本函数。

14. 某厂商使用两种生产要素 A 和 B,生产一种产品 Q,可以选用的生产函数有两种:① $Q=aA^{0.25}B^{0.75}$;② $Q=bA^{0.75}B^{0.25}$。已知生产要素 A 的价格为 1 元,令生产要素 B 的价格为 P,求:

(1) B 的价格为多少时两种生产方法对厂商并无区别?

(2) 假如 B 的价格超过了上面的价格,厂商将选用哪种生产方法?

15. 某企业成本函数为 $C=X^2+100$,C 为总成本,X 为产品 X 的产量。

(1) 画出边际成本曲线和平均成本曲线。

(2) 若产品市场价格 $P=40$,那么 X 为多少?

(3) 产品价格达到多少时,企业利润为正?

16. **某企业仅生产一种产品,唯一可变要素是劳动,也有固定成本。短期生产函数为 $X=-0.1L^3+6L^2+12L$,其中,X 是每周产量,单位为吨,L 是雇佣工人数,问:

(1) 劳动的平均实物产量最大时,需雇佣多少工人?

(2) 劳动的边际实物产量最大时,需雇佣多少工人?

(3) 平均可变成本最小时,生产多少 X?

(4) 每周工资 360 元,X 的价格为 30 元/吨,利润最大时,生产多少 X?

(5) 如果工资为每周 510 元,X 的价格多大时,企业不扩大或减小生产?

(6) X 的价格 10 元/吨,总固定成本 15 000 元,若企业发现只值得雇佣 36 个工人,每周纯利润是多少?

答　案

1. 解:(1) 平均成本 = (300 + 540)/6 000 = 0.14(亿元) = 1 400 万元。

(2) 10 封电子邮件平均总成本 = (10 000 + 100)/10 = 1 010(万元);100 封电子邮件平均总成本 = (10 000 + 100)/100 = 101(万元)。

2. 解:(1) 每增加一个工人导致的总产量的增加即为新增那个工人的边际产量,因此边际产量栏自上而下依次填为(不含第一行):20、30、40、30、20、10、5,可以发现边际产量先增加,后减少,在劳动投入较低时,劳动同其他要素的组合较不合理,因此只要增加劳动投入就会使组合趋于合理,从而使得产量的增量以递增方式增加,随着劳动投入的进一步增加,劳动投入相对于其他要素偏多,但由于劳动利用效率没有降低,总产量仍然增加,但边际产量开始下降。

(2) 总成本等于固定成本加上可变成本,而可变成本是工人工资乘以工人数量,因此总成本栏从上至下依次为(包含第一行):200、300、400、500、600、700、800、900。

(3) 平均总成本是总成本除以相应的产量,因此平均总成本栏自上而下依次为(不含第一行):15、8、50/9、5、5、16/3、180/31,边际成本等于总成本的增量除以相应的产量增量,因此边际成本栏自上而下依次为(不含第一行):5、10/3、5/2、10/3、5、10、20。

(4)边际成本和边际产量的变化方向刚好相反,边际产量最大时边际成本最小;平均总成本和边际成本的变化趋势都是先下降后上升,平均成本限于边际成本上升,当边际成本上升时,平均成本也在上升,反之不成立。

3. 解:平均固定成本等于固定成本除以产量,平均可变成本等于可变总成本除以产量,平均总成本等于总成本除以产量,因此本题答案如表 5-3:

表 5-3

	1	2	3	4	5	6	7
可变总成本	10	20	40	80	160	320	640
平均固定成本	200	100	100/3	25	20	50/3	100/7
平均可变成本	10	10	40/3	20	32	160/3	640/7
平均总成本	210	110	50	45	52	70	740/7

平均总成本曲线呈 U 形时,存在某个最低点,这个最低点对应的产量即为有效规模,本题中的最小平均成本为 45,因此有效规模为 4,即每天油漆四间房屋。

4. 解:因为利润 $\pi = TR - TC = (P - AC)Q$,且当 $P = 310$ 时,$\pi = 0$,得 $AC = 310$。

$AFC = AC - AVC = 310 - (X^2 - 30X + 310) = -X^2 + 30X$,

所以 $TFC = -X^3 + 30X^2$。

考虑到 $MC = dTVC/dX = d(X^3 - 30X^2 + 310X)/dX = 3X^2 - 60X + 310$,

根据 $P=MC=AC$，得产量 $X=20$，因此 $TFC=-X^3+30X^2=4\,000$。

该企业的固定成本是 $4\,000$。

5. 解：(1) $SMC=\mathrm{d}STC/\mathrm{d}Q=240-8Q+Q^2=(Q-4)^2+224$ 所以当 $Q=4$ 时 SMC 达最小值。

(2) $AVC=(STC-AFC)/Q=240-4Q+(1/2)Q^2=1/3\cdot(Q-6)^2+204$，所以当 $Q=6$ 时 AVC 达最小。

6. 解：生产者均衡时，$MP_L/MP_K=P_L/P_K$，即 $K/L=P_L/P_K$，$Q=LK$，解得 $C=P_LL+P_KK=2(QP_LP_K)^{0.5}$。

7. 解：在短期中，K 为固定要素，L、M 为可变要素，则 $TFC=P_KK=8$，$TVC=P_LL+P_MM=2L+4M$。

由 $MP_L/P_L=MP_M/P_M$ 得 $0.25K^{0.25}L^{-0.75}M^{0.25}/2=0.25K^{0.25}L^{0.25}M^{-0.75}/4$。由此可得 $L/M=2$。代入生产函数 $Q=8^{0.25}(2M)^{0.25}M^{0.25}=2M^{0.5}$，所以

$$M=Q^2/4,\ L=Q^2/2$$
$$TVC=2L+4M=Q^2+Q^2=2Q^2$$
$$AVC=TVC/Q=2Q$$

即短期总可变成本函数为 $TVC=2Q^2$，平均可变成本函数为 $AVC=2Q$。

8. 解：(1) 若占有 50% 的市场份额，Q 为 500，平均成本则为 $(28\,303\,800+460\,800\cdot500)/500=517\,408$ 美元。

若占有 20% 的市场份额，Q 为 200，则平均成本为 $(28\,303\,800+460\,800\cdot200)/200=605\,120$ 美元。

所以占有 50% 市场份额的企业的平均成本比占有 20% 市场份额的企业的平均成本低 14%。

(2) 长期边际成本为 $460\,800$ 美元，在 200 到 700 的产量范围内，边际成本为常数。

(3) 存在规模经济。因为长期平均成本为 $(460\,800+$

$28\ 303\ 800/Q)$,Q 越大,平均成本越小。

9. 解:$MP_L=(3/8)K^{5/8}L^{-5/8}$
$MP_K=(5/8)K^{-3/8}L^{3/8}$

由均衡条件 $MP_L/MP_K=P_L/P_K$ 推出 $K=L$,代入成本函数 $3L+5K=160$,求得 $K=L=20$,则 $Q=L^{3/8}K^{5/8}=20$。

10. 解:由边际成本函数 $MC=3Q^2-8Q+100$ 积分得成本函数 $C=Q^3-4Q^2+100Q+A(A$ 为常数$)$,

又因为生产 5 单位产品时总成本是 595,可求总成本函数 $C=Q^3-4Q^2+100Q+70$,

平均成本函数 $AC=Q^2-4Q+100+70/Q$,

总可变成本函数 $TVC=Q^3-4Q^2+100Q$,

平均可变成本函数 $AVC=Q^2-4Q+100$。

11. 解:(1) 将 $Y=484$ 代入生产函数,得 $484=(2X^{1/2}+Z^{1/2})^2$。整理后得

$$Z=(22-2X^{1/2})^2 \qquad (1)$$

所以,成本函数为

$$C=30X+20Z+50$$
$$=30X+20(22-2X^{1/2})^2+50 \qquad (2)$$

成本最小化条件为 $dC/dX=30+40(22-2X^{1/2})(-X^{-1/2})=0$

求解后可得 $X=64$。

分别代入(1)式、(2)式可得 $Z_1=36,C=2\ 690$。

(2) 把生产函数中的 Y 看作一定数值时,生产函数整理后可得

$$Z=(Y^{1/2}-2X^{1/2})^2。 \qquad (3)$$

总成本函数即为

$$C=30X+20Z+50$$
$$=30X+20(Y^{1/2}-2X^{1/2})^2+50 \qquad (4)$$

成本极小化的条件为

$dC/dX = 30 + 40(Y^{1/2} - 2X^{1/2})(-X^{-1/2}) = 0$。 （5）

由此可得 $X = (16/121)Y$。

代回(4)式后即得总成本函数 $C = (60/11)Y + 50$。

12. 解：设 W 为周工资率，MP_L 为劳动的边际产量，P 是产品价格，当厂商均衡时，有 $W = MP_L \cdot P$，得 $P = W/MP_L$。

由于 $MP_L = -3L^2 + 48L + 240L = -3 \times 16^2 + 48 \times 16 + 240 = 240$，且 $W = 12 \times 40 = 480$。

得 $P = W/MP_L = 2$ 美元。

当 $L = 16$ 时，$X = -L^3 + 24L^2 + 240L = 5\,888$，因此总收益 $TR = P \cdot X = 11\,776$ 美元。

而 $TVC = W \cdot L = 480 \times 16 = 7\,680$ 美元，

所以 $TC = TR - \pi = 10\,680$，$TFC = TC - TVC = 10\,680 - 7\,680 = 3\,000$（美元），即固定成本为 $3\,000$ 美元。

13. 解：由长期生产函数得 $L = Q^3 K^{-2}$

因此，短期成本为 $C = L + 2K = Q^3 K^{-2} + 2K$

由极小化的条件对 K 求偏微分得 $-2Q^3 K^{-3} + 2 = 0$

由此得 $K = Q$

代入成本函数得 $C = 3Q$

14. 解：(1) 两种生产方法对厂商无差别，要求在每个相同的产量水平下，两种生产方法所费成本相等，即 $C_1 = C_2$。

首先求生产方法 1 的成本函数 C_1，由 $MP_A/MP_B = P_A/P_B$，得

$(0.25aA^{-0.75}B^{0.75})/1 = (0.75aA^{0.25}B^{-0.25})/P_B$ （1）

可求出 $B = 3A/P_B$。

将其代入生产函数(1)，得 $Q_1 = aA^{0.25}(3A/P_B)^{0.75} = 3^{0.75}aAP_B^{-0.75}$。

所以 $A = 3^{-0.75}(1/a)P_B^{-0.75}Q_1$，将其代入 $C_1 = P_A A + P_B B = A + 3A = 4 \times 3^{-0.75}(1/a)P_B^{-0.75}Q_1$。

类似地，可求出生产方法 2 的成本函数，得 $C_2 = 4 \times 3^{-0.75} (1/b) P_B^{0.25} Q_2$。

要求 $C_1 = C_2$，即 $4 \times 3^{-0.75}(1/a) P_B^{-0.75} Q_1 = 4 \times 3^{-0.75}(1/b) P_B^{0.25} Q_2$，得 $P_B = (a/b)^2$。

即当 B 的价格为 $(a/b)^2$ 时，两种生产方法对厂商无差别。

(2) 采用生产方法 1，产品的平均成本为 $C_1/Q_1 = (4P_B^{-0.75})/3^{0.75}a$。

采用生产方法 2，产品的平均成本为 $C_2/Q_2 = (4P_B^{0.25})/3^{0.75}b$。

所以，两种生产方法的产品平均成本之比为 $(P_B^{0.5}b)/a$。

当 $P_B > (a/b)^2$ 时，$(P_B^{0.5}b)/a > 1$，即第 1 种生产方法的产品平均成本大于第 2 种生产方法，故应选用第 2 种生产方法。

15. 解：(1) $MC = 2X, AC = X + 100/X$。

(2) $\pi = PX - C = 40X - X^2 - 100$，$d\pi/dX = 40 - 2X = 0$，$X = 20$。

(3) 企业利润为正，即 $\pi = PX - C > 0$。

$P > C/X = X + 100/X$，即 $P > 20$。

16. 解：(1) 由生产函数 $X = -0.1L^3 + 6L^2 + 12L$ 得

$$X/L = -0.1L^2 + 6L + 12$$

所以令 $d(X/L)/dL = -0.2L + 6 = 0$，则 $L = 30$。

(2) 由生产函数得 $dX/dL = -0.3L^2 + 12L + 12$。令 $d^2X/dL^2 = -0.6L + 12 = 0$。所以 $L = 20$。

(3) 由(1)知：$L = 30$ 时，X/L 最大，此时 WL/X 最小。由该生产函数求得：$L = 30$ 时，$X = 3\ 060$。

(4) 利润最大的条件是：$MRP = P \times MP = W$。

$$MP = W/P = -0.3L^2 + 12L + 12 = 12$$

所以 $0.3L = 12, L = 40$。

既然 $L > 30$ 时，$AP > MP$ 所以进行生产是合算的。

当 $L = 40$ 时，$X = 3\ 680$。

(5)停止扩大生产点是 AP 的最大点,因此由(1)知,$L=30$。利润最大的条件是:$MP=W/P$。

$L=30$ 时,$MP=102=510/P$ 所以 $P=5$ 元。

(6)$MP=W/P$ 当 $L=36$ 时,$MP=55.2=W/10$。所以 $W=552$ 当 $L=36$,$X=3\,542.4$。总收益$=3542.4\times 10=3\,5424$。$TVC=552\times 36=19\,872$,所以 $TFC+$利润$=15\,552$。$TFC=15\,000$。利润$=552$ 元。

问答题

1. 什么是机会成本?什么是经济利润?

2. 解释为什么 MC 与 AVC、AC 相交于 U 形曲线的最低点?

3. 分析为何平均成本的最低点一定在平均可变成本的最低点的右边?

4. 某河附近有两座工厂,每天分别向河中排放 300 及 250 单位的污水,为了保护环境,政府采取措施将污水排放总量限制在 200 单位,如每个工厂允许排放 100 单位污水,A,B 工厂的边际成本分别为 \$40、\$20,试问这是否是将污水排放量限制在 200 单位并使所费成本最小的方法? 如果政府将完全禁止污水排放,是个好主意吗?为什么?

5. LAC 曲线是 SAC 曲线的包络线。每个厂商在各阶段都会追求最低成本,但为什么 LAC 曲线不经过 SAC 的最低点,而是有且只有一点经过?

6. 在短期内,如果从第一单位产品的生产就开始出现边际产出递减,那么 AC 与 MC 曲线分别是什么形状? 在长期内,如果厂商的生产函数表现为规模报酬不变,那么 LAC 和 MC 是什么形状?

7. 短期平均成本曲线与长期平均成本曲线都呈 U 形,请解释它们形成 U 形的原因有何不同?

答 案

1. 答：机会成本不但包括直接的货币支付，还包括因从事某项目而不得不放弃的将资源用于其他领域可能获得的最大收益。经济利润是厂商的总收益与机会成本之间的差额，经济利润往往来源于由于未来的不确定性而带来的风险收入和由垄断因素带来的垄断收入。

2. 答：随着产量的增加，平均变动成本先下降后上升。在边际成本下降阶段，平均可变成本 AVC 也下降，且 $AVC>MC$，即在产量变化的这一阶段 AVC 曲线在 MC 曲线之上。MC 上升，但只要边际成本仍低于平均可变成本，AVC 就继续下降，直至 $AVC=MC$ 为止。之后 MC 高于 AVC，从而使平均成本提高，因此边际成本曲线交于平均可变成本的最低点。数学表达：当 AVC 最小的时候，$\mathrm{d}AVC/\mathrm{d}\theta=0$，即 $\mathrm{d}(TVC/\mathrm{d}\theta)/\mathrm{d}\theta=(1/\theta)\times(\mathrm{d}TVC/\mathrm{d}\theta)-(1/\theta^2)\times TVC=0$，$\mathrm{d}TVC/\mathrm{d}\theta=TVC/\theta$，即 $MC=AVC$。$MC<AC$ 时 AC 下降，当 $MC>AC$ 时 AC 上升，所以边际成本曲线交于平均成本曲线的最低点。数学表达：当 AC 最小时，$\mathrm{d}AC/\mathrm{d}\theta=0$，$\mathrm{d}(TC/\theta)/\mathrm{d}\theta=(\mathrm{d}TC/\mathrm{d}\theta\times\theta-TC)/\theta^2=(1/\theta)(\mathrm{d}TC/\mathrm{d}\theta-TC/\theta)=(1/\theta)(MC-AC)=0$，即 $MC=AC$。

3. 答：因为平均成本（AC）是平均固定成本（AFC）和平均可变成本（AVC）之和。当 AVC 达到最低点后开始上升时，AFC 仍在下降。只要 AFC 下降的幅度大于 AVC 上升的幅度，AC 就会继续下降；只有当 AVC 上升的幅度和 AFC 下降的幅度相等时，AC 才达到最低点。故 AVC 总是比 AC 先达到最低点，也就是说，AC 的最低点总是在 AVC 的最低点的右边。

4. 答：A 工厂每减少一单位污水的排放，成本增加 40 美元，同理 B 增加 20，那么如果减少 B 工厂 1 单位的排放，而增加 A 工厂 1 单位的排放，社会的总成本会减少 20，所以只要减少边际成本小的一方,而增加另一方,所费总成本将减少,直到两者的边际成本相等时总成本最小,所以题中每厂排放各 100 是错的。最终当 $MC_A = MC_B$ 时,排放量 $A > B$ 如果政府将完全禁止排污,所带来的成本过大,会造成许多厂商不愿意生产这种产品,市场供给不足,然而政府通过这种定量的限制,企业不得不为它而承担一定的费用,它就会寻找较少污染的方法,政府的目的也就达到了。

5. 答:以 SAC_1 代表第一种规模,各个 SAC 曲线代表不同的规模。各条 SAC 曲线的包络曲线为有限个数规模下的平均成本曲线。这一包络线即是长期平均成本曲线,当规模数量无穷大时,该线变得平滑。在一般情况下,短期平均成本的最低点都高于长期平均成本。在 LAC 下降阶段,每一生产规模的 SAC 与 LAC 切点对应的产量都小于 SAC 最低点对应的产量;在 LAC 上升阶段,每一生产规模的 SAC 与 LAC 切点对应的产量都大于 SAC 最低点对应的产量;仅在 LAC 最低点,与之相切的 SAC 也是最低点。

6. 答:在短期内,如果边际产出从第一单位就递减,那么根据边际成本与边际产量的对应关系,可知边际成本曲线为经过上升的曲线,由于边际成本的上升会带动平均成本的提高,因而平均成本曲线不再经历下降阶段,而表现为上升的曲线。在长期内,如果规模报酬不变,则长期平均成本和长期边际成本均为水平直线。

7. 答:虽然 SAC 和 LAC 都呈 U 形,但两者形成 U 形的原因是不同的。SAC 先下降后上升是因为一开始随着可变要素的投入和产量的增加,固定要素生产效能的发挥和专业化程度的提高使得边际产量增加。但当产量增加到一定程度时,由于边际收益递减规律的作用,SAC 曲线必将上升。而 LAC 呈 U 形则由规模的经济或不经济决定。产出水平位于 LAC 递减的阶段,意味着在长期内企业资源利用不足,此时若扩大生产规模,其长期平均成本就会递减。但若产出水平超过了 LAC 的最低点,意味着企业规模被过度利用, LAC 上升必然对应着规模报酬递减。

第六章
完全竞争条件下的产品供给

概 要

1. 产品市场具有不同的类型。根据市场集中度、产品的差别性、进入壁垒等指标,微观经济学将市场分为完全竞争市场、完全垄断市场、垄断竞争市场和寡头垄断市场。完全竞争和完全垄断是两种极端的市场类型,垄断竞争和寡头垄断是介于上述两者之间的状态。

2. 完全竞争市场要求满足四个条件:① 众多的小规模买者和卖主;② 各厂商生产的产品具有同质性;③ 自由进入和退出该行业;④ 完全的技术经济信息。

3. 完全竞争厂商是产品价格的接受者而不是制定者,它所面临的需求曲线是水平的,即需求弹性无穷大。厂商为追求利润最大化,按照 $P=MR=MC$,确定产出水平,在短期内这一均衡产量可能会使厂商盈利、盈亏相抵甚至亏损。厂商平均可变成本的最低点是厂商的停止营业点。高于停止营业点的边际成本曲线,是厂商的短期供给曲线。

4. 供给的变化与供给量的变化需要加以区别。供给量的变化是因为商品价格的因素,导致的供给数量的改变,反映在图形上是沿着供给曲线的移动;供给的变化是因为商品价格以外其他因素的影响,如要素价格、生产技术其他商品价格、政府政策等,所导致的供给数量的改变,反映在图形上表现为供给曲线发生位移。

5. 供给价格弹性,反映的是供给量的变动对商品价格变动的敏感程度,记为供给量的变化率与价格的变化率之比。影响供给价格弹性的因素有:固定资产的比重、投入品的专用程度、边际成本曲线的陡峭程度、考察时间的长短等。

基本概念

完全竞争　平均收益　边际收益　厂商短期均衡　短期供给曲线　供给的变化　供给量的变化　供给弹性

选择题

1. 在完全竞争市场中,厂商短期均衡条件是　　　　　(　)
A. $P=AR$　B. $P=MR$　C. $P=MC$　D. $P=AC$

2. 下面哪一个不是完全竞争的特征?　　　　　　　　(　)
A. 许多厂商　　　　　　B. 同质产品
C. 资源自由流动　　　　D. 厂商对产品的定价不同

3. 完全竞争厂商是　　　　　　　　　　　　　　　　(　)
A. 价格制定者,而不是接受者
B. 价格接受者,而不是制定者
C. 价格制定者和接受者
D. 既不是价格制定者也不是价格接受者

4. 完全竞争市场是指　　　　　　　　　　　　　　　(　)
A. 市场参与者的购销量只占整个市场交易量的极小部分
B. 市场参与者只能接受价格,而不能影响价格
C. 交易的商品是同质的
D. 以上全对

5. 在完全竞争市场上,某厂商的产量是 500,总收益是 500,总成本是 800,总不变成本是 200,边际成本是 1,按照利润最大原则,他应该　　　　　　　　　　　　　　　　　　　(　)
A. 增加产量　　　　　　B. 停止生产
C. 减少产量　　　　　　D. 以上都可以

6. 当一个追求利润最大化的厂商考虑进入一个市场将会比较 ( )
   A. 总收益和总可变成本
   B. 边际收益和市场价格
   C. 最小边际成本和市场价格
   D. 最小平均成本和市场价格

7. 在完全竞争市场中,企业的主要竞争策略是 ( )
   A. 广告促销 B. 降价促销
   C. 涨价盈利 D. 降低成本

8. 某完全竞争厂商正在生产每日总收益为 5 000 美元的产量,这是其利润最大化产量。该厂商的平均成本是 8 美元,边际成本是 10 美元,平均可变成本是 5 美元。该厂商的每日产量是
   ( )
   A. 200 单位 B. 500 单位
   C. 625 单位 D. 1 000 单位

9. 某种商品的供给曲线具有正的斜率,当其他因素保持不变时,该商品的价格上升将导致 ( )
   A. 供给增加 B. 供给减少
   C. 供给量增加 D. 供给量减少

10. 假如某厂商的平均收益曲线从水平线变为向右下方倾斜的曲线,这说明 ( )
    A. 既有厂商进入也有厂商退出该行业
    B. 完全竞争被不完全竞争所取代
    C. 新的厂商进入了该行业
    D. 原有厂商退出了该行业

11. 在厂商的关闭点 ( )
    A. $P=AVC$ B. $TR=TVC$
    C. 厂商的损失等于 TFC D. 上述都对

12. 如果竞争市场中的厂商面临边际成本小于边际收益的局

面,则 （   ）

A. 如果厂商减少产量,利润将保持不变

B. 厂商一定在盈利

C. 如果厂商增加产量,利润将增加

D. 厂商一定在亏损

E. 如果厂商增加产量,利润保持不变

13. 一旦进入市场时厂商已支付不变成本,竞争厂商所面临的基本决策是 （   ）

A. 是否生产

B. 索价多少

C. 竞争对手卖出多少

D. 是否多生产或少生产一单位的产品

14. 若过供给曲线上一点的切线斜率为正且先与数量轴（横轴）再与价格轴（纵轴）的延长线相交,其该点的供给价格弹性

（   ）

A. 大于 1　　B. 等于 1　　C. 小于 1　　D. 小于 0

15. 假定生产某种商品的原料价格上升,那么该商品的

（   ）

A. 供给曲线朝右方移动

B. 供给曲线朝左方移动

C. 需求曲线朝右方移动

D. 需求曲线朝左方移动

16. 厂商获得最大利润的条件是 （   ）

A. 边际收益大于边际成本的差额达到最大值

B. 价格高于平均可变成本的差额达到最大值

C. 价格高于平均成本的差额达到最大值

D. 边际收益等于边际成本

17. 一完全竞争厂商在短期均衡时可能是 （   ）

A. AVC 下降　　　　　B. AC 下降

C. MC 下降 D. 一可变要素的平均产量上升

18. 关于完全竞争市场中,单个厂商短期的供给曲线描述正确的是 （　　）

A. 单个厂商不存在短期供给曲线

B. 单个厂商的短期供给曲线是水平的

C. 单个厂商的短期供给曲线是高于 AVC 曲线的 MC 曲线

D. 单个厂商的短期供给曲线是高于 ATC 曲线的 MC 曲线

19. 在任何市场中,厂商的平均收益曲线可以由 （　　）

A. 他的产品供给曲线表示

B. 行业的产品供给曲线表示

C. 他的产品需求曲线表示

D. 行业的产品需求曲线表示

20. 若在最优产出水平,P 超过 AVC,但小于 AC 时,则企业是在 （　　）

A. 获取利润

B. 蒙受损失,但在短期内继续生产

C. 蒙受损失,应立即停产

D. 盈亏相等

21. 完全竞争市场中的厂商总收益曲线的斜率为 （　　）

A. 固定不变 B. 经常变动

C. 1 D. 0

22. 根据图 6-1,回答（1）至（3）题。

(1) 图 6-1 代表的是完全竞争厂商的利润最大化决策问题,这是因为 （　　）

A. MR 曲线是水平的

B. MR 曲线高于 ATC 曲线

C. MR 曲线高于 AVC 曲线

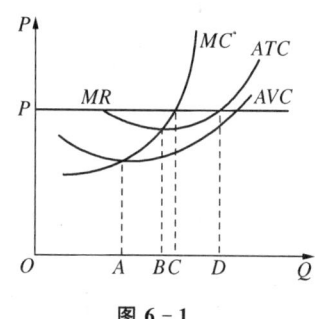

图 6-1

D. *MR* 曲线和 *MC* 曲线相交

(2) 厂商在哪个产量上生产的效率最高？　　　　　( )

A. *A*　　　B. *B*　　　C. *C*　　　D. *D*

(3) 该完全竞争厂商获得的总销售额大小为　　　　( )

A. 矩形 *PC* 的面积

B. 矩形 *PD* 的面积

C. *MC* 和 *MR* 以及纵轴围成的面积

D. *ATC* 和 *MR* 以及纵轴围成的面积

23. 当边际成本处于上升阶段，但小于平均总成本，可以确定边际成本低于 ( )

A. 停止营业点　　　　B. 盈亏平衡点

C. 利润最大化点

24. 如果完全竞争厂商处于边际成本的上升阶段，它在边际成本小于产品价格时生产，那么 ( )

A. 厂商的产量已经超出利润最大化的产量

B. 厂商实现了利润最大化

C. 继续增加产量将实现利润的增加

D. 以上说法都不正确

25. 如果我们能够以不变价购买我们所喜欢的任何数量的商品，这意味着我们面对的供给曲线 ( )

A. 完全无弹性　　　　B. 完全弹性

C. 富有弹性　　　　　D. 单一弹性

26. 在最优的短期产出水平，厂商将 ( )

A. 取得最大利润

B. 使总损失最小

C. 使亏损最小化或盈利最大化

D. 使单位产品所获利润最大

27. 图 6-2 是一个以利润最大化为目标的企业的总收益曲线和总成本曲线，回答(1)至(3)题：

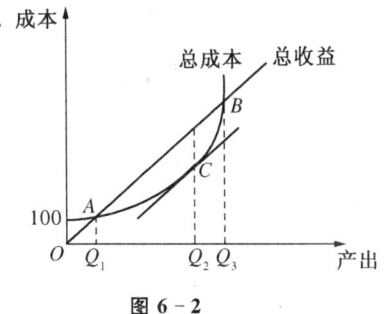

图 6－2

(1) 总成本曲线随产量的增加而变得陡峭的情况是由于
( )
A. 随产量的增加固定成本的重要性下降
B. 可变投入的收益递减
C. 可变投入的收益递增
D. 规模经济

(2) 其最大化利润的产量是 ( )
A. 0　　　B. Q_1　　　C. Q_2　　　D. Q_3

(3) 在 A 和 B 点,企业 ( )
A. 利润为负
B. 利润为正
C. 正好弥补固定成本
D. 正好弥补固定成本和可变成本

答　案

1. C. 厂商的利润最大化条件是 $MR=MC$,而完全竞争厂商有 $P=MR$,故短期均衡条件为 $P=MC$。

2. D. 对同质产品定价不同一般出现在垄断市场中。

3. B. 完全竞争的假设之一。

4. D. 完全竞争市场有四个重要假设,A、B、C 表述了其中两个假设的内涵,故选 D。

5. B. 此时 TVC 为 $800-200=600$,$AVC=TVC/Q=600/500=1.2$;而价格为总收益/产量$=500/500=1$,在 P 小于 AVC 时,应停产。

6. D. 厂商根据投资的机会成本来选择自己的目标市场,只有当某一市场经济利润大于零,厂商才会觉得有利可图,决定进入该市场。这就要求 $P>\min AC$。

7. D. 在完全竞争市场中厂商不能影响和决定价格,价格竞争不能成为厂商的竞争策略;同时产品的同质性假设,决定了厂商不能通过广告促销来吸引客户。剩下的办法只有一种,即降低成本,树立成本优势,从而在既定的价格水平,赢得比竞争对手更大的赢利空间。

8. B. 利润最大化的产量满足 $P=MC=10$,而 $TR=P\times Q=5\,000$,故 $Q=500$。

9. C. 价格水平对于供给数量的影响表现为供给量的变化,考虑到价格上升,厂商生产积极性提高,故而供给量增加。

10. B. 由于 $P=AR$,表明平均收益曲线即为厂商面临的需求曲线,需求曲线向右下方倾斜,表明厂商不再是价格的接受者,相反可以通过制定价格来影响需求,这就转为不完全竞争。

11. D.

12. C. 当 $MR>MC$,说明生产最后一单位产品所增加的收益要大于成本的上升幅度,故而继续增加产量可以提高利润。

13. D. 已经进行固定资产投资的厂商,不存在是否生产的问题,而是生产多少的问题。至于索价多少也不是完全竞争厂商力所能及的。

14. C. 这是判定供给曲线上任意一点,其供给价格弹性大小的方法,参见教材。

15. B. 原材料价格上涨,导致在既定产品价格下,利润空间下降,厂商会减少供给,表现在图形上是供给曲线左移。

第六章 完全竞争条件下的产品供给

16. D. 利润最大化不仅取决于单位商品的利润空间,而且也取决于产出水平,故 B、C 不对,根据均衡条件选 D。

17. B. 短期均衡条件是 $P=MC$ 且 MC 处于上升阶段,故 C 错;考虑到 $P>AVC$,故 AVC 处于上升阶段,A 和 D 错。

18. C. 高于短期盈亏平衡点的 MC 曲线即为厂商短期供给曲线,它表示在既定的市场价格下,厂商愿意并且能够提供的产品的数量。

19. C. 对应于任何产出水平,平均收益均等于相应的价格,故平均收益可由需求曲线表示。

20. B. 参见第 9 题的解释。

21. A. 完全竞争厂商的总收益曲线的斜率等于价格,价格水平不变,故斜率固定不变。

22. (1) A. 完全竞争厂商是价格的接受者,因此增加一单位销售所增加的收益是完全竞争的市场价格,而这个价格是不变的,即边际收益不变。

(2) C. 边际成本等于边际收益决定了最有效率的产量。

(3) A. OC 是产量,OP 是价格,两者相乘即为总销售额。

23. B. MC 小于 ATC 的最低点,也就是盈亏平衡点。

24. C. 完全竞争厂商利润最大化条件是 $P=MC$,由于 MC 低于价格,因此继续扩张产量,增加 MC,直至 MC 等于 P 是达到利润最大化的产出。这一过程显然是有利可图的。

25. B. 不变价购买商品,说明供给曲线为水平直线,故供给价格弹性无穷大。

26. C. 短期均衡时,厂商可能面临亏损,也可能赢利,故而亏损最小化和赢利最大化都是的目标。

27. (1) B. (2) C. (3) D. 总收益减去总成本为总利润,反映在图形上是两条曲线的垂直距离最大,即成本曲线上斜率刚好等于总收益直线斜率的那一点 C。

判断题

1. 在完全竞争市场中,各厂商的商标或品牌都不存在差别。（　）

2. 完全竞争市场的参与者都只能接受价格,而不能影响价格。（　）

3. 完全竞争厂商面对的需求曲线由市场价格决定,故其完全缺乏弹性。（　）

4. 对于一个完全竞争的厂商来说,其边际收益与市场价格是相同的。（　）

5. 长期中,完全竞争市场的价格等于长期平均成本的最低点。（　）

6. 完全竞争市场的行业需求曲线是由单个厂商的需求曲线加总而成的。（　）

7. 如果某商品的供给曲线是一条过原点的直线,则其供给价格弹性恒为 1。（　）

8. 生产者预期某商品的未来价格要下降,则对该商品当前的供给会减少。（　）

9. 厂商的目标是追求利润的最大化,因而一旦面临亏损就将停止生产。（　）

10. 在完全竞争市场,厂商短期均衡意味着不存在经济利润。（　）

答　案

1. 正确。完全竞争市场的产品同质性假设,不仅包含产品工艺及物理性质相同,也指商标、品牌不存在差别。

2. 正确。在完全竞争市场中,小规模厂商不能影响价格。

3. 错误。水平的需求曲线应具有完全弹性。

4. 正确。$TR = P \times Q$,且 P 为外生变量,故 $MR = P$。

5. 正确。长期中，$P=LMC=LAC$，而 LMC 与 LAC 的交点对应 LAC 最低点，故 $P=\min LAC$。

6. 错误。单个厂商的需求曲线为水平直线，只是对应一个价格水平；而行业需求曲线为左上方向右下方倾斜的直线，对应多个价格水平。

7. 正确。判断供给曲线上任意一点的供给弹性，就是过该点作一条切线，若切线经过原点，则供给价格弹性为 1。

8. 错误。预期未来价格降低，会增加当前的供给。

9. 错误。短期内，当价格低于平均成本且高于平均可变成本时，厂商为收回部分固定成本，仍会继续生产。

10. 错误。短期均衡时，厂商经济利润可能大于零，可能等于零，还可能小于零。

计算题

1. 一完全竞争性厂商的总成本函数如下表所示：

表 6-1

总产量(元)	0	1	2	3	4	5	6	7
总成本(元)	20	30	42	55	69	84	100	117

如果价格为 13、14、15、16、17 元，该厂商的产量将分别是多少？并计算价格为 14 元至 15 元时的供给弧弹性。

2. 设完全竞争市场中代表性厂商的总成本函数 $TC=240Q-25Q^2+Q^3$，若该产品的市场价格是 1 440 元，试问该厂商利润最大时的产量和利润。

3. 一个完全竞争的厂商每天利润最大化的收益为 5 000 元。此时，厂商的平均成本是 8 元，边际成本是 10 元，平均变动成本是 5 元。求该厂商每天的产量和固定成本各是多少？

4. 考虑下表中给出的总成本和总收益：

表 6-2

产量	0	1	2	3	4	5	6	7
总成本	8	9	10	11	13	19	27	37
总收益	0	8	16	24	32	40	48	56

(1) 计算每种产量时的利润。企业为了利润最大化,应该生产多少?

(2) 计算每种产量时的边际收益和边际产量,画出它们的图形。这些曲线在哪一种产量时相交?如何把这一点与你对(1)的回答联系起来。

(3)* 能否判断这个企业是否在竞争市场上?如果是,该企业是否处于长期均衡?

5. 完全竞争产业中某厂商的成本函数为 $TC = Q^3 - 6Q^2 + 30Q + 40$,假设产品的价格为 66 元。

(1) 求利润最大时的产量及利润总额。

(2) 若市场价格为 30 元,在此价格下,厂商是否会发生亏损?如果会,最小亏损额为多少?

(3) 该厂商在什么情况下才会退出该产业?

6.* 假设某完全竞争厂商生产的某产品的边际成本函数为 $MC = 0.4Q - 12$,总收益的函数为 $TR = 20Q$,并且已知生产 10 件产品时总成本为 100 元,求生产多少件时利润极大,其利润为多少?

7. 完全竞争厂商的短期成本函数 $STC = 0.04Q^3 - 0.8Q^2 + 10Q + 5$。试求厂商的短期供给函数。

8.** 用劳动 L 生产 X 的企业生产函数为 $X = 4L^{1/4}$,X 的价格设为 P,求供给价格弹性。

9.* 某企业的成本函数为 $C = X^3 - 6X^2 + 15X + 10$,$C$ 为总成本,X 为产量,产品价格为 15,问:

(1) 对企业每单位产品征收 2.28 单位的产品税时,企业的产量如何变化?

(2) 对企业只征收 10 单位的定额税时,企业产量如何变化?

10. 一个完全竞争厂商成本函数为 $STC=10Q^2+1\,000$。

(1) 求他的供给曲线。

(2) 产品价格为 500 元,为了利润最大化,产量应该是多少?

答　案

1. 解:每增加一单位产量导致的总成本的增量即为边际成本,如生产 3 个单位产品的边际成本为 $55-42=13$,而完全竞争性厂商的短期均衡是边际成本等于价格,所以价格分别为 13、14、15、16、17 对应着 13、14、15、16、17 时的边际成本,而此时的产量分别为 3、4、5、6、7。

供给弧弹性计算方法同需求弧弹性相类似,本题的计算式如下:

$[(5-4)/(15-14)]\times[(15+14)/(5+4)]=29/9$。

2. 解:均衡条件为 $P=MC$,即 $1\,440=240-50Q+3Q^2$,可得 $Q=30,\pi=31\,500$。

3. 解:根据利润最大化条件 $P=MR=MC$,得 $P=10$。

由 $TR=PQ=5\,000$,得 $Q=TR/P=500$。

又 $AC=8$,$TC=AC\times Q=4\,000$,$TVC=AVC\times Q=5\times500=2\,500$。

所以 $TFC=TC-TVC=4\,000-2\,500=1\,500$。

即产量为 500,固定成本为 1 500 元。

4. 解:(1) 每种产量下的利润等于该产量对应的总收益减去总成本,可以从中找出最大利润。

(2) 边际成本和边际收益分别是单位产量的成本和收益增量,边际成本等于边际收益的点是产量为 6 的点,它也是利润最大化的点。

(3) 根据所给的数据,总收益曲线基本上是一条过原点的直线,斜率为8,因此可以判断,该企业是一个价格接受者,处于竞争市场上。企业长期均衡的条件是价格等于平均成本,(也可根据利润为零来判断),企业的平均成本是 27/6=4.5<8,因此价格高于平均总成本(利润为正),处于短期均衡。

5. 解:(1) 根据利润最大化条件 $P=MR=MC$,可算出 $Q=6$,$\pi=176$。

(2) 当短期均衡时,$P=MR=MC$,可得 $Q=4$,$AC=Q^2-6Q+30+40/Q=32$,可知单位产品的亏损额为 2 元。因此总的亏损额为 8 元。

(3) $AVC=Q^2-6Q+30$,$MC=3Q^2-12Q+30$。

根据 $AVC=MC$,求出实现最低平均可变成本时,产出 $Q=3$。

代入 $P=AVC=Q^2-6Q+30$,可得 $P=21$。

即当 $P<21$ 时,该厂商退出该产业。

6. 解:$TR=PQ=20Q$,可得 $P=20$。

由 $P=MC$,得均衡产量 $Q=80$。

对 $MC=0.4Q-12$ 进行积分,推出 $TC=0.2Q^2-12Q+A$,其中 A 为任意值。

将 $Q=10$,$TC=100$ 代入上式,得 $A=200$,即 $TC=0.2Q^2-12Q+200$。

所以 $\pi=TR-TC=1\,080$。

7. 解:厂商的短期供给曲线为高于停止营业点的边际成本曲线。

$P=MC=0.12Q^2-1.6Q+10$,$AVC=0.04Q^2-0.8Q+10$。

当 $AVC=MC$ 时,AVC 达到最低点为 6。

故短期供给曲线:$P=0.12Q^2-1.6Q+10$,$(P\geqslant 6)$;$Q=0$($P<6$)。

8. 解:设工资报酬率为 w,企业利润 π 即为
$$\pi=PX-wL=4PL^{1/4}-wL$$
利润极大化条件为 $d\pi/dL=PL^{-3/4}-w=0$。

由此得 $L=(P/w)^{4/3}$。

进而有 $X=4L^{1/4}=4(P/w)^{1/3}$。

该式对 P 价格求导得 $dX/dP=(4/3)P^{-2/3}w^{-1/3}$。

所以供给价格弹性为 $(dX/dP)\cdot(P/X)=(4/3)P^{-2/3}w^{-1/3}\cdot P/4(P/w)^{1/3}=1/3$。

9. 解:(1)课税前的利润极大化条件 $P=MC$,即 $15=3X^2-12X+15$。此时产量为 4 单位。

征收产品税时,厂商的供给价格是消费者需求价格减去产品税,这样利润极大化条件为 $15-2.28=3X^2-12X+15$,求解得产量为 3.8 单位,与征税前相比产量减少 0.2 单位。

(2)征收定额税相当于增加厂商的固定成本,并不对边际成本产生影响。

10. 解:(1) $P=MC=20Q$,由于最低平均可变成本为零,所以短期供给曲线可记为 $P=20Q$。

(2) $P=MC=20Q=500$,得 $Q=25$。

问答题

1. 完全竞争市场有哪些特征?
2. 完全竞争厂商的需求曲线为什么是水平直线?
3. 完全竞争厂商短期均衡时的盈利情况有哪些可能性?
4. 完全竞争厂商的短期供给曲线是什么?
5. 影响供给的因素有哪些?
6. 影响供给价格弹性的因素有哪些?
7. 为什么利润极大化原则 $MR=MC$ 在完全竞争条件下可表达为 $P=MC$?
8. 为什么固定资产投资比重较高的行业容易引发恶性竞争?
9. 家电行业的制造商发现,为了占有市场份额,他们不得不采取一些竞争策略,包括广告、售后服务、产品外形设计,其竞争程度非常激烈。因此,家电行业被认为是完全竞争行业。这种说法对吗?

答　案

1. 答:完全竞争市场有四个重要特征:① 市场中众多小规模的买者和卖者,单个买者或卖者的交易量极小,它们都是市场价格的接受者而不是制定者;② 产品是同质的,任何两家厂商的产品都可以完全替代;③ 市场不存在壁垒,厂商可以自由进入和退出该市场;④ 市场参与者具有完全的信息。

2. 答:完全竞争市场假定厂商的经济行为不能影响价格,这就意味着不论厂商生产或销售多少产品,其价格不变。厂商产品的需求价格弹性无穷大,稍稍提高价格,产品便一个都卖不出去,而在既定的市场上,厂商可以卖掉它所有的产品。因此厂商所面临的需求曲线是一条几乎与横轴平行的直线。

3. 答:短期内厂商按照 $P=MR=MC$ 进行生产,这时它的短期盈亏可能出现四种情况:① $P>AC$,厂商可以获得净利润;② $P=AC$,厂商只能获得正常利润;③ $AC>P>AVC$,厂商面临亏损但仍然生产;④ $P \leqslant AVC$,厂商停止生产。

4. 答:供给曲线是产品供给量与市场价格之间各种可能组合点的轨迹。而高于停止营业点(AVC 最低点)的 MC 曲线正是厂商各种可能均衡点的轨迹,在停止营业点以下,厂商不会提供任何数量,因此停止营业点构成厂商供给曲线的起点。

5. 答:影响供给的因素主要包括:① 生产要素的价格,要素价格上升提高产品的生产成本,供给曲线左移;② 生产技术,技术进步会促使供给曲线右移;③ 厂商的数量,厂商增多,供给曲线右移;④ 政府的税收和扶持政策,增税导致供给曲线左移,补贴导致供给曲线右移;⑤ 价格预期,预期价格上涨,厂商会减少现在的供给,供给曲线左移。

6. 答:影响供给价格弹性的因素有:① 资产的专用性,专用程度越高,生产能力越难转化,供给弹性越小;② 固定资产的投资额度,投资额度越大,市场进入和退出壁垒越高,形成生产能力也就越难,弹性较小;③ 产品生产的成本特征,如果成本增量大,边际成本迅速上升,则供给弹性就小,反之,供给弹性就大;④ 时间长短,时间越长,产量调整越充分,供给弹性就越大。

7. 答:在完全竞争条件下,厂商能够按照市场价格卖出愿意出售的任何数量的产品,单个厂商面临的需求曲线是一条水平线,由于市场价格独立于厂商的产量决策,故需求曲线、平均收益曲线、边际收益曲线三线合一,有 $P=MR=AR$。由于利润极大化原则是 $MR=MC$,故有 $P=MR=AR=MC$,所以利润极大化原则在完全竞争条件下可表达为 $P=MC$。

8. 答:在短期内,如果市场价格低于厂商的平均成本,但高于厂商的平均可变成本,即 $AVC<P<AC$ 时,厂商也应提供生产。因为在这种情况下,尽管厂商面临亏损,但按照 $P=MC$ 生产一定的产量,不仅可收回全部可变成本,还可收回部分固定成本。这样一来,就会有就会有一定数目的企业以低于平均成本的价格展开竞争,即过度竞争。在固定资产投资比重较高的行业中,由于固定成本较大,因而平均成本与平均可变成本之间的差额也就较大,厂商为此就越有可能忍受短期亏损,而在彼此之间展开过度竞争。因此许多国家对固定资产比重较高的行业,如自然垄断行业,实行了进入管制或价格管制,以防过度竞争的发生。

9. 答:市场结构是否完全竞争,并不是依据市场中竞争的激烈与否。完全竞争的一个重要特征在于,市场参与者都是价格的接受者,而不能影响价格。家电产品存在产品差别,每个厂商实际上都面对斜率为负的需求曲线,厂商能够影响价格。所以家电行业不是完全竞争行业。

第四篇 产品市场的均衡

第七章
完全竞争市场产量和价格的决定

概　要

1. 市场的均衡可分为：即期均衡、短期均衡和长期均衡。其中，即期均衡指产品已经生产出来，获得市场出清的价格和产量，这时均衡产量由供给方面的因素决定，均衡价格由需求方面的因素决定。短期均衡则是在供给与需求既定的条件下，供求双方相互作用使市场价格趋向均衡价格。长期均衡的实现，依赖两个条件：一是厂商可变动生产规模，二是行业中厂商数目可调整。

2. 在完全竞争市场中，如果价格高于长期平均成本，存在净利润，就会引发新厂商进入，导致供给增加，价格回落；反之，如果价格低于平均成本，厂商亏损，就会迫使老厂商的部分退出，导致供给减少，价格回升。完全竞争市场的长期均衡条件是 $P=MR=SMC=LMC=SAC=LAC$，这时厂商的经济利润为零，不能获得超额利润。

3. 完全竞争行业长期供给曲线不同于短期供给曲线，共有三种可能的类型。原因是在行业成长过程中，行业长期平均成本会有递增、不变和递减三种不同类型。

4. 蛛网模型是一种最简单的动态模型，它假定需求没有时滞，而供给存在时滞，为了实现市场出清，产量和价格的波动可能会表现为三种类型：收敛型、发散型和循环型。其中当需求弹性大于供给弹性时，呈收敛型蛛网；当需求弹性小于供给弹性时，呈发散型蛛网；当需求弹性等于供给弹性时，为循环型蛛网。蛛网理论表明，一旦价格背离均衡价格，即使有可能达到均衡，在此过程中会持续经历周期性波动。这种周期性波动及其所造成的资源浪费是竞争性市场中一个难以克服的问题。这是动态分析不同于静态分析的一个重要结论。

5. 价格机制的作用在完全竞争市场上表现的最为充分。"看不见的手"，指的就是价格机制的这种作用。在长期，市场上的价格受到厂商自由进入或退出所造成的供给增加或减少的影响而波动，而厂商之所以进入或退出某个行业，正是价格使然。

6. 在完全竞争市场中，各厂商依据 $P=MC$ 进行决策，可以实现最优的资源配置效率。这具体表现在：① 在长期均衡时，厂商以最低成本进行生产，资源在厂商内部得到充分利用；② 整个行业实现了最大产出，行业内保留下来的厂商都是富有效率的，资源在行业内得到有效配置；③ 价格信号反映消费者对于产品需求的偏好程度，引导资源在不同行业间的配置，生产者所生产的产品是消费者愿意接受的产品；④ 产品价格达到最低平均成本，消费者福利实现最大化。

7. 也有学者对完全竞争的有效性提出了不同意见，如认为完全竞争与技术进步不相容、零利润无力资助技术创新、动态效率低下、厂商抗干扰能力差、容易扩散萧条等等。

8. 完全竞争市场严格说来仅仅是理论上的抽象，但可以作为现实市场运行的一面"镜子"，对照它，我们可以看出，现实市场运行还有哪些需要改进的地方。

基本概念

市场期　均衡价格　均衡数量　短期均衡　长期均衡　长期供给曲线　成本递增行业　成本不变行业　成本递减行业　资源配置　蛛网理论

选择题

1. 政府把价格限制在均衡水平以下可能导致　　　　（　　）
   A. 黑市交易
   B. 大量积压
   C. 买者按低价买到了希望购买的商品
   D. 市场萧条

2. 已知某种商品的市场需求函数为 $D=30-P$,市场供给函数为 $S=3P-10$。如果对该商品减征数量税,则减税后的市场均衡价格　　　　（　　）
   A. 等于 10　　　　　　B. 小于 10
   C. 大于 10　　　　　　D. 小于或等于 10

3. 政府对卖者出售的商品每单位征税 5 美元,假定这种商品的需求价格弹性为零,可以预料价格的上升　　　　（　　）
   A. 小于 5 美元　　　　B. 等于 5 美元
   C. 大于 5 美元　　　　D. 不确定

4. 蛛网模型是以下列哪个假定为前提的　　　　（　　）
   A. 需求量对价格缺乏弹性
   B. 供给量对价格缺乏弹性
   C. 生产者按本期价格决定下期的供给量
   D. 消费者改变对价格的预期

5. 如果一种商品的供给曲线相对缺乏弹性,而且该商品的一种互补商品的价格上升,那么均衡量和均衡价格将分别　　　　（　　）
   A. 减少、下降　　　　B. 增加、上升

C. 减少、上升　　　　　　D. 增加、下降

6. 若政府对卖者出售的商品每单位征税 5 美元,那么这种做法将使商品(已知该商品的供给和需求曲线具有正斜率和负斜率) 　　　　　　　　　　　　　　　　　　　　　　　　　　　　　(　　)

A. 价格上升 5 美元　　　　B. 价格上升小于 5 美元
C. 价格上升大于 5 美元　　D. 不确定

7. 蛛网模型为 $D_t = aP_t + 2$；$S_t = cP_{t-1} - 2$；$D_t = S_t$,下列哪种组合可以调整到均衡状态?　　　　　　　　　　　　　　　(　　)

A. $a=-1, c=2$　　　　　　B. $a=2, c=-3$
C. $a=-3, c=2$　　　　　　D. $a=2, c=-3$

8. 按照蛛网原理,若供给曲线和需求曲线均为直线,则收敛型摆动的条件是　　　　　　　　　　　　　　　　　　　　　　　　(　　)

A. 供给曲线斜率绝对值大于需求曲线斜率绝对值

B. 供给曲线斜率绝对值小于需求曲线斜率绝对值

C. 供给曲线斜率绝对值等于需求曲线斜率绝对值

D. 以上都不正确

9. 已知当某种商品的均衡价格是 1 美元的时候,均衡交易量是 1 000 单位。现假定买者收入的增加使商品的需求增加了 400 单位,那么在新的均衡价格水平上,买者的购买量是　　　(　　)

A. 1 000 单位

B. 多于 1 000 单位但小于 1 400 单位

C. 1 400 单位

D. 大于 1 400 单位

10. 动态的蛛网理论反映了　　　　　　　　　　　　(　　)

A. 价格趋向于需求与供给的交点

B. 供给与需求曲线之间互有影响,这样其中一条曲线的移动能够引起另一条曲线的移动,因而难以实现稳定的均衡价格

C. 一种任何均衡价格被打破而推动的一系列价格波动的情况,在这种过程连续不断的运动中,价格波动的幅度可能不断地

扩大

D. 不同于一般的供给需求模型对时间因素的忽略,考虑的是每一时期需求与供给的数量的决定

11. 当一个行业实现了长期均衡时　　　　　　　　　　(　　)

A. 经济利润为零,一些厂商进入或退出行业

B. 经济利润为零,没有厂商进入或退出行业

C. 经济利润为正,一些厂商进入或退出行业

D. 经济利润为正,没有厂商进入或退出行业

12. 根据图 7-1,回答(1)至(4)题。

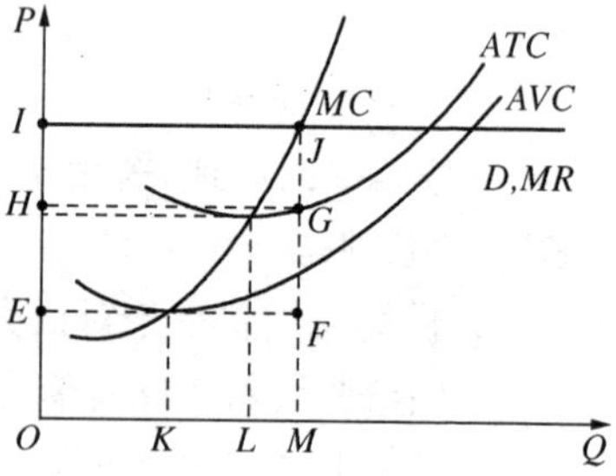

(1) 总利润是　　　　　(　　)

A. $EFJI$ 面积

B. $EFGH$ 面积

C. $HGJI$ 面积

D. 图中找不到

(2) 产量是　　　　　　(　　)

A. OK　　　　　　B. OL

C. OM　　　　　　D. 图中找不到

图 7-1

(3) 单位产品的利润是　　　　　　　　　　　　　(　　)

A. MF　　B. MG　　C. MJ　　D. FJ　　E. GJ

(4) 厂商效率最大化的产量是　　　　　　　　　　(　　)

A. OK　　B. OL　　C. OM　　D. 图中找不到

13. 在完全竞争长期均衡中,如果企业成本不变,市场供给量的增加　　　　　　　　　　　　　　　　　　　　　　(　　)

A. 全部来自原有企业

B. 全部来自新增企业

C. 部分来自原有企业,部分来自新增企业

D. 无法判断

14. 假设市场需求曲线向下倾斜,在一个竞争市场上对厂商

征收固定数额的税收,这对产品的价格和供给量的影响表现为

( )

A. P 上升, Q 上升　　B. P 上升, Q 下降

C. P 下降, Q 下降　　D. P 下降, Q 上升

15. 需求曲线斜率大于供给曲线斜率,当需求供给均衡时,如果政府对该商品进行征税,那么,税收的归宿为　　　　( )

A. 消费者的税收负担大于生产者的税收负担

B. 消费者的税收负担小于生产者的税收负担

C. 消费者的税收负担等于生产者的税收负担

D. 以上都不正确

16. 在完全竞争模型中,利润趋于零,这意味着　　　( )

A. 收益恰好弥补所有无法收回的成本

B. 收益恰好弥补所有的成本,包括被投资的金融资产的机会成本

C. 价格等于平均可变曲线的最小值

D. 会计利润为零

17. 在完全竞争的情况下,需求曲线与平均成本曲线相切是

( )

A. 厂商在短期内要得到最大利润的充要条件

B. 某行业的厂商数目不再变化的条件

C. 厂商在长期内要得到最大利润的条件

D. 厂商在长期内亏损最小的条件

18. 在长期,完全竞争厂商可能会　　　　　　( )

A. 获得利润　　　　B. 收支相抵

C. 亏损　　　　　　D. 无法判断

19. 当完全竞争厂商(并非整个行业)处于长期均衡时,( )

A. $P=MR=SMC=SAC$

B. $P=MR=LMC=LAC$

C. $P=MR=SMC=LMC$, $SAC=LAC$, 但前后两等式并不

相等,即 $P\neq SAC$

D. $P=MR=SMC=SAC=LMC=LAC$

20. 若某商品的供给价格弹性无穷大,当该商品的需求增加时,则 ( )

　　A. 均衡价格和均衡产量同时增加

　　B. 均衡价格和均衡产量同时减少

　　C. 均衡产量增加但价格不变

　　D. 均衡价格上升但产量不变

21. 发散型蛛网的实现前提是 ( )

　　A. 供给曲线的斜率大于需求曲线的斜率

　　B. 供给曲线的斜率小于需求曲线的斜率

　　C. 供给曲线的斜率等于需求曲线的斜率

　　D. 以上都不正确。(此题斜率均指绝对值)

22. 政府为了扶持农业,对农产品规定了高于其均衡价格的支持价格。政府为了维持支持价格,应该采取的相应措施是 ( )

　　A. 增加对农产品的税收

　　B. 实行农产品配给制

　　C. 对农产品生产者予以补贴

　　D. 收购过剩的商品数量

23. 用配给量控制价格 ( )

　　A. 实际上是一种移动需求曲线限制价格上升的措施

　　B. 实际上是一种移动供给曲线限制价格上升的措施

　　C. 意味着供给和需求不再对价格决定有任何影响

　　D. 意味着货币收入不再对需求有任何影响

24. 市场期中价格的作用主要在于 ( )

　　A. 调节供给

　　B. 调节供给量

　　C. 分配现有的供给量

D. 调节供给与需求

25. 市场期均衡 ( )
   A. 只是决定需求数量　　B. 决定价格
   C. 决定价格与成交数量　D. 只决定供给量

26. 图 7-2 反映的是某厂商的成本和需求曲线,以下说法正确的是 ( )
   A. 厂商处于短期运营
   B. 该厂商将在点(P_2,Q_2)处生产
   C. ATC 曲线是厂商的长期平均成本曲线
   D. 从长期来看,该行业还会有新的企业进入

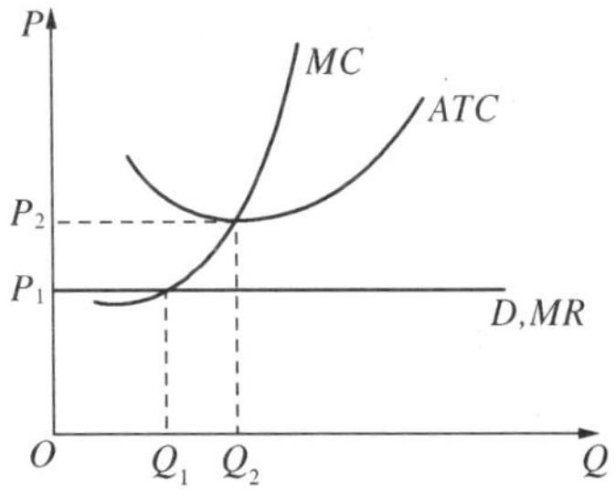

图 7-2

27. 完全竞争市场期价格形成模型适合于描述 ( )
   A. 地产　　B. 谷物　　C. 鲜鱼　　D. 以上都是

28. 成本递增行业是因为发生了 ( )
   A. 外部不经济　　B. 外部经济
   C. 内部不经济　　D. 内部经济

29. 短期中价格的调节作用在于 ( )
   A. 调节供给与需求　　B. 调节供给量
   C. 调节需求量　　　　D. 调节供给量与需求量

30. 马歇尔工业区和簇群理论说的是 ( )
   A. 成本递减行业　　B. 成本递增行业
   C. 成本不变行业　　D. 企业规模收益递增现象

31. 在成本递增行业,一轮价格产量波动结束后,新的均衡价格与原均衡价格相比将 ( )
   A. 升高　　B. 降低　　C. 不变

32. 最适合于适用蛛网模型进行分析的市场是（　）市场。（　）
A. 矿产品　　　　B. 证券
C. 农产品　　　　D. 工业品

33. 最适合于用完全竞争市场短期均衡模型分析价格形成的市场是（　）市场。（　）
A. 消费品　B. 钢材　C. 农产品　D. 证券

34. 如图 7-3，如果价格在 P_1 到 P_2 之间，以下哪种说法是正确的？（　）

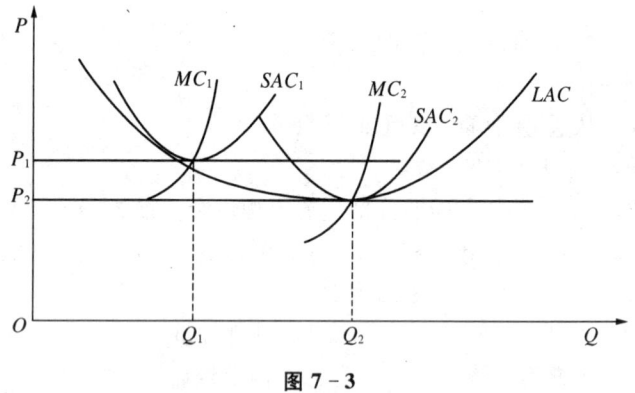

图 7-3

A. 具有 SAC_1 的厂商将蒙受亏损
B. 会有新厂商进入
C. 该厂商将处于长期均衡位置
D. 某些厂商将获得净利润

35. 如图 7-3，对于产出量 Q_2 和价格 P_2，以下哪种说法是正确的？（　）
A. 存在经济利润，吸引新的进入者
B. 厂商生产量 Q_2 在长期均衡点
C. $P=MC=SAC=LAC$

D. 不存在进一步的规模经济

36. 厂商的长期供给曲线沿着( )曲线。 ( )
   A. ATC B. AVC C. MC D. MR

37. 完全竞争行业达到长期均衡是( )的结果。 ( )
   A. 供求相互作用
   B. 新厂商进入或老厂商退出
   C. 价格自发波动
   D. 以上各因素综合作用

38. 以下除了哪一个选项外,都是分析完全竞争长期均衡使用的假定? ( )
   A. 信息充分   B. 自由进入退出
   C. 产品同质   D. 各个厂商的行为相互影响

39. 完全竞争厂商的需求曲线与 LAC 曲线相切时,它( )
   A. 得到全部正常利润和净利润
   B. 没有得到最大利润
   C. 是否得到最大利润不确定
   D. 得到最大利润但没得到净利润

40. 农业丰产不丰收是因为 ( )
   A. 需求价格弹性小
   B. 产品不易储藏
   C. 供给量增大时价格下跌明显
   D. 以上都是

41. 需求函数是 $Q=600-5P$,供给函数是 $Q=120+3P$。当地政府为了维持价格不低于 68 元,采取收购并销毁部分产品的措施,政府必须销毁多少产品? ( )
   A. 108   B. 64   C. 584   D. 260

42. 需求函数是 $Q=30-9P$,供给函数是 $Q=6P$。如果突然对该商品的需求量在任何价格下都增加了一倍,而供给没变。这一变化对均衡价格和数量有什么影响? ( )

A. 价格上涨1倍,数量不变

B. 数量上涨1倍,价格不变

C. 价格和数量都上涨1倍

D. 价格和数量都提高,但不到1倍

43. 如果消费者对某种商品的偏好突然增加,同时这种产品的生产技术有很大改进,我们可以预料 （　　）

A. 该商品的需求曲线和供给曲线都向右移动并使均衡价格和产量提高

B. 该商品的需求曲线和供给曲线都向右移动并使均衡价格和产量下降

C. 该商品的需求曲线和供给曲线都向左移动并使均衡价格上升而均衡产量下降

D. 该商品的需求曲线和供给曲线都向右移动并使均衡产量增加,但均衡价格可能上升也可能下降

44. 建筑工人工资提高将影响新住房市场供求曲线,应该是图7-4中的哪一个? （　　）

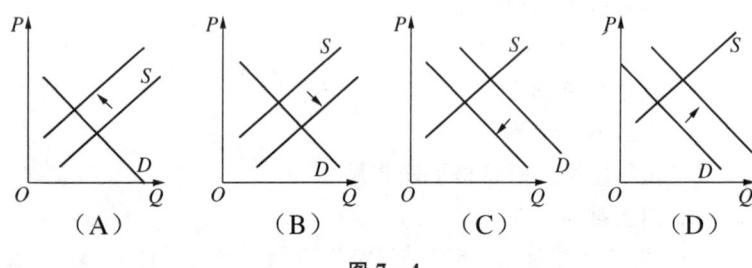

图 7-4

A.（A）　　B.（B）　　C.（C）　　D.（d）

45. 市场某产品存在超额需求是由于 （　　）

A. 产品价格超过均衡价格

B. 该产品是优质产品

C. 该产品是供不应求

D. 该产品价格低于均衡价格

46. 已知当某种商品的均衡价格是1元的时候,均衡交易量是1 000单位。现假定买者收入的增加使这种商品的需求增加了400单位,那么在新的均衡价格水平上,买者的购买量是 （ ）

A. 1 000单位

B. 多于1 000单位但小于1 400单位

C. 1 400单位

D. 以上都不对

47. 在供给和需求同时减少的情况下, （ ）

A. 均衡价格和均衡交易量都将下降

B. 均衡价格将下降,均衡交易量的变化无法确定

C. 均衡价格的变化无法确定,均衡交易量下降

D. 均衡价格将上升,均衡交易量的变化无法确定

48. "成本递增"表示 （ ）

A. 与供给曲线无弹性是一回事

B. 随着价格上涨,长期供给产量也增加

C. 投入品价格的上涨使供给曲线向右移动

D. 需求的增加使供给曲线向左移动

49. 图7-5表示完全竞争厂商的成本结构,回答(1)至(2)题。

(1) 此厂商在长期内将 （ ）

A. 产出5,索取价格为4

B. 产出100,索取价格为5

C. 产出125,索取价格为8

D. 产出150,索取价格为10

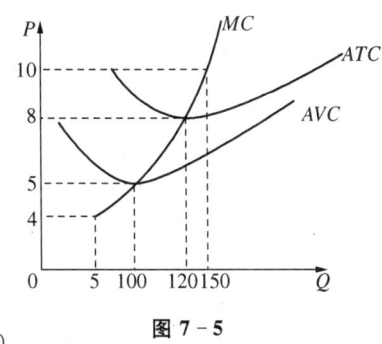

图7-5

(2) 如果行业包括100家相同的厂商,则在价格为10美元时,整个行业的供给量为 （ ）

A. 0 B. 150 C. 1 500 D. 15 000

答　案

1. A. 当价格限制在均衡水平以下时,将会产生超额需求,商品数量不能满足人们的需要所以消费者愿意以高价购买,故选 A。

2. B. 在不减税的情况下,市场均衡价格为 10,减税相当于供给曲线右移,这将导致均衡价格下降,均衡产量扩张,于是均衡价格小于 10。

3. B. 征税的价格效应取决于商品的需求价格弹性,需求弹性越小,税收负担就越会转嫁到消费者身上,价格上涨幅度就越接近税收增加幅度,当需求价格等于零,税收就完全由消费者承担,征税对均衡产量没有影响,而纯粹表现为价格上升。

4. C. 根据蛛网模型的假设条件:① 需求不存在时滞,② 供给有时滞,生产者根据上期价格决定本期供给量,③ 市场获得出清。C 符合第二个假设条件。

5. A. 互补品价格上升,导致对该商品的需求减少,均衡价格降低,均衡产量减少。

6. B. 参见第 3 题的分析。

7. A. 收敛型蛛网的实现前提要求:需求价格弹性绝对值大于供给价格弹性。

8. A. 收敛型蛛网的实现前提是需求价格弹性绝对值大于供给价格弹性,由于斜率越小弹性越大,故要求供给曲线的斜率大于需求曲线的斜率。

9. B. 当需求增加时,如果供给价格弹性为无穷大,则增加的需求全部转化为新增的交易量,而当供给价格弹性不是无穷大时,增加的需求并不能完全转化为新增的交易量。

10. C. 动态蛛网理论包含三种可能性——收敛型、发散型和循环型,A 错;它考虑的是上一期的供给与本期需求对市场均衡的影响,D 错;它反映了供给和需求的价格弹性对均衡的影响,而不是一条曲线的移动对另一条曲线的影响,B错。

11. B. 完全竞争长期均衡的概念。

12. (1) C. (2) C. (3) E. (4) C. 提示:根据边际成本等于边际收益找到利润最大化产量,价格就是 OI,产量 OM 下的平均成本是 JG,因此单位利润就是价格高于平均成本的部分。

13. B. 在成本不变行业中,由于生产要素价格和产品的均衡价格没有变动,老企业没有扩张产量,新增产量完全由新企业提供。

14. A. 征税使产品价格上升,一般说来税收负担由厂商和消费者共同承担;由于税额固定,可记为固定成本,当产量扩张时可被有效分摊,故供给量上升。

15. A. 参见第 3 题的分析。

16. B. 在完全竞争的长期均衡中,厂商之所以利润为零还要提供产品,是因为这里所将的利润是经济利润,是收益与机会成本的差额。经济利润为零表明厂商可以获得自有资源的正常投资回报率。

17. B. 需求曲线与平均成本曲线相切,表明行业达到长期均衡,厂商数目不再变化,这时厂商只能获得正常的投资回报率,不能获得最大利润,也不会面临亏损。

18. B. 完全竞争市场在长期有进入退出机制,如果出现盈余,新企业会进入;如果出现了亏损,原企业会退出。

19. C. 长期与短期的差别表现为两点:一是厂商的生产规模可变,二是行业内厂商数目可变。因此需要区分厂商的长期均衡和行业的长期均衡,前者是指厂商通过变动生产规模所取得的均衡状态,后者不仅包含这一状况,而且还表现为没有新企业进入和原有企业的退出。可以说,厂商长期均衡是行业长期均衡的必要条件。在行业没有实现均衡时,厂商的长期均衡仅仅记为 $P = MR = SMC = LMC \neq SAC = LAC$,而当行业实现长期均衡时,则有 $P = MR = SMC = LMC = SAC = LAC$,当然此时厂商也必然实现了均衡。

20．C．参见第9题的分析。

21．B．发散型蛛网的实现前提是需求价格弹性绝对值小于供给价格弹性，由于斜率越小弹性越大，故要求供给曲线的斜率小于需求曲线的斜率。

22．D．政府支持价格高于均衡价格将导致农产品供大于求，存在超额供给，为了维持这一价格，政府需要收购过剩的农产品。B、C是商品存在超额需求时的政策措施，而A会增加农民负担，抑制农业生产。

23．A．实行配给制是在商品存在超额需求条件下的政策措施，由于消费者不再面临控制价格以上的各种可能的价格水平，故相当于移动需求曲线限制价格上升。

24．D．　25．C．　26．A．　27．B．

28．A．这种行业在成长过程中对个别企业造成了不利影响，使之成本上升，故应看作是外部不经济。

29．D．短期均衡是在既定的供给与需求下形成的，价格的变动影响的只是需求量和供给量，而不是需求和供给。在经济学中，供给与供给量是两个不同概念，需求与需求量也是不同概念。

30．A．簇群理论说的是一定局部地区的某个行业在成长过程中能够相互享受到行业规模扩大带来的好处。随着同类企业数量的增加，要素供应的条件得到改善，例如可以得到更多更好的人力资源，更加便利的零部件及材料供应，价格也会更低一些；可以共享技术和市场信息；企业处于业绩更加可比的环境中，相互之间产生着你追我赶的竞争气氛。所有这些都会有利于企业经营业绩的提高。

31．A．　32．C．

33．D．完全竞争短期均衡模型是一种静态分析，完全忽视了时间变量，或者可以说，它假定变化是瞬间完成的，没有时滞。现实中，在绝大多数市场上，无论调整需求量还是调整供给量都需要时间,随价格及时调整需求量或供给量的市场只有证券市场,在那里供给量或需求量的增加或减少不需要多少时间。

34. A. 此时价格高于长期平均成本,厂商若在适度规模上生产,可获得净利润,故会有新厂商进入,未达到长期均衡。价格在 P_1 和 P_2 之间,低于 SAC_1 厂商的短期平均成本,该厂商必有亏损。

35. D.　36. C.　37. D.

38. D. 在完全竞争市场上,厂商数量极大,单个厂商的行为,例如改变销售量,对整个市场或其他厂商都不会有看得到的影响。因此不必考虑厂商之间的影响。

39. D.　40. D.　41. B.　42. D.　43. D.

44. A. 建筑工人工资提高引起新房子建筑成本(边际成本)提高,供给减少,供给曲线向左移动,房价上升。

45. D.　46. B.　47. C.　48. B.　49. (1) C.　(2) D.

判断题

1. 市场上某种商品存在超额需求,这是因为该商品价格超过了均衡价格。　　　　　　　　　　　　　　　　(　)

2. 对厂商征税,将使产品的供给曲线左移,致使均衡价格下降,均衡产量上升。　　　　　　　　　　　　　(　)

3. 长期中,完全竞争厂商利润为零使厂商倾向于退出该行业。　　　　　　　　　　　　　　　　　　　　(　)

4. 竞争市场的均衡将实现有效率的资源分配。　(　)

5. 如果一个行业成本不变,那么市场需求的变化在长期中将完全反映为产量的调整。　　　　　　　　　　　(　)

6. 短期内,如果一个行业的供给曲线是完全垂直的,那么市场需求的变化将完全反映在价格的调整上。　　(　)

7. 长期中,完全竞争市场中的厂商一般都拥有相同的成本曲线。　　　　　　　　　　　　　　　　　　　(　)

8. 蛛网模型以需求量变动存在时滞作为假定前提。（　）

9. 收敛型蛛网的实现条件是供给曲线的斜率大于需求曲线的斜率。（　）

10. 在完全竞争市场中,行业的长期供给曲线取决于 SAC 曲线最低点的轨迹。（　）

11. 完全竞争行业达到长期均衡时,其中代表性厂商不一定达到长期均衡。（　）

12. 完全竞争长期均衡是零利润均衡,厂商得不到任何利润。（　）

13. 完全竞争行业是竞争最激烈的行业。（　）

14. 分析完全竞争行业长期均衡时使用了各厂商具有相同平均成本的假定,这个假定有合理之处。（　）

15. 完全竞争市场资源配置效率最高的结论是根据动态分析给出的。（　）

16. 如果一个厂商处于长期均衡中,那么它也处于短期均衡中;反之不然。（　）

17. 市场期均衡价格主要决定于需求。（　）

18. 完全竞争行业短期供给曲线是行业中各个厂商短期供给曲线水平相加的结果,行业长期供给曲线也是各个厂商供给曲线水平相加的结果。（　）

19. 完全竞争行业长期供给曲线反映外部影响。（　）

20. 如果厂商的平均成本一定,平均固定成本越高,则停止营业点对应的价格越低。（　）

21. 价格降低一定会使供给量下降。（　）

22. 在完全竞争市场上所有消费者和厂商的行为综合决定了价格,而这些价格对单个参与者来说是既定的参数。（　）

23. 成本递减行业意味着外部经济的存在,也意味着厂商的总成本不仅是自己产出的函数,而且也是整个行业产出的函数。

（　）

答 案

1. 错误。存在超额需求是因为商品价格低于均衡价格。

2. 错误。对厂商征税,将使产品的供给曲线左移,致使均衡价格上升,均衡产量下降。

3. 错误。完全竞争厂商的利润为零,是指经济利润为零,这时仍能保证厂商的会计利润为正值,因此长期均衡中既不会有新厂商的进入,也不会有老厂商的退出。

4. 正确。完全竞争的长期均衡保证厂商能以最小成本提供生产,行业内留存的厂商都富有效率,同时厂商所生产的产品也是消费者所需要的产品,因此能够实现资源的有效配置。

5. 正确。在成本不变行业中,若市场需求增加,短期内产品价格上升,这将导致新企业的进入,进而推动价格下降。当这一系列由需求增加引起的波动平息后,新的均衡价格恢复到初始水平,新增产量完全由新企业所提供。

6. 正确。由于供给完全无弹性,需求的变化只能影响价格而不能影响产量。

7. 正确。完全竞争的优胜劣汰机制迫使厂商采用相同的生产工艺和投入成本,否则高成本的厂商就会被挤出市场。

8. 错误。蛛网模型假定供给存在时滞而需求不存在时滞。

9. 正确。收敛型蛛网的实现前提是需求价格弹性绝对值大于供给价格弹性,由于斜率越小弹性越大,故要求供给曲线的斜率大于需求曲线的斜率。

10. 错误。完全竞争行业的长期供给曲线取决于 LAC 曲线最低点的轨迹。

11. 错误。完全竞争行业达到长期均衡时,代表性厂商也一定达到长期均衡。在分析完全竞争长期均衡时,使用了各个厂商长期平均成本相等的假定。个别厂商的行为与整个行业或市场的运行是互动的。代表性厂商的长期均衡与整个市场的长期均衡同时实现。当个别厂商尚未达到长期均衡时,行业也一定处在调整中。例如价格高于个别厂商的成本,厂商能够获得净利润,在市场上就会有新厂商进入。随新厂商进入,市场的供给会增加,如果需求不变,价格就会降低,趋向于均衡价格。如果价格低于个别厂商的成本,在市场上相反的情况便会发生,继而使价格提高,趋向于均衡价格。

12. 错误。在长期均衡时,完全竞争行业中的厂商虽然得不到任何净利润,但是仍然可以得到相当于自有要素机会成本的正常利润。由于这部分利润是要素在其他用途中也能够获得的,它既不比其他用途中获得的收益高,也不比其他用途中获得的收益低,属于正常水平,所以叫正常利润。在计算厂商的成本时,这部分正常利润已经被当作内隐成本计入,所以在市场价格等于平均成本时,作为内隐成本的正常利润已经获得了。

13. 错误。完全竞争行业并不是竞争最激烈的行业,尽管它是最纯粹的竞争。因为完全竞争行业厂商数量极大,个别厂商的行为不会对其他厂商产生影响。个别厂商增加产量时,市场的供应量不会而发生看得见的变化。因此个别厂商的行为不会引起其他厂商针锋相对的对策性行为。若从厂商之间对策性行为来理解厂商之间竞争的话,可以说完全竞争的确不是最具有竞争性的。完全竞争性厂商的产品没有差别,因此没有必要通过强调自身产品的特异性来吸引顾客。

14. 正确。在说明完全竞争长期均衡时,实际上是假定行业中所有厂商的平均成本曲线是一样的。行业长期均衡的过程实际就是优胜劣汰的过程。当行业处于长期均衡状态时,留存下来的厂商都具有相同的最好的经济效益,成本较低。各个厂商正好盈亏相抵,只获得正常利润。若不是这样的话,该行业就未能达到长期均衡状态。

这里所说的成本是以机会成本来衡量的。通常各个厂商的会计成本可能不同。我们可以认为,具有较低会计成本的厂商

第七章　完全竞争市场产量和价格的决定

的经营能力较高,因而其经营要素比其他经营者更有价值,使用这种要素的机会成本也就应该更高。高出的这部分成本正好填补各厂商间会计成本的差额,这就使各个厂商的成本处在同一水平上了。

15. 错误。完全竞争市场资源配置有效性的结论是根据静态经济的观点得出的。完全竞争市场本质上是与静态经济体系相联系的。完全竞争市场中厂商们年复一年生产着完全相同的产品,没有技术进步和创新。而动态效率说的是由技术进步和创新获得的生产能力的提高。动态效率与完全竞争是相悖的,如果发生了技术进步,完全竞争就会被打破。因为难以设想完全竞争行业中所有厂商同时采取一种同样的新技术。在静态经济体系中,完全竞争市场比其他类型市场具有更高的效率,因为从长期趋势来看完全竞争厂商会在平均成本最低点生产,成本最低,产量最多,价格也最低,消费者因此得到最大的福利,生产要素充分发挥了作用,产出达到最大化,而且完全竞争的配置效率也是最高的,它表现在厂商的均衡产量处在价格等于边际成本的地方。

16. 正确。

17. 正确。因为在市场期,商品的供应量是确定的,均衡价格取决于市场需求。如果需求高,均衡价格就较高,相反则反是。

18. 错误。在长期中,厂商数目是可以变动的,当市场需求持续扩大时,不仅该行业中原有厂商生产规模可以扩大,而且厂商会增加,行业的规模会扩大。完全竞争行业达到长期均衡状态时,厂商的成本是最低点的长期平均成本。这个成本可能随行业规模的扩大即厂商数目的增加而变动。行业均衡价格就是厂商最低点的长期平均成本,行业供给量则是由最低平均成本下各个厂商均衡供给量之和。行业供给曲线就是厂商数目增加过程中,厂商长期平均成本与由厂商数目增加导致的增加了的行业供给量之间的组合点构成的连线。

19. 正确。行业规模扩大,对个别厂商的经营条件与环境会产生影响,导致平均成本上升或下降。行业长期供给曲线也就相应表现为向右上方倾斜的,或向右下方倾斜的。由于这种影响来自厂商之外,所以称为外部影响。如果导致成本上升,是不利影响,便称为外部不经济;如果导致成本下降,是有利影响,便称为外部经济。

20. 正确。平均成本一定时,平均固定成本越高则平均可变成本越小。厂商停止营业点对应的价格是由平均可变成本决定的。

21. 错误。对于一般商品来说,在其他条件不变的情况下,降低价格会使供给量下降。但是在其他条件变化时,就不同了。例如计算机,在生产技术、生产要素的价格等因素不变时,计算机价格下降,其供给量必然减少,当价格上升时,其供给量必然上升。但是在现实中,生产技术、生产要素的价格等因素是在不断变化的。20世纪90年代以来,计算机技术有了重大突破,劳动生产力有了很大提高,这使得计算机生产成本迅速降低。同时计算机也在各行各业广泛运用。生产成本的迅速降低使新的供给曲线不断向右下方移动,供给增加的速度超过了需求增加的速度,价格下降了。所以,从长期看,计算机行业的价格越来越低,供给量或均衡交易量却越来越多。

22. 正确。

23. 正确。参见第19题。

计算题

1. 图7-7给出了行业的需求曲线和供给曲线,请在图7-6中绘出完全竞争厂商在长期的需求曲线、边际收益曲线、平均总成本曲线、边际成本曲线。

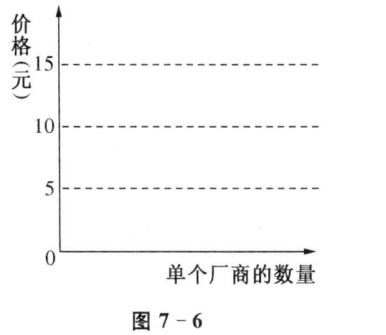

图 7-6

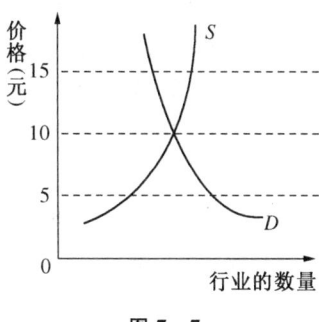

图 7-7

2. 20 世纪 80 年代,世界铜的供给曲线和需求曲线分别为供给 $Q=-4.5+16P$,需求 $Q=13.5-8P$,求铜的均衡价格和均衡产量。

3. 某竞争行业所有厂商的规模都相等,都是在产量达到 500 单位时达到长期平均成本的最低点 4 元,市场需求函数为 $Q=70\,000-5\,000P$,供给函数为 $Q=40\,000+2\,500P$。求:

(1) 市场均衡价格是多少?该行业处于短期均衡还是长期均衡?

(2) 当处于长期均衡时,该行业有多少厂商?

4. 设完全竞争市场中代表性厂商的总成本函数 $TC=240Q-25Q^2+Q^3$,若该产品的市场价格是 1 440 元,试问市场长期均衡时的产品价格。

5. *完全竞争市场存在大量的潜在进入者(如果该行业存在经济利润)。假设每个厂商有相同的成本曲线,其长期平均成本最低点当其产量为 20 单位时为 10 元,市场需求曲线为 $Q_d=1\,500-50P$。求:

(1) 该行业长期供给函数。

(2) 长期中,均衡的价格-产量组合及其厂商的数目。

(3) 使得厂商位于长期均衡中的短期成本函数为 $TC=0.5Q^2-10Q+200$,求出厂商的短期平均成本函数和边际成本函数,以及当短期平均成本最低时的产出水平。

(4) 厂商和行业的短期供给函数。

(5) 假设市场需求曲线变为 $Q_D = 2\,000 - 50P$,如果厂商无法在极短时间内调整产出水平,求出此时的价格水平及每个厂商的经济利润水平;

(6) 长期中,该行业的均衡价格-产量组合及其厂商数目。

6. 某种商品的需求曲线为 $Q_D = 260 - 60P$,供给曲线为 $Q_S = 100 + 40P$。其中,Q_D 与 Q_S 分别表示需求量和供给量(万斤),P 表示价格(元/斤)。假定政府对于每单位产品征收 0.5 元税收。

(1) 求税收后的均衡产量 Q 与消费者支付的价格 P_D 以及生产者获得的价格 P_S。

(2) ** 计算政府的税收收入与社会的福利净损失。

7. 某产品 X 的市场需求函数 D、供给函数 S 分别为 $D = 10 - 2P_X + 0.5M + 4P_Y$,$S = 10 + 2I + 3.5P_X$,$P_X$ 为 X 的价格,P_Y 为相关品 Y 的价格,M 为消费者收入,I 代表生产技术水平,求当 $M = 22$,$P_Y = 5.5$,$I = 2.75$ 时的均衡价格和均衡数量。

8. 完全竞争厂商在长期中,当其产量达到 1 000 单位时,长期平均成本达到最低值 3 元。求:

(1) 如果市场需求曲线为 $D = 2\,600\,000 - 200\,000P$,求长期均衡的价格和均衡产量,以及长期均衡中厂商的数目。

(2) 如果市场需求曲线由于某种原因变为 $D = 3\,200\,000 - 200\,000P$,假设厂商无法在短期内调整其产量,求此时的市场价格及每个厂商的利润水平。

(3) 给定(2)中的需求状况,求长期中均衡的价格和数量组合及此时的厂商数目。

9. * 假定两类生产某种受管制产品的厂商的短期边际成本曲线如 7-8 图(a)和(b)所示,再假定这两类完全竞争市场的厂商各有 50 个。市场需求曲线如图(c)所示,试求出均衡价格和均衡产量。如果政府对每单位产品征收 2 元的税收,则消费者和生产者各负担多少？

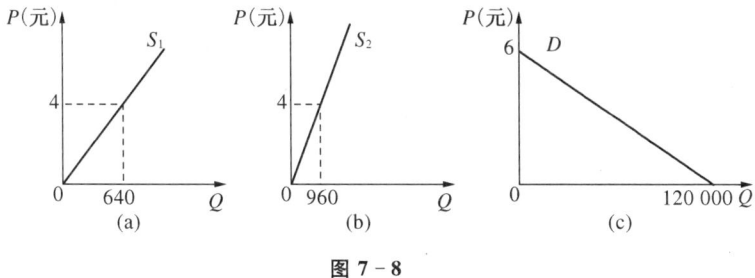

图 7-8

10. 市场期情况下，新鲜草莓的供给量 $Q_S = 8\,000$ 个单位，市场上的需求函数为 $Q_D = 20\,000 - 100P$，求：

（1）市场期的均衡价格；

（2）如果价格不是由市场调节，而是固定在每单位 100 元，那么市场的供需缺口是多少？

11. *水蜜桃的生产成本是每公斤 2 元，但运输成本较高，每公斤桃子每公里 0.2 元。市场上对它的需求为 $Q_D = 5\,000 - 200P$，在离市场 5 公里的地区有果园，每季产量为 3 000 公斤，不考虑水蜜桃的储存。

（1）生产厂商共得多少净利润？

（2）若要新建一个产量为 1 000 公斤的果园，求这个新果园离市场最远的距离。

12. 在短期的完全竞争市场上，市场供给函数为 $Q_S = 1\,800P - 60\,000$，市场需求函数为 $Q_D = 100\,000 - 200P$，求：

（1）短期均衡价格。

（2）厂商面对的需求函数。

13. 上题中，若有个厂商的短期成本函数为 $STVC = 0.1Q^3 - 6Q^2 + 132.5Q$，$STFC = 400$，求：

（1）该厂商的利润最大化产量是多少？

（2）该厂商的净利润是多少？

(3) 若该厂商的生产成本发生变化,固定成本增加:$STFC = 400 + C$,那么 C 为多少时该厂商开始停止生产?

14. 快餐业是近似的完全竞争市场,厂商的短期成本函数是:$STVC = 0.2Q^2 + 3Q$,$STFC = 2\,000$,Q 是每天的产量,单位是份,成本单位是元,求:

(1) 该厂商的短期供给函数。

(2) 假设这个完全竞争市场中共有 1 000 家成本函数相同的厂商,求市场的供给函数。

15. 某企业处于完全竞争市场中,它的成本函数为 $STC = 0.1Q^2 + 8Q$,该企业利润最大化的产量为 $Q = 30$。现在企业准备再建一条生产线,新生产线的成本函数为 $STC^* = 0.05Q^2 + 10Q$,求:新生产线的产量是多少?

16. 完全竞争市场中,厂商的长期成本函数 $LTC = 0.05Q^3 - Q^2 + 10Q$,当市场价格 $P = 30$ 时,该厂商的利润最大化产量以及净利润是多少?这个产出点是均衡的吗?

17. 小家电市场上的年消费量(单位:万台)与价格水平有关:$Q = 20\,000 - 4P$(P 是产品单价),市场是完全竞争的。厂商的成本函数均为 $LTC = 0.001Q^3 - 2Q^2 + 2\,000Q$($Q$ 是厂商的年产量,单位:台)。求:

(1) 市场的长期均衡价格、厂商的均衡产量。

(2) 市场均衡产出、市场中厂商个数。

18. *完全竞争市场,各项条件同上题,但市场需求发生变化,新的需求函数为 $Q = 22\,000 - 4P$。

(1) 在短期对市场及厂商会有什么影响?

(2) 若此行业是成本固定不变,求新的长期均衡价格、产量、厂商个数,以及行业的长期供给函数。

(3) 若此行业的成本随新厂商进入而发生变化,厂商的新的成本函数为 $LTC = 0.001Q^3 - 2.2Q^2 + 2\,500Q$,求新的均衡价格、产量、厂商个数,以及该行业是成本递增型的还是递减型的?

19. 农产品市场是近似的完全竞争市场,生产者的长期成本函数 $LTC = 0.01Q^3 - 4Q^2 + 500Q$,市场需求函数 $Q = 1\,200 - 0.1P$,Q 的单位是万吨、q 的单位是吨、成本单位为元。

(1) 求市场的长期均衡价格、总产量及生产者个数。

(2)* 政府决定给农产品以补贴,每单位产品补贴 5 元,求此时的长期均衡价格、总产量及生产者个数。

答 案

1. 略。

2. 解:因为均衡,所以 $-4.5 + 16P = 13.5 - 8P$,所以 $P = 0.75, Q = 7.5$。

3. 解:(1) 因为 $Q_D = 70\,000 - 5\,000P, Q_S = 40\,000 + 2\,500P$,市场均衡时 $Q_D = Q_S$。

所以 $70\,000 - 5\,000P = 40\,000 + 2\,500P$ 即 $P = 4(元)$。

因为 $P = LAC$ 最低点 $= 4$ 元,所以该行业处于长期均衡状态。

(2) 当 $P = 4$ 元时,$Q_D = Q_S = 70\,000 - 5\,000 \times 4 = 50\,000$ 单位。

而长期均衡时每家厂商的产量为 500 单位,故该行业厂商数为 $n = 50\,000/500 = 100$,即该行业有 100 家厂商。

4. 解:长期均衡条件 $P = MC = AC$,可得 $Q = 12.5, P = 83.75$。

5. 解:(1) 每个厂商的成本函数相同,长期中厂商的均衡产出水平由其长期平均成本最低点给定。行业供给曲线由与长期平均成本最低点相等的价格水平(10 元)给出,即 $P = MC = AC = 10$。

(2) 已知需求曲线为 $D = 1\,500 - 50P$,价格水平为 10 元,令行业供给 $S = 1\,500 - 50 \times 10 = 1\,000$,每个厂商的均衡产出为 20,厂商的个数为 $1\,000/20 = 50$。

(3) 厂商短期平均成本函数为 $AC = 0.5Q - 10 + 200/Q$;边际

成本函数 $MC=Q-10$。当 AC 最低时，$AC=MC$，求出产出水平为 $Q=20$。

（4）厂商的短期供给函数 $Q=P+10(P\geqslant 10)$；行业供给函数为 $Q=50\times(P+10)=50P+500$。

（5）由于厂商不能在极短时间内调整其产出水平，令 $S=1\,000=D=2\,000-50P$，得 $P=20$，此时单个厂商的利润水平为 $\pi=20(20-10)=200$。

（6）长期中，均衡价格水平由于新厂商的进入将重新回到 $P=10$ 元的水平（每个厂商均衡产出仍为 20），令 $S=D=2\,000-50\times 10=1\,500$；厂商个数为 $1\,500/20=75$。

6. 解：（1）在征税前，根据 $Q_D=Q_S$，得均衡价格 $P=1.6$，$Q=164$。

令 $T=0.5$，新的均衡价格为 P'，新的供给量为 Q_S'，新的需求量为 Q_D'。则有：

$$Q_S'=100+40(P'-T),\ Q_D'=260-60P'$$

得到新的均衡价格为 $P'=1.8$，新的均衡产量为 $Q'=152$。

所以税收后的均衡产量为 152 万斤，消费者支付价格 1.8 元，生产者获得价格 1.3 元。

（2）政府的税收收入 $=T\times Q'=76$ 万元，社会福利损失 $=(1/2)\times 0.5\times(164-152)=3$ 万元。

7. 解：$D=10-2P_X+0.5\times 22+4\times 5.5=43-2P_X$

$$S=10+2\times 2.75+3.5P_X=15.5+3.5P_X$$

$$43-2P_X=15.5+3.5P_X$$

$$P_X=5$$

$$D=S=43-2\times 5=33$$

8. 解：（1）厂商的长期均衡由其长期平均成本最低点给定。因此厂商长期平均成本最低点等于均衡价格 3 元，单个厂商的均衡产量为 1 000 单位。已知需求曲线为 $D=2\,600\,000-200\,000\times 3=2\,000\,000=$ 长期行业供给曲线 S，所以厂商数目为 $2\,000\,000/$

$1\,000=2\,000$。

(2) 尽管需求发生变化,但是由于厂商无法在短期内调整其产出水平,故供给量固定在 2 000 000。令 $D=3\,200\,000-200\,000P=S=2\,000\,000$,求得价格水平为 $P=6$;此时,单个厂商的利润水平 $\pi=1\,000\times(6-3)=3\,000$。

(3) 随着需求的变化,长期中,由于超额利润的存在,会促使新厂商进入到该行业中来,使其均衡价格水平恢复到与其长期最低平均成本相等,即 3 元。与(1)类似,令长期供给 $S=D=3\,200\,000-200\,000\times3=2\,600\,000$。厂商的数目为 $2\,600\,000/1\,000=2\,600$。

9. 解:市场需求函数为:$D=120\,000-20\,000P$。

市场供给函数为:$S=50\times160P+50\times240P=20\,000P$。

则 $D=S$ 时,$P=3,D=60\,000$。

商品征税后,市场供给函数为:$S'=20\,000(P-2)$。

则 $D=S',P'=4,D'=40\,000$。

所以由消费者承担的税费为 $4-3=1$,而销售商承担的税费为 $2-1=1$。

政府从销售商和消费者和分别征得 40 000 元。

10. 解:(1) 市场期的供给量是固定不变的,市场出清的条件是 $Q_S=Q_D$。

$$8\,000=20\,000-100P$$
$$P=120(元)$$

当价格 P 达到 120 元时,供求平衡,价格不再变动,市场达到均衡。

(2) 如果价格被固定在 100 元,需求 $Q_D=10\,000>Q_S$,市场上新鲜草莓会供不应求,一部分需求得不到满足,供求缺口为 2 000 个单位。

11. 解:不考虑储存,属于市场期均衡。市场出清的条件是 $Q_S=Q_D$。

(1) $3\,000=5\,000-200P$,求得 $P=10$。

利润 $\pi=30\,000-9\,000=21\,000$。

(2) 新的均衡价格 $Q_S=Q_D$。

$4\,000=5\,000-200P$,求得 $P=5$。

对于新果园里的厂商来说,利润 $\pi=5\,000-1\,000\times(2+0.2\times n)$,$n$ 为距离市场的公里数。必须满足 $\pi\geqslant 0$,否则新厂商不会经营下去。

$$5\,000-1\,000\times(2+0.2\times n)\geqslant 0$$

$$n\leqslant 15$$

这个新果园离市场最远的距离为 15 公里。

12. 解:(1) 均衡条件:$Q_S=Q_D$。

$$1\,800P-60\,000=100\,000-200P$$

短期均衡价格为:$P=80$(元)。

(2) 在完全竞争市场,厂商的产量在市场上是微不足道的,它是价格的接受者,可以在既定的价格下卖出任意多的商品,所以,厂商面对的需求曲线是一条水平直线 $P=80$。

13. 解:(1) 完全竞争厂商的边际收益就是产品的价格,所以均衡产量是 $P=MC$ 的产量。

$$0.3Q^2-12Q+132.5=80$$

$Q=35$ 或 $Q=5$,经检验 $Q=5$ 不是 π 的极大值点,所以该厂商的短期均衡产量是 35。

(2) $\pi=TR-TC=PQ-(0.1Q^3-6Q^2+132.5Q+400)=825$。

(3) 固定成本的变化不影响 MC 的大小,从而不影响均衡产量,只影响到利润 $\pi=825-C$,当固定成本的增量 C 为 825 时,厂商的净利润为零,当 C 超过 825 元,厂商的净利润开始为负,产生亏损,但只要 C 小于 1 225 元,此时的总收益能够补偿全部的变动成本和一部分固定成本,短期内厂商仍然会选择生产。

当 C 超过 1 225 元时总收益不仅不能补偿固定成本、连变动成本也不能补偿,此时厂商会停止生产、退出此行业。

14. 解:(1)厂商的短期边际成本 $SMC=0.4Q+3$。

当市场价格为 P 时,厂商的均衡产量是使 $SMC=MR=P$ 的产量,并且由于是短期均衡,只要 $TR \geqslant STVC$,现有厂商还是愿意供给产品的,得出厂商的短期供给函数为: $Q=2.5P-7.5$,其中 $Q<100$ 的部分,厂商处于亏损。

(2)市场上有 1 000 家相同的厂商,市场供给量 $=1\,000Q=2\,500P-7\,500$。

市场供给函数为 $Q=2\,500P-7\,500$。

15. 解:完全竞争市场中,均衡时 $P=MC=0.2Q+8=14$

厂商的产量不影响市场价格,新的生产线均衡产量由 $MC^*=P=14$ 来决定。

$$0.1Q+10=14$$
$$Q=40$$

16. 解:厂商的长期利润最大化产量是由 $LMC=MR$ 来决定的。

$$0.15Q^2-2Q+10=30$$

解得 $Q=20$。

$$\pi=TR-LTC=600-(0.05Q^3-Q^2+10Q)=400$$

厂商的净利润为 400,在完全竞争市场,这种产出点是不稳定的,因为长期净利润的存在会吸引新的加入者,使行业的供给曲线增加,在需求不变的情况下价格会下降,直到厂商的净利润为零。

17. (1)解:完全竞争市场的长期均衡价格是厂商的长期平均成本的最低点。

$$P=LAC=LMC=SAC=SMC$$

根据厂商的长期成本曲线,可知 LAC 曲线的最低点为 $Q=1\,000$(元),$LAC=1\,000$(元)。

市场的均衡价格为 1 000 元,厂商的均衡产量为 1 000 台。

(2)市场的均衡产出是指在均衡价格水平上达到供求平衡的产出。

$Q_S = Q_D = 20\,000 - 4P = 16\,000$(万台)

市场中厂商的个数为 16 万。

18. 解:(1) 在短期由于市场需求增加,原有的供给不足,会推动价格上升,厂商在新的价格条件下确定产量,使每个厂商的产量都提高了,同时厂商获得净利润,这也促使新的厂商开始进入这一行业。

(2) 此行业是成本不变的,所以厂商的长期均衡点依然是 $Q=1\,000$(台),$LAC=1\,000$(元),新的均衡价格 $P=1\,000$(元),厂商的均衡产量 $Q=1\,000$(台)。

新的行业均衡产量 $=22\,000-4P=18\,000$(万台)。

新的均衡下厂商数目为 18 万。

行业规模扩大过程中,产品价格不变,说明行业供给曲线为平行于 Q 轴的直线,行业供给函数为 $P=1\,000$。

(3) 若新厂商加入使得此行业中厂商的成本函数发生变化,新的长期均衡就要依据新的成本曲线来决定。

$$LAC = 0.001Q^2 + 2.2Q + 2\,500$$

最低点为 $Q=1\,100$(台),$LAC=1\,290$(元)。

新的均衡价格为 1 290 元,厂商的均衡产量 $Q=1\,100$(台)。

新的行业均衡产量 $=22\,000-4P=16\,840$(万台)。

新的均衡下厂商数目为 15.31 万。

随着行业规模扩大,产品价格上升,说明该产业是成本递增型的,供给函数是向右上方倾斜的。

19. 解:(1) 生产者的长期平均成本 $LAC = 0.01Q^2 + 4Q + 600$。

完全竞争市场长期均衡价格 $P = \min LAC = 100$。

生产者的均衡产量为 200 吨。

市场上的总产量 $= 1\,200 - 0.1P = 1\,190$(万吨)。

市场中的生产者数目为 59 500。

(2) 政府的补贴使生产者的成本减少:$LTC = 0.01Q^3 - 4Q^2 + 500Q - 5Q$。

完全竞争市场长期均衡价格 $P=\min LAC=95$。

生产者的均衡产量仍然为 200 吨。

市场上的总产量 $=1\,200-0.1P=1\,190.5$(万吨)。

市场中的生产者数目为 59 525。

政府的补贴行为使产品价格下降、生产者数目和总产量增加。

问答题

1. 价格决定于供求关系与价格决定于长期平均成本是否矛盾?
2. 完全竞争市场短期均衡是怎样实现的?
3. 完全竞争市场长期均衡状态有哪些特点?
4. 完全竞争市场长期均衡是怎样实现的?
5. 为什么说完全竞争市场短期均衡是双赢的?
6. "看不见的手"的作用是什么?
7. 从哪些方面可以看到竞争性市场的有效性?
8. 为什么说价格等于边际成本的产量是最有效率的?
9. 蛛网理论说明了什么?
10. 完全竞争在现实中缺乏对应物,为什么还要研究它?
11. 成本递减的完全竞争行业原先处于长期均衡状态,现在如果市场需求曲线向右上方移动,那么,在即期、短期和长期内,是调整价格还是产量?
12. 啤酒的市场需求曲线 D 和供给曲线 S,作图说明以下各种情形下,啤酒的市场价格 P_0 将如何变动?

(1) 啤酒生产原料价格上涨。

(2) 各消费者收入普遍提高。

(3) 啤酒同业进行大规模的广告宣传。

(4) 市面上流行喝啤酒。

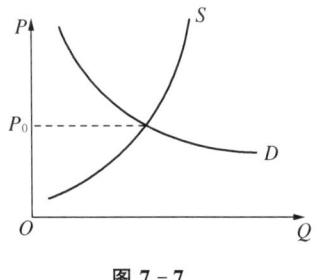

图 7-7

(5) 凉夏。

13. 短期当中,完全竞争行业的供给曲线是由厂商的供给曲线加总而成的。试分析行业的长期供给曲线是否也是由厂商的供给曲线加总而成的?

14. 如果行业中每个企业都处于长期均衡状态,整个行业是否一定处于长期均衡状态? 反之呢?

15. 当完全竞争行业处于长期均衡时,同一行业的所有厂商必将具有相同的成本曲线,且各厂商只能获得正常利润。这一判断是否正确?

16. 在动态蛛网模型中,价格调整趋向于均衡的充分必要条件是什么?

17. 在1990年,美国国会针对游艇、私人飞机、皮衣、珠宝和豪华轿车这类物品通过了一项新的奢侈品税,其目的是让生活富裕、税收负担轻松的人承担这部分税收。可这项计划却没有达到预期的目标,反而加重了这些奢侈品生产企业的负担,于是1993年美国国会废除了大部分的奢侈品税。请从产品的价格弹性分析为什么这项计划会事与愿违。

18. 1993年长江中下游某些地区发生洪涝灾害,夏粮严重歉收。但是那些庄稼没有被水冲毁的农户却从水灾中获益,为什么?

19. 充分自由竞争的市场是有效率的,如果政府对价格进行限制,会有什么影响?

20. 完全竞争行业中的厂商会不会花钱做广告? 为什么?

答 案

1. 答:不矛盾。价格决定于供求关系是从短期来看的。因为处于短期,市场上供应量的调整受到固定要素的制约。各个厂商只能沿着短期供给曲线调整其产量。如果需求突然发生变动,供给方面来不及做出相应的彻底变化,价格就会发生较大波动。但是在长期,由于价格的波动会引起厂商的进入或退出,价格会趋向于长期平均成本。可以说在短期价格决定于供给与需求,而在长期,价格决定于长期平均成本。

2. 答:完全竞争的短期均衡是通过价格与产量相互调整实现的。假定供给和需求分别确定,并且供给量和需求量都可以随价格的波动及时调整,即,供给量可沿着供给曲线上下移动,需求量可沿着需求曲线上下移动。开始时在市场上出现的价格并不一定是均衡价格,可能高于或低于均衡价格。如果一开始价格高于均衡价格,需求量表现为需求曲线上与这个市场价格相应的数量;供给量也表现为供给曲线上与这个价格相对应的数量。也就是说,因为价格高,供应方有积极性提供更多产品销售,而购买方因为价格过高而缺乏购买积极性。这样就会出现供给量大于需求量的过剩状态。由于产品过剩,厂商为了竞相销售其产品,便会竞相降价,这个过程会延续到使价格降低到均衡价格(使供给量等于需求量的价格)为止。在降价过程中,消费者会因为价格降低而增加购买量,供给者也会尽量减少销售量,原先过剩的数量就逐渐减少并最终消失。如果一开始价格低于均衡价格,购买者积极性较高而生产者积极性不高,市场上便会出现供不应求。这时价格便会上涨,直到等于均衡价格。在这个过程中,需求量会逐渐减少,供给量则会逐渐上升,直到供给量等于需求量。

3. 答:完全竞争市场长期均衡状态有以下特点:$P=SAC=LAC=SMC=LMC$,即价格等于最低点的平均成本,同时也等于边际成本。

4. 答:完全竞争市场的长期均衡是在个别厂商背后,由无数厂商和无数消费者的相互作用产生的。价格对厂商的行为起着诱导作用,当价格由于需求的提高而上涨时,一方面原有老厂商会根据市场价格调整厂房设备数量,扩大规模;另一方面新厂商也会进入,分享净利润。由于新厂商相继进入,供给持续增加,即供给曲线向右下方移动,与不变的需求相结合,产生了新的更低的短期均衡价格。这个过程一定会继续,直到价格下降到等于代表性厂商长期平均成本最低点为止。这时的价格便是该行业的长期均衡价格。行业的均衡产量则因为新厂商的加入而增加了,它等于在长期均衡价格下所有新老厂商产量之和。

5. 答:可以说,完全竞争市场短期均衡是双赢的结局。一方面,从消费者来看,需求曲线可以看作消费者的购买意愿,需求曲线以下的面积可以看作消费者愿意为一定量商品支付的总金额。商品实际支付的金额则是以均衡价格计算的。两者之间的差额就是消费者剩余。在完全竞争市场上,消费者通过购买充分得到了这个消费者剩余。另一方面,从生产者来看,价格与平均变动成本之间的差额可以看作生产者剩余,它是短期边际成本曲线即短期供给曲线左边的面积(生产者剩余也称经济租,将在地租理论中介绍),下起平均可变成本,上至市场均衡价格。从短期看,产品价格只要高于平均可变成本,厂商就有所收获,因为固定成本是必定要付出的,不论固定成本是否如数得到补偿,厂商都会生产。厂商提供单位产品必须得到的补偿是平均可变成本,所以产品价格超过其平均可变成本的余额就具有经济租的性质。自由竞争的市场中交易双方按照市场均衡价格成交,买方得到消费者剩余,卖方得到生产者剩余,各得其所,达到双赢局面。

6. 答:"看不见手"的作用就是价格机制的作用。价格在市场期、短期和长期分别有着不同的作用。

在市场期,价格只能调节需求量,使得已经生产出来的产品被如数分配给愿意以这样的价格购买的消费者,出清市场,既不存在短缺,也不存在过剩。因此在市场期,价格机制的作用在于分配产品。

在短期,价格机制具有一定的资源配置作用。它可以调整需求量,也可以调整供给量。在厂商根据价格调整供给量时,实际上是通过调整可变要素的使用量来实现的。短期中价格的资源配置作用较为有限。

在长期,价格的作用就十分明显,也就更加重要。它可以通过调整所有要素来实现产量的改变。

总的来说,"看不见手"的作用在于根据产品价格,即产品的相对稀缺程度来调整产品的供应量,使产品的市场供给量与其需求量相适应,也即保证社会有相对充分的资源用于某种人们需要的产品上。一旦某种产品的需求达到被相对充分满足的状态,即达到长期均衡状态,如果信息是充分的,就不会有更多的资源用于该种产品的生产,剩余的资源就会流向更需要的行业。这样,价格这只"看不见的手"就在引导逐利厂商行为的同时,把资源引导到符合社会需要的方向,即实现了资源的合理配置。

7. 答:从长期均衡来看,完全竞争市场在资源配置有效性方面做得最好。这可以从以下三方面说明:

第一,完全竞争市场的价格最低。在达到长期均衡时,价格等于长期平均成本最低点。说明价格已经达到不可能再低的水平。价格影响消费者福利。价格越高消费者福利越小,价格越低消费者福利越大。因此完全竞争市场是消费者福利最大的市场。消费者福利水平高低是衡量资源配置有效程度的标志。

第二,完全竞争厂商在长期均衡时,处于长期平均成本曲线的最低点,说明所有要素都已经充分发挥了作用,不存在尚未充分发挥作用的要素。这种状态也可以说明厂商在既定数量要素下达到了产出最大化。

第三,完全竞争厂商在长期均衡时,价格同时等于短期边际成本和长期边际成本,这说明产量达到最优水平。价格等于边际成本是配置效率最优的表征。对这个问题的完整说明将在一般均衡理论中给出,局部均衡的分析见下一题。

8. 答:从完全竞争短期市场均衡来看,均衡时供给曲线与需求曲线相交,交点指示了均衡价格。在交点正好满足价格等于边际成本的条件,因为价格在需求曲线上反映,而供给曲线正是边际成本曲线。在完全竞争市场达到均衡时,价格等于边际成本,这正说明产量(即均衡产量)达到最佳状态。在产量小于均衡产量时,即在均衡点的左边,反映价格的需求曲线高于反映边际成本的供给曲线,也就是价格高于边际成本。这时,消费者剩余和生产者剩余都因为产量过小而未达到最大化,继续增加产量可以增加总剩余。相反在均衡点的右边,反映价格的需求曲线低于反映边际成本的供给曲线,也就是价格低于边际成本。价格反映的是消费者对产品的评价。这时,消费者对产品的评价低于生产的成本,说明这种生产是不值得的。如果果真生产了这么多产品,则说明在这种产品上花费的资源太多了。因此只有在均衡点,价格等于边际成本时,产量是最合适的,用于这种产品生产上花费的社会资源数量是最合适的,资源在这里达到优化配置。

9. 答:蛛网理论建立在三个特殊假定基础上,它们是:① 假定生产周期比较长,而且生产不连续,因此本期供给量决定于上期价格;② 需求量不存在时滞,随本期价格而定;③ 不考虑储藏,每期出清市场。由于引进上述假定,价格与产量显示出周期性波动特征。蛛网理论说明,由于供给量的调整存在时滞,即是在完全竞争市场,一旦价格背离均衡水平,不可避免地会出现价格与产量的周期性波动。先前短期均衡模型描述的似乎一蹴而就的情形不复存在。在调整过程中,不可避免地出现生产能力的损害和资源的浪费。如果供给弹性大于需求弹性,蛛网将呈现发散性,情况就更令人担忧。

10. 答:严格地讲,完全竞争在现实中并不存在。农产品市场也只是接近完全竞争市场而已。完全竞争市场是一种理想的、完美的、纯粹竞争的市场。完全竞争的英文是 perfect competition 或 pure competition。在这种市场中,价格机制及其配置资源的过程显现得最为清晰,便于我们理解。另外,完全竞争市场理论又是其他各类市场理论的基础,弄清完全竞争市场中产品如何决定,再分析其他市场产品价格和产量的决定就不难了。因此经济学家分析市场理论时总是先分析完全竞争市场。

11. 答:在需求曲线向右上方移动时,在即期中,每个厂商的产量来不及变动,故供给量不变,价格单方面随需求的增加而上升。在短期,厂商响应价格上涨的信号,可以通过调整(增加)可变要素的投入量来增加产量。在各个厂商相继这样做时,市场供给陆续增加了,供给曲线随即向右下方移动,与需求曲线相交于更大产量和较低价格上。在长期,厂商可以调整厂房设备,新的厂商可以进入。由于这个行业是成本递减的,在行业规模扩大时,平均成本将会下降,因此厂商在做出上述长期调整时,均衡价格(它应该等于平均成本)会低于原先的水平。

12. 答:图略。

(1) S 左移,P_0 上升。

(2) D 右移,P_0 上升。

(3) S 左移,D 右移,P_0 上升。

(4) D 右移,P_0 上升。

(5) D 左移,P_0 下降。

13. 答:行业的长期供给曲线不是由厂商的供给曲线加总而成。因为在长期中,厂商的数目可以变动,当市场需求持续性扩大时,不仅该行业中原有厂商生产规模可扩大,而且厂商会增加。完全竞争行业达到长期均衡状态时,与厂商均衡供给量(从而行业供给量)相对应的成本不是边际成本,而是厂商的长期平均成本曲线最低点所对应的成本,因而行业长期供给曲线是由市场需求扩大(或缩减)引起的行业供求平衡时各厂商 LAC 曲线之最低点的轨迹,因而不再是厂商供给曲线的水平相加。根据行业需求和生产变动时产品成本变动的不同情况,行业长期供给曲线的形状可能为水平直线、向右上倾斜和向右下倾斜三种不同情况。

14. 答:如果行业中每个企业都处于长期均衡状态,则 $P=SMC=LMC$。但是整个行业处于长期均衡状态的话,则不但要求 $P=SMC=LMC$,还要求 $P=SMC=LMC=SAC=LAC$。

仅有厂商均衡 $P=SMC=LMC$ 时,不一定就有 $P=SMC=LMC=SAC=LAC$。可见即使各厂商都处于长期均衡状态,整个行业还不一定处于长期均衡状态。但 $P=SMC=LMC=SAC=LAC$ 时,必定有 $P=SMC=LMC$,即如果整个行业处于长期均衡状态,则行业中的每个企业必定处于长期均衡状态。

15. 这一判断是正确的。行业长期均衡是经过长期竞争形成的。当行业处于长期均衡状态时,留存下来的厂商都具有相同的最好的经济效率,即最低成本,厂商正好盈亏平衡,只能获得正常利润。若不是这样的话,该行业就没有处于长期均衡状态。但也有些厂商拥有富饶的土地、先进的管理方法等优越资源,这些厂商的成本曲线会比其他厂商的成本曲线低,能获得超过正常利润的超额利润。但是这部分超额利润并不能由使用优越资源的厂商得到,而是被拥有优越资源的所有者通过租金等方式获得。这就导致了所有厂商具有相同的成本曲线。可见,当行业处于长期均衡状态时,完全竞争厂商只能获得正常利润。

16. 答:根据蛛网模型的假设条件,采用线性需求、线性供给方程,可以将模型记为:

$D_t = aP_t + b, S_t = cP_{t-1} + d, D_t = S_t$

令 P^* 为均衡价格,由 $D_t = S_t$ 得 P^* 为 $(b-d)/(a-c)$

令 $\Delta P_t = P_t - P^*$,由 $aP_t + b = cP_{t-1} + d$ 可得 $a\Delta P_t = c\Delta P_{t-1}$

若要 ΔP_t 不断缩小并使 P_t 收敛于 P^*,则充分必要条件是 $|c/a|<1$,即需求价格弹性要大于供给价格弹性。

17. 答:针对奢侈品开征消费税,从表面上看能够增加生活富裕、纳税能力强的人的税负水平,因为由于只有富人能买得起这类奢华东西。但是,深入分析供给与需求对价格的弹性,可以发现奢侈品的需求是极富弹性的,例如,百万富翁不买游艇是很容易的,他可以用钱去买更大的房子,去欧洲度假,去打高尔夫球等等。与此相反,游艇的供给短期中至少是较为缺乏弹性的,游艇工厂不能轻而易举地转向其他用途。这时,对奢侈品征收的税负主要落在供给者身上,而不是富人身上,这项政策的实施结果与国会所期望的完全不同,因此遭遇到失败。

18. 答：粮食的需求是较为缺乏弹性的。如果粮食丰收，粮食供给增加，而需求并没有明显增加，那么，向右移动的供给曲线与既定的需求曲线就会在较低的价格上相交。由于需求缺乏弹性，价格降低以后销售量的增加较为有限，农民总收益就会下降。当部分地区遭受水灾，因而粮食减产以后，供给相对较少，供给曲线与不变的需求曲线相交于较高的价格水平上。在需求缺乏弹性时，价格上涨正好使总收益增加。所以部分地区受灾的结果是其他地区农民收入增加。

19. 答：常见的价格上限（限制最高价格）的例子是住房租金的控制。在西方国家许多城市中，地方政府为了帮助穷人，设置了房屋租金的上限。但是经济学家批评这种做法，认为这是一种缺乏效率的方法。

租金控制的影响在短期不太明显。在短期，房东出租的公寓数量是固定的，他们不能随着价格迅速地调整这个数量。此外，人们寻找、安排自己的住房也需要时间。在短期，寻找住房的人对租金也不会很敏感，况且人们的重新选择还受到租约期限的制约。因此，住房的短期供给和需求都是较为缺乏弹性的。与任何一种价格上限一样，租金控制引起短缺。但由于短期中供给与需求缺乏弹性，最初租金控制引起的短缺并不大。短期内的影响是降低了租金。

长期的情况就不同了。随着时间推移，租赁住房的买者和出租住房的卖者对租金反应增大。在供给一方，房东对新租金的反应是不建新住房，对现有的公寓也不维修。在需求一方，低租金鼓励人们去找自己的公寓（而不是与父母同住，与室友同住），而且也引起更多的人迁居到城里。因此在长期，供给与需求都是较为有弹性的。当租金控制将租金压低到均衡水平以下时，公寓供给量大幅度减少，而公寓需求量大幅度增加，结果是住房严重短缺。

富人和名流在租金控制中受到超乎意外的好处。一是租金水平下降使租用面积更大的富人享受到更多好处；二是在住房短缺的时候,房东愿意把房子租给有钱人,因为有钱人更愿意事先支付定金,而且还愿意支付公寓的维修费。

正如价格上限会引起不合理的资源配置一样,价格下限会引起产品过剩。

20. 答:因为理论上假定完全竞争的生产者的产品是同质的,没有任何质的差别。而且信息是充分的,无需做广告。完全竞争的厂商只是既定价格的接收者,它只能按照市场价格出售任何数量的产品。做广告只会增加成本,无助于增加收益。所以,他们不会愿意花钱做广告。

第八章
完全垄断市场产量和价格的决定

概　要

1. 完全垄断是指独家垄断的情况。垄断可以有多方面因素引起，对生产要素的控制、专利权、规模报酬要求以及政府特许是常见的原因。

2. 厂商所面临的需求曲线就是整个市场的需求曲线，向右下方倾斜。当需求曲线是线性的时候，其边际收益曲线也是线性的，而且平分需求曲线到纵轴的水平连线，或其斜率（绝对值）比需求曲线大一倍。

3. 垄断厂商的边际收益、价格与需求价格弹性之间的关系是：$MR = P(1 - 1/E)$。垄断厂商的需求价格弹性大于1时，边际收益大于零，价格降低，总收益增加；需求价格弹性等于1时，边际收益等于零，总收益达到最大；需求价格弹性小于1时，边际收益小于零，价格降低，总收益下降。

4. 垄断厂商确定最大利润产量的原则仍然是 $MR = MC$，与该产量相对应的价格就是均衡价格。垄断厂商在需求约束的范围内，可以自己制定价格，具有一定市场力量。

5. 在短期，垄断厂商的盈利状况可以有多种，不一定获得净利润；在长期，留存下来的垄断厂商都能获得净利润。

6. 与完全竞争市场不同，完全垄断长期均衡时，厂商并不处在长期平均成本最低点，其产量小于竞争性产量，价格高于边际成本。

7. 垄断厂商可以通过实施差别定价来获取更多利润。第一级差别定价的实质是看人定价；第二级差别定价的实质是量大价跌；第三级差别定价的实质是，在各个需求价格弹性不同的市场中，定不同价格。

基本概念

完全垄断　垄断厂商的需求与边际收益　垄断厂商短期均衡价格　垄断厂商长期均衡价格　自然垄断　第一级差别价格　第二级差别价格　第三级差别价格

选择题

1. 下面哪个叙述是正确的？　　　　　　　　　　　　（　　）
   A. 所有垄断厂商的产品都有相近的替代品
   B. 大多数厂商都是完全垄断厂商
   C. 没有完全垄断厂商
   D. 垄断就是一个厂商生产整个行业的产量

2. 关于完全垄断和完全竞争的比较，下面哪个叙述是正确的？　　　　　　　　　　　　　　　　　　　　　　（　　）
   A. 垄断厂商和完全竞争厂商都在 $MR=MC$ 处生产
   B. 垄断厂商和完全竞争厂商都不在 $MR=MC$ 处生产
   C. 垄断厂商在 $MR=MC$ 处生产，完全竞争厂商不在 $MR=MC$ 处生产
   D. 完全竞争厂商在 $MR=MC$ 处生产，垄断厂商不在 $MR=MC$ 处生产

3. 我们在用需求曲线分析垄断定价时，价格总是在哪条曲线上读出？　　　　　　　　　　　　　　　　　　（　　）
   A. MC　　　B. MR　　　C. ATC　　　D. 需求

4. 垄断厂商_____在 ATC 曲线的最低点生产。　　（　　）
   A. 总是　　　　　　　　B. 有些时候

C. 大多数时候　　　　　　D. 从来不
5. 如果垄断厂商面对线性的需求曲线,那么其边际收益曲线 （　　）
A. 与需求曲线相同
B. 以两倍于需求曲线的斜率向下倾斜
C. 总是低于需求曲线
D. 与需求曲线相交
6. 根据图 8-1,回答(1)至(3)题。

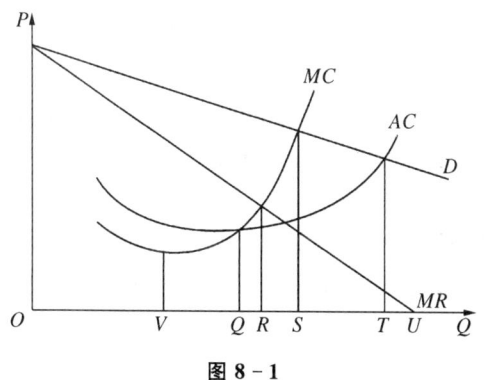

图 8-1

(1) 递减的边际产量开始于以下的产量 （　　）
A. OU　　　B. OR　　　C. OS　　　D. OV
(2) 总收益最大化的产量是 （　　）
A. OU　　　　　　　　　B. OS
C. OV　　　　　　　　　D. OR
(3) 如果厂商的产出小于 OU 产量,那么它处于 （　　）
A. 在需求曲线缺乏弹性的位置
B. 在需求曲线富有弹性的位置
C. 在好在需求曲线弹性为 1 的位置
D. 在 MR 为负的位置
7. 图 8-2 显示了一个垄断企业的需求、边际成本和边际收

益曲线。利润最大化时的价格和产量分别在点 （ ）

A. A、E B. A、D C. B、D D. B、E

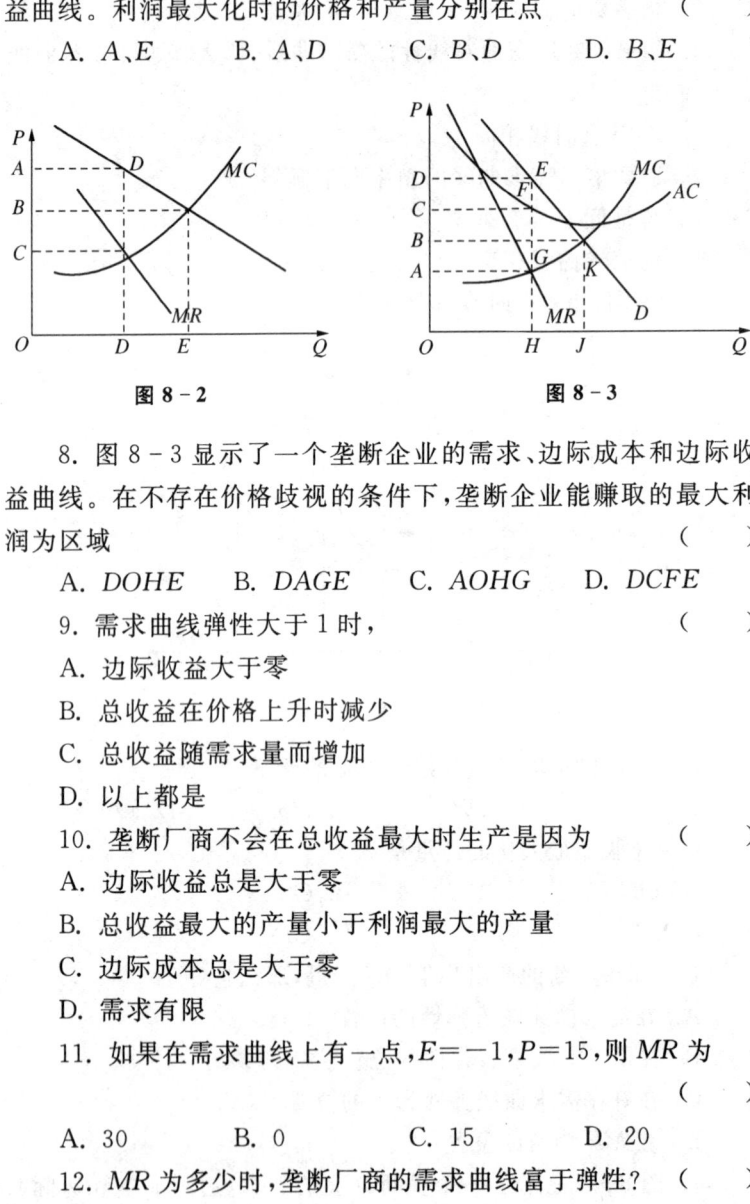

图 8－2   图 8－3

8. 图 8－3 显示了一个垄断企业的需求、边际成本和边际收益曲线。在不存在价格歧视的条件下，垄断企业能赚取的最大利润为区域 （ ）

A. DOHE B. DAGE C. AOHG D. DCFE

9. 需求曲线弹性大于 1 时， （ ）

A. 边际收益大于零

B. 总收益在价格上升时减少

C. 总收益随需求量而增加

D. 以上都是

10. 垄断厂商不会在总收益最大时生产是因为 （ ）

A. 边际收益总是大于零

B. 总收益最大的产量小于利润最大的产量

C. 边际成本总是大于零

D. 需求有限

11. 如果在需求曲线上有一点，$E=-1$，$P=15$，则 MR 为 （ ）

A. 30 B. 0 C. 15 D. 20

12. MR 为多少时，垄断厂商的需求曲线富于弹性？ （ ）

A. 小于零　B. 大于零　C. 等于零　D. 大于1

13. 垄断厂商达到均衡时,总是　　　　　　　　　(　)

A. $P=MC=MR$　　　　B. $P>MC=MR$

C. $P>MC=AR$　　　　D. 以上都是

14. 垄断厂商需求曲线为直线时,边际收益曲线　(　)

A. 总是平分需求曲线到纵轴的水平连线

B. 其斜率是需求曲线的两倍

C. 在需求曲线的下面

D. 以上都对

15. 以下哪一个选项不是实施第三级差别定价的条件?

(　)

A. 市场可以分割开

B. 两个市场的需求曲线不同

C. 各市场需求弹性不同

D. 卖者了解各个买者的购买意愿

16. 以下哪一个选项不是实行第三级差别定价的结果?

(　)

A. 使得利润增加

B. 使得原来不如此就不能存在的行业生存下来

C. 使成本更低

D. 消费者剩余减少

17. 如果一个完全垄断厂商的 $LAC>P$,那么　(　)

A. 该厂商将歇业

B. 该产品将无人提供

C. 该行业将消失

D. 以上都对

18. 一个完全垄断厂商　　　　　　　　　　　　(　)

A. 如果处于短期均衡时一定处于长期均衡

B. 如果处于长期均衡时一定也处于短期均衡

C. 如果处于长期均衡时一定不处于短期均衡
D. 以上都对

19. 完全竞争长期均衡与完全垄断长期均衡的差别是（　　）
A. 完全竞争的产量更多
B. 完全竞争市场的价格更低
C. 完全竞争市场 $P=MC$，完全垄断市场 $P>MC$
D. 完全竞争在 LAC 最低点生产，完全垄断不在
E. 以上都对

20. 某面包品牌店推出了某种面包新产品，表 8-1 显示了有关数据，请回答(1)至(4)题。

表 8-1

需求量	价格（元）	总成本（元）
0	10	2
1	9	7
2	8	12
3	7	17
4	6	22
5	5	27

(1) 垄断厂商利润最大化产出为 （　　）
A. 1　　　B. 3　　　C. 4　　　D. 5
(2) 利润最大化价格是 （　　）
A. 5 元　　B. 6 元　　C. 7 元　　D. 8 元
(3) 垄断厂商固定成本为 （　　）
A. 0 元　　B. 2 元　　C. 7 元　　D. 27 元
(4) 在利润最大化的产出和价格水平下，垄断厂商 （　　）
A. 经济利润为 4 元
B. 经济利润为 0，总收益等于总成本
C. 亏损 4 元，该厂商仍将继续经营
D. 亏损等于其固定成本

21. 以下除哪个选项外，都是自然垄断厂商的特征？（　　）
   A. 需求曲线与长期平均成本曲线下降处相交
   B. 如果行业中还有另一家厂商，长期平均成本会上升
   C. 厂商数目增加效率会提高
   D. 如果产量增加长期平均成本还会下降

22. 在相关的产量上，当 $MR>MC$ 时，厂商每增加一单位产品，（　　）
   A. 就增加一份净利润
   B. 就减少一份亏损，其减少金额相当于 $MR-MC$ 的差额
   C. 可能是 A 也可能是 B
   D. 都不是

23. 按照熊彼特的说法，以下哪个选项是不正确的？（　　）
   A. 垄断没有消除竞争，只是改变了竞争方式
   B. 垄断有利于减轻萧条
   C. 垄断厂商索取的价格并不高
   D. 垄断厂商可能具有动态效率

24. 如果市场价格超过平均成本，边际收益大于边际成本，垄断厂商多卖一个单位产品时（　　）
   A. 对利润没有影响，但会缩小边际收益与边际成本之间的差额
   B. 总利润会减少
   C. 总收益会减少，其数额为价格与平均成本的差额
   D. 总收益会增加，并缩小边际收益与边际成本之间的差额

25. 垄断利润（　　）
   A. 不是一种成本，因为它不是生产中必须耗费的
   B. 不能为垄断厂商长期获取，因为长期均衡时价格会等于平均成本
   C. 不出现替代品就能长期为垄断厂商获取
   D. 以上都对

26. 完全垄断市场中，如果 A 市场的价格高于 B 市场的价格，则 （　　）
   A. A 市场的需求价格弹性大于 B 市场的
   B. A 市场的需求价格弹性小于 B 市场的
   C. 两个市场的需求价格弹性相等
   D. 以上都对

27. 在竞争性市场和垄断市场中，下列哪种情况下厂商将扩大其产出水平？ （　　）
   A. 价格低于边际成本
   B. 价格高于边际成本
   C. 边际收益低于边际成本
   D. 边际收益高于边际成本

28. 垄断可能比竞争更可取，这是因为 （　　）
   A. 垄断厂商有更多的激励来降低地其生产成本
   B. 垄断是限制其产量，降低污染的最好方法
   C. 垄断利润可以为技术创新提供资金来源
   D. 便于政府管理

29. 以下最不可能成为垄断者的是 （　　）
   A. 一个小镇上唯一一名医生
   B. 可口可乐公司
   C. 某地区的电力公司
   D. 某地区的自来水公司

30. 当成本相同时，垄断厂商和竞争厂商一致的是 （　　）
   A. 利润最大化目标　　　B. 产出水平
   C. 生产效率　　　　　　D. 长期当中的经济利润

31. 完全竞争厂商的经营行为不同与垄断厂商，是因为
   　　　　　　　　　　　　　　　　　　　　　　　（　　）
   A. 竞争厂商在给定价格下销售量不受限制，而垄断厂商要大幅提高销售量必须降低价格

B. 垄断厂商索要会使他们盈利的价格,而竞争厂商永远不能获得像垄断者一样的利润

C. 垄断厂商的供给价格弹性高于竞争厂商

D. 垄断厂商追求利润最大化,而竞争厂商的产出决策是使价格等于平均成本

32. 规模经济发生在厂商(　　)的时候。　　　　　(　　)

A. 边际成本曲线移动　　　B. 总成本上升

C. 边际收益递增　　　　　D. 长期内每单位成本下降

33.(1) 一垄断厂商目前处在边际收益为2元的产量上,它平均成本为1.75元,这个成本是最低的平均成本。在给定当前的技术水平和投入品价格下,为达到利润最大化,该厂商将　(　　)

A. 提高价格

B. 降低价格

C. 减少产量

D. 以上都有可能,条件不足难以判断

(2) 如果是价格而不是边际收益为2元,则上述(1)题中哪一个答案是正确的?　　　　　　　　　　　　　　　　(　　)

A. A　　　B. B　　　C. C　　　D. D

34. 图8-4表示与市场需求曲线相对应的4种不同的成本曲线,图中哪个代表的成本条件可能造成不完全竞争的市场结构?

(　　)

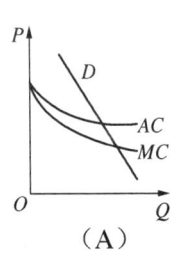
(A)

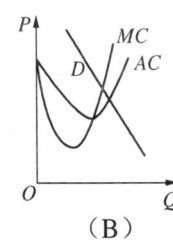
(B)

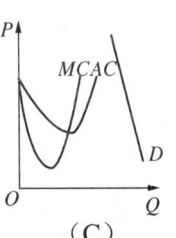
(C)

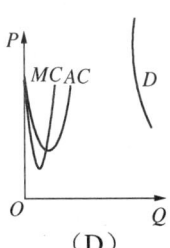
(D)

图 8-4

35. 某利润最大化垄断厂商的利润正好为零,那么一定是
( )

A. 需求缺乏弹性
B. 边际收益大于边际成本
C. 价格等于边际成本
D. 平均成本大于边际成本

答　案

1. D.　2. A.　3. D.　4. D.　5. B.　6.(1) D.　(2) A.
(3) B.　7. B.　8. D.　9. D.　10. C.　11. A.　12. B.
13. B.　14. D.　15. D.　16. C.　17. D.　18. B.　19. E.
20.(1) B.　(2) C.　(3) B.　(4) A.

21. C.　在这种行业中,厂商数目增加不会导致效率增加,反而会导致成本上升。

22. C.　$MR > MC$ 只是新增加的一单位产品所增加的收益大于其成本,并不能反映厂商的盈利情况。是盈利还是亏损必须看平均成本与价格的关系。

23. C.　24. D.　25. C.　26. B.　27. D.　28. C.　29. B.
30. A.　31. A.　32. D.

33.(1) B.　(2) D.　34. A.　35. D.

判断题

1. 垄断厂商总能获得净利润。　　　　　　　　　　( )
2. 垄断厂商有市场力量是说其可以任意定价。　　( )
3. 垄断厂商不会在需求曲线弹性小于1的地方生产。
( )
4. 实行三级差别价格的两个市场中需求价格弹性一定不一样。　　　　　　　　　　　　　　　　　　　　　( )
5. 自然垄断意味着规模经济在一个产量充分大的范围内仍

然存在。   (   )

6. 如果不同市场中的需求曲线相同,那么垄断厂商的第三级价格差别将没有意义。   (   )

7. 垄断厂商的边际收益小于产品价格,这是因为增加一个单位的产出,不仅这单位产品价格较前降低,而且全部产品的价格都降低。   (   )

8. 在长期,完全竞争厂商和垄断厂商都获得零利润。(   )

9. 自然垄断毫无经济合理性。   (   )

10. 完全垄断厂商存在着经济效率可能的原因之一是它能够节省固定成本。   (   )

答　案

1. 错误。分析:垄断厂商能否获得净利润,要看需求与平均成本的关系。若需求曲线高于平均成本曲线,厂商才能获得净利润。若需求曲线低于平均成本曲线,厂商可能亏损。在短期长期可能会忍受亏损继续生产。但是,在长期,厂商必须做出调整,例如厂商可能调整生产规模,可以做广告,提高产品质量,扩大产品需求,是需求曲线向右上方移动。如果无望扭转亏损,厂商就会退出该行业,该行业也就随之消失。

2. 错误。分析:垄断厂商拥有市场力量是说,它对产品的价格有一定的控制力。它可以通过减少供应量来提高价格,也可以通过增加供应量来降低价格。但是,垄断厂商不能完全脱离需求制定价格。需求是制约垄断厂商定价的重要力量。

3. 正确。

4. 正确。

5. 正确。

6. 正确。

7. 正确。

8. 错误。在长期,垄断厂商获得正利润。

9. 错误。自然垄断是规模经济的结果,它代表着更低的平均生产成本。

10. 正确。在多厂商竞争且存在固定成本的时候,可能固定成本投资超过了社会最优水平。

计算题

1. (1) 完成表 8-2。

(2) 画出厂商的需求曲线、边际收益曲线、边际成本曲线、平均总成本曲线。

(3) 厂商利润最大化的产量是多少? 此时垄断利润是多少?

(4) 如果该厂商是完全竞争厂商,其长期价格将是多少?

表 8-2

数量	价格(元)	TR(元)	MR(元)	TC(元)	ATC(元)	MC(元)
1	19			25		
2	18			40		
3	17			50		
4	16			58		
5	15			65		
6	14			74		
7	13			87		

2. (1) 根据图 8-5,计算利润最大化产出。

(2) 厂商的总利润是多少?

(3) 如果该厂商是完全竞争厂商,长期价格是多少?

3. 需求函数为 $Q=\dfrac{1\,000}{(P+1)^2}$,在 $P=4$ 时,需求的价格弹性是多少?

4. (1) 一个垄断厂商,它面临的需求价格弹性为 -3,垄断价格为 15,求厂商此时的边际收益是多少?

(2) 某垄断厂商的边际成本恒为 15。在它的均衡点上,需求

价格弹性是 -1.5，求此厂商的均衡价格。

5. 在一个完全垄断的产品市场中，对产品的需求函数为 $Q = 4\,800 - 8P$。

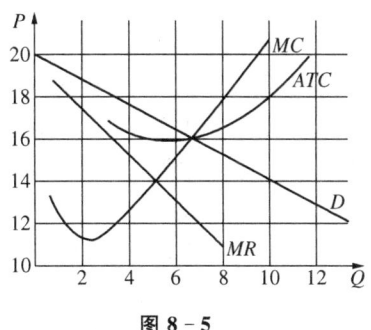

图 8-5

（1）求垄断厂商的收益曲线、边际收益曲线。

（2）求产品价格为多少时使总收益最大，此时需求价格弹性为多少？

（3）如果垄断厂商短期成本函数为 $STC = 0.001Q^3 - 0.45Q^2 + 380Q + 10\,000$，求在利润最大化条件下的短期均衡的产量和价格，以及厂商的利润。

6. 一家石油垄断生产商的总成本和需求数据如表 8-3 所示：

表 8-3

价格（万元）	7	6	5	4	3	2
产量（百桶）	5	6	7	8	9	10
总成本（万元）	20	21	22	23	24	30

该垄断企业应索要多高的价格？此时利润是多少？

7. 垄断厂商面临需求 $Q = 100 - 5P$，其生产的边际成本恒为 10 元。在征收每单位 2 元的消费税之后，求：

（1）垄断厂商的均衡价格上升了多少？

（2）垄断厂商的利润有什么变化？福利的净损失是多少？

8. 垄断厂商的短期成本函数为 $STC = 0.1Q^3 - 3Q^2 + 100Q + 2\,500$，使利润最大的产量为 40，利润为 1 000，求：该厂商在均衡点的边际收益、销售价格、总收益是多少？

9. 一个行业的垄断厂商,其面临的需求曲线为 $Q=1\,500-10P$,短期成本函数为 $STC=0.1Q^3-3.1Q^2+60Q+200$,当条件分别发生以下的变动时,为了追求利润最大化,新的均衡价格、产量及垄断厂商的利润与以前相比有什么变化?

(1) 需求增加了,$Q=3\,000-10P$。

(2) 固定成本增加了 500。

(3) 变动成本增加,$STC=0.1Q^3-3.1Q^2+150Q+200$。

10. 某垄断厂商面临的需求曲线为 $Q=200-4P$。

(1) 一般情况下垄断者出售 120 单位产品的总收益为多少?

(2) 如果垄断者实行一级价格歧视,则垄断者的收益为多少?它依靠此项政策攫取的消费者剩余为多少?

(3)* 如果垄断者实行二级价格歧视,对前 80 个单位的商品定价为 30 元,超过的 40 个单位定价为 20 元,那么垄断者依靠此项政策攫取的消费者剩余为多少?

11. ** 某垄断者的产品在两个分割的市场出售,产品的成本函数为 $TC=0.1Q^2+10Q$,两个分割的市场的需求函数分别为:$Q_1=500-2P_1$,$Q_2=500-3P_2$。

(1) 假设两个市场能实行差别价格,求利润极大时两个市场的售价、销售量和垄断利润。

(2) 假如两个市场只能定相同的价格,求利润极大时的价格、两个市场的销售量和垄断利润。(提示:第一题用偏导数的方法,产品数量可细分,结果保留小数点后两位。)

答 案

1. 解:(1) 从上而下,TR 列:19、36、51、64、75、84、91;MR 列:19、17、15、13、11、9、7;ATC 列:25、20、50/3、29/2、13、37/3、87/7;MC 列:25、15、10、8、7、9、13。

(2) 略。

(3) 产量为 6 时,$MC=MR$,利润最大。利润 $=TR-TC$

= 84 − 74 = 10。

(4) 完全竞争厂商的长期价格等于平均成本的最低点,价格为 37/3。

2. 解:(1) 利润最大化产量为 5。

(2) 价格约为 17,平均成本为 16,利润为 $5 \times (17-16) = 5$。

(3) 完全竞争厂商的长期价格等于平均成本的最低点,即价格为 16。

3. 解:需求价格弹性 $E = \dfrac{\Delta Q}{\Delta P} \times \dfrac{P}{Q} = \dfrac{-2\,000}{(P+1)^3} \cdot \dfrac{P(P+1)^2}{1\,000} = -\dfrac{8}{5}$。

4. 解:边际收益与价格、需求价格弹性之间存在以下联系:$MR = P\left(1 + \dfrac{1}{E}\right)$,$E$ 为负值。

(1) $MR = P\left(1 + \dfrac{1}{E}\right) = 15 \times \left(1 - \dfrac{1}{3}\right) = 10$。

(2) 在均衡点,$MR = MC$,$P^* = MC\left(\dfrac{E}{E+1}\right) = 45$。

5. 解:(1) 垄断厂商的收益 $TR = PQ = (600 - 0.125Q)Q = 600Q - 0.125Q^2$。

边际收益 $MR = 600 - 0.25Q$。

(2) 产品的需求价格弹性 $E = \dfrac{\Delta Q}{\Delta P} \times \dfrac{P}{Q} = -1$。

$$-(-8)P = 4800 - 8P$$
$$P = 300$$

(3) 利润最大化的必要条件 $MC = MR$。

$$0.003Q^2 - 0.9Q + 380 = 600 - 0.25Q$$
$$Q = 400$$

垄断厂商的产量为 400,产品价格为 550。

净利润 = $TR - TC$

$$= (600Q - 0.125Q^2) - (0.001Q^3 - 0.45Q^2 + 380Q + 10\,000)$$
$$= 220\,000 - 154\,000$$
$$= 66\,000$$

6. 解：垄断厂商在边际收益等于边际成本处决定产量。其总收益用价格乘以产量得到，边际收益就可通过相邻百桶产量间的差求得，这样当边际成本和边际收益均为1时，利润最大，此时价格为每一百桶6万元，总利润为 $6 \times 6 - 21 = 15$（万元）。

7. 解：(1) 未征消费税时，垄断厂商的 $MC = 10$。

均衡条件：$MC = MR = 20 - 0.4Q$。

得出：$Q = 25, P = 15$。

开征消费税后，厂商的 $MC = 10 + 2 = 12$。

均衡条件：$MC = MR = 20 - 0.4Q$。

得出：$Q = 20, P = 16$。

征税使得商品价格上升了1元。

(2) 未征消费税时，厂商的利润 $\pi = 25 \times (15 - 10) = 125$。

开征消费税后，厂商的利润 $\pi = 20 \times (16 - 12) = 80$。

征税使得利润减少了45元。

商品价格上升，消费者剩余减少了 $\left(\dfrac{25+20}{2}\right) \times 1 = 22.5$。

政府的税收为 $2 \times 20 = 40$。

福利净损失为 $45 + 22.5 - 40 = 27.5$。

8. 解：利润最大化的必要条件 $MC = MR$。
$$MR = MC = 0.3Q^2 - 6Q + 100 = 340$$
$$TR = TC + \pi = 8\,100 + 1\,000 = 9\,100$$
$$P = TR/Q = 9\,100/40 = 227.5$$

9. 解：根据变动前的条件：$TC = 0.1Q^3 - 3.1Q^2 + 60Q + 200$，$TR = 150Q - 0.1Q^2$。

由厂商利润最大化的目标可确定变动前的产量和利润。
$$MC = MR$$

$$0.3Q^2-6.2Q+60=150-0.2Q$$
$$0.3Q^2-6Q-90=0$$
$$Q=30$$
$$\pi=TR-TC=4\,410-1\,910=2\,500$$

(1) 需求增加后的 $TR=300Q-0.1Q^2$，MR 也相应变化了。利润最大化的必要条件 $MC=MR$。

$$0.3Q^2-6.2Q+60=300-0.2Q$$
$$0.3Q^2-6Q-240=0$$
$$Q=40$$
$$\pi=TR-TC=11\,840-4\,040=7\,800$$

(2) 固定成本的提高使 TC 发生变化，不影响 MC 的大小。MR 和 MC 都未变。所以均衡产量仍然是 $Q=30$。

$$\pi=TR-TC=4\,410-2\,410=2\,000$$

(3) 变动成本的提高使 MC 发生变化，$MC=0.3Q^2-6.2Q+150$。

$$0.3Q^2-6.2Q+150=150-0.2Q$$
$$0.3Q^2-6Q=0$$
$$Q=20$$
$$\pi=TR-TC=2\,960-2\,760=200$$

10. 解：(1) 一般情况下，垄断厂商的收益 $TR=QP$。当厂商售出 120 个单位的时候，产品单价为 20。$TR=2\,400$。此时消费者获得的消费者剩余为 1 800。

(2) 当厂商实行一级价格差别时，厂商对消费者个别定价，厂商向消费者索取的价格是消费者愿意支付的最高价格，等于消费者对商品的总效用。

根据需求曲线，可知在 $Q=120$ 时，消费者的总效用为：

$$TU=\frac{1}{2}(20+50)\times120=4\,200$$

垄断厂商的收益 $TR=4\,200$。

厂商利用一级价格差别,攫取了全部的消费者剩余1 800。

(3) 当厂商实行二级价格差别时

$$TR=30\times 80+20\times 40=3\,200$$

厂商攫取的消费者剩余为 $3\,200-2\,400=800$。此时消费者获得的消费者剩余为1 000。

11. 解:(1) $\pi=TR-TC= Q_1P_1+ Q_2P_2-0.1(Q_1+Q_2)^2-10(Q_1+Q_2)=(500-2P_1)\times P_1+(500-3P_2)\times P_2-0.1(1\,000-2P_1-3P_2)^2-10(1\,000-2P_1-3P_2)$。

π 关于 P_1 的偏导数等于零:$920-4.8\,P_1-1.2P_2=0$。

π 关于 P_2 的偏导数等于零:$1\,130-1.2\,P_1-7.8\,P_2=0$。

联立以上的等式可以得到 $P_1= 161.67$ $P_2=120$。

相应地可以得出两个市场的销售量:$Q_1=500-2P_1=176.67$。

$$Q_2=500-3P_2=140$$

$$\pi=TR-TC=45\,362.23-13\,194.69=32\,167.54$$

(2) 若两个市场只能定相同的价格:$P_1=P_2= P$。

两个市场可以看作是一个大市场 $Q=1\,000-5P$。

$\pi=TR-TC =(1\,000-5P)P-0.1(1\,000-5P)^2-10(1\,000-5P)$

π 关于 P 的导数等于零:$2\,050-15P=0$。

$$P=136.67$$

$$Q_1=500-2P=226.67$$

$$Q_2=500-3P =90$$

$$\pi=TR-TC=43\,279.29-13\,194.69=30\,084.6$$

在实行统一价格的情况下,垄断厂商的利润要少于分别定价情况下的利润。

问答题

1. 为什么完全垄断市场要强调"该厂商的产品没有非常类似

的替代品"？教材中关于需求交叉弹性一节里杜邦公司案例说明了什么？

2. 垄断厂商为什么不会选择总收益最大化的产量？

3. 垄断厂商总能保持盈利吗？

4. 什么是自然垄断？

5. 垄断厂商为什么没有供给曲线？

6. 假设某一著名旅游风景区对国内游客的票价定为 20 元，而对国外游客的票价定为 40 元,请问：

(1) 这里是实行了哪一种差别价格？

(2) 实行这种差别定价运用了哪些前提条件？

7. 为什么实施三级差别价格时要根据两个市场中边际收益相等的原则来分配各市场中的销售量？

答　案

1. 答：完全垄断市场说的是一家厂商独家经营因而对整个市场具有控制力的情况，如果有另外一家厂商也能提供相似的替代品,那么,这个市场就不再是独家垄断的,该厂商的垄断地位就不能维持。杜邦公司的案例说明,在反垄断诉讼实践中,被诉讼者是否能够被判为垄断者,关键是要看其产品是否有较好的替代品,如果有,就不能认为其是垄断者。杜邦公司列举出自己产品玻璃纸只是柔性包装材料的一种,其他包装材料例如蜡纸、铝箔等都是玻璃纸的替代品,因而胜诉。而这些产品的替代性则是以它们对玻璃纸的需求交叉弹性来证明的。

2. 答：在垄断厂商具有向右下降的需求曲线时,边际收益与总收益曲线是分离的。根据总收益与边际收益之间的关系,厂商收益最大化时,其边际收益为零。厂商利润最大化要求边际收益等于边际成本。由于边际成本不会等于零,所以利润最大化产量也不会在边际收益为零,即总收益为最大的产量上。

3. 答：垄断厂商并不能总是保持盈利,能否获得净利润主要取决于市场需求。如果市场需求比较旺盛,需求者能够接受高于平均成本的价格,该厂商便能获得净利润。如果需求者只能接受低于平均成本的价格,该厂商便会亏损。出现亏损后在短期内厂商既有可能继续生产,也有可能停止生产。在短期内,如果价格低于平均成本,但高于平均变动成本,厂商可能继续生产。但是如果价格低于平均变动成本,厂商就不会生产。这时它会考虑采取一系列行动,推动需求。例如做广告,提高产品质量等。如果这一系列行动产生了效果,需求增加了,需求者愿意接受的价格高于平均成本,厂商就能获得净利润。如果这一系列行动的效果不明显,价格低于平均成本的局面无法扭转,厂商就会采取长期行为。如果该厂商破产了,就意味着它退出该行业,该行业就会消失。

4. 答:如果在相关产量范围内,单个厂商就能够提供整个行业所需要的产量,而且成本小于多个厂商中的任何一个,这个行业就叫做自然垄断行业。因为如果同时存在多个厂商,成本反而更高,这种行业天然适合于独家经营。

5. 答:完全垄断厂商的供给比较复杂,几乎没有规律可循。在完全垄断条件下,供给量与价格之间不存在一一对应的关系。这一点与完全竞争不同。在完全竞争下,由于厂商总是根据价格等于边际成本的原则决定产量,所以价格与产量的结合点总是处在边际成本曲线上,边际成本曲线也就成为厂商的短期供给曲线。但是在完全垄断厂商那里,价格不等于边际收益,边际收益等于边际成本的原则与价格不直接联系,所以表示价格与产量对应关系的边际成本曲线不能成为其供给曲线。

6. 答:(1) 这里实行的是三级差别价格。

(2) 实行这种差别价格策略,运用的是以下条件:

第一,这是一个独一无二的旅游点,具有垄断地位,没有替代品。

第二,市场可以分开。这里分割市场的依据是是否是外国人。这可以从国籍、相貌、语言来判断。由于这些特征容易把握,所以市场可以有效地区分开。

第三,两个市场有不同的需求价格弹性。外国人远道而来,风景点对他们有更大吸引力,而且他们的收入高,支付能力强,价格高一点,不会妨碍他们的游兴。

7. 答:在成本既定的情况下,总收益越高则利润越高,所以厂商在销售时要争取总收益最大化。而两个市场中边际收益相等是总收益达到最大化的必要条件。如果两个分市场上边际收益不相等,势必一个市场的边际收益高,而另一个市场上的边际收益低。比如两个分市场分别是 A 市场和 B 市场。如果 A 市场的边际收益高而 B 市场的边际收益低,那么,在 A 市场增加销售量而在 B 市场减少销售量可以增加总收益。因为这时 A 市场增加一单位产量所增加的收益(即边际收益)大于 B 市场减少一单位产量所减少的收益(即边际收益)。增加的收益大于减少的收益,总收益一定是增加的。换一句话,如果两个分市场的边际收益已经达到相等,如果改变两个分市场的销售量,例如减少 A 市场的销售量而增加 B 市场的销售量,则有 A 市场因为减少销售量而减少的收益大于 B 市场因增加销售量而增加的收益。减少的大于增加的,总收益自然会减少。其根本原因在于边际收益曲线是向右下方倾斜的,数量少时边际收益高,数量大时边际收益低。销售量减少时(数量由多到少)引起的边际收益高,而销售量增加时(数量由少到多)引起的边际收益低。

第九章
垄断竞争市场产量和价格的决定

概 要

1. 垄断竞争市场是既有垄断性又有竞争性的市场。竞争是因为同一个行业中有许多厂商,它们生产的产品都是可替代的,各个厂商之间构成竞争;垄断是因为同行业中各个厂商的产品有差别,每个厂商可能拥有自己独特的客户群。

2. 垄断竞争厂商的需求曲线要考虑两条。因为各个厂商的产品可以替代,单个厂商有理由把自己面临的需求曲线设想为富有弹性的,这是主观需求曲线。又因为各个厂商的产品具有替代性,单个厂家降价会引起其他厂商降价,结果各个厂商只能有限地扩大销售量,所以有一条较为缺乏弹性的实际需求曲线。

3. 垄断竞争厂商的短期均衡通常是在价格竞争过程中实现的。只要代表性厂商的销售量尚未达到最大利润要求的数量,就存在降价促销的动力。单个厂商的率先降价会引起价格轮番下降,直到通过降价促销,销售量达到满足 $MR=MC$ 的条件为止。

4. 在短期均衡时,厂商的产量达到满足 $MR=MC$ 条件的产量,但是是否有盈利则要看需求曲线与平均成本之间的关系。

5. 在长期均衡时,厂商需求曲线与平均成本曲线相切,净利润为零。长期均衡是通过厂商进入或退出的调整过程来实现的。垄断竞争厂商达到长期均衡时,均衡产量小于长期平均成本最低点对应的产量,价格高于长期平均成本最低点对应的价格。

6. 产品变异是垄断竞争厂商之间非价格竞争的常见方式之

一。产品变异可以有不同方向,迎合消费者需要,并且成本适当是产品变异成功的关键。

7. 增加销售支出或做广告是另一种常见的非价格竞争方式。

基本概念

垄断竞争　垄断竞争厂商的需求曲线　垄断竞争厂商的短期均衡　垄断竞争厂商的长期均衡　产品变异

选择题

1. 垄断竞争只在哪个方面与完全竞争不同？　　　　（　　）
   A. 行业中的企业数目　　B. 产品差异
   C. 进入障碍　　　　　　D. 规模经济

2. 在图 9-1 中,在长期,垄断竞争者　　　　　　　　（　　）
   A. 比完全竞争更有效率
   B. 比完全竞争效率更低
   C. 和完全竞争效率相同
   D. 无法判断

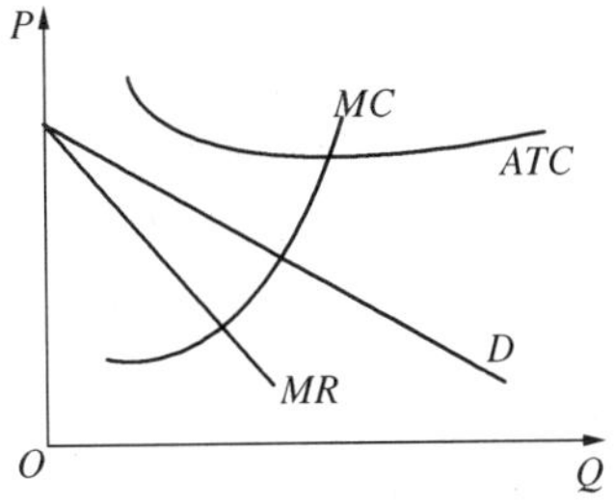

3. 在长期,垄断竞争将　（　　）
   A. 盈利　　B. 亏损　　C. 破产

图 9-1

4. 产品差别产生于　　　（　　）
   A. 只有当产品之间存在物理性差别时
   B. 只有当产品之间不存在物理性差别时
   C. 不管产品之间是否存在物理性差别
   D. 只有当产品之间存在质量差别时

5. 垄断厂商短期均衡时,　　　　　　　　　　　　（　　）
   A. 一定能获得超额利润
   B. 厂商一定不能获得超额利润
   C. 只能得到正常利润

D. 取得超额利润,发生亏损和获得正常利润三种情况都可能发生

6. 垄断竞争市场上厂商的短期均衡发生于 （ ）
A. 边际成本等于实际需求曲线中产生的边际收益时
B. 平均成本下降时
C. 主观需求曲线与实际需求曲线相交,并有边际成本等于主观需求曲线中产生的边际收益时
D. 主观需求曲线与平均成本相切时

7. 垄断竞争厂商长期均衡时,一定是 （ ）
A. 价格等于长期平均成本
B. 主观需求曲线与实际需求曲线相交与均衡产量上
C. 边际收益等于长期边际成本
D. 以上都是

8. 垄断竞争长期均衡 （ ）
A. 可以在价格高于平均成本时实现
B. 可以在长期平均成本上升阶段实现
C. 是零利润均衡
D. 一定在长期平均成本最低点实现

9. 在垄断竞争市场上, （ ）
A. 有无数厂商生产同样的产品
B. 有许多厂商生产同类产品
C. 有少数厂商生产同类产品
D. 有少数厂商生产同样产品

10. 以下除（ ）外,都是垄断竞争实现均衡的途径。
（ ）
A. 产品差别化
B. 增加销售和广告力度
C. 调整价格确定适度产量
D. 实施差别价格

11. 假定垄断竞争厂商拥有斜率较小的需求曲线所使用的假定是 ( )
A. 各个厂商的行为没有影响
B. 其他厂商降价在先
C. 竞争对手总是跟着自己降价
D. 其他厂商总是维持原价

12. 以下哪种产品不属于垄断竞争市场的产品? ( )
A. 汽车　　　B. 内衣　　　C. 感冒药　　　D. 牙膏

13. 某利润最大化的垄断竞争厂商的利润正好为零。那一定是 ( )
A. 需求缺乏弹性
B. 边际收益大于边际成本
C. 价格等于边际成本
D. 平均总成本大于边际成本

14. 在垄断竞争厂商长期均衡点上,长期平均成本曲线处于 ( )
A. 上升阶段　　　　　　B. 下降阶段
C. 水平阶段　　　　　　D. 以上三种情况都可能

15. 图9-2描绘了一个垄断竞争企业的需求、边际收益、边际成本和平均成本曲线。当利润最大化时,价格和产量将分别定在点 ( )
A. D、A　　　B. P、B
C. E、A　　　D. P、A

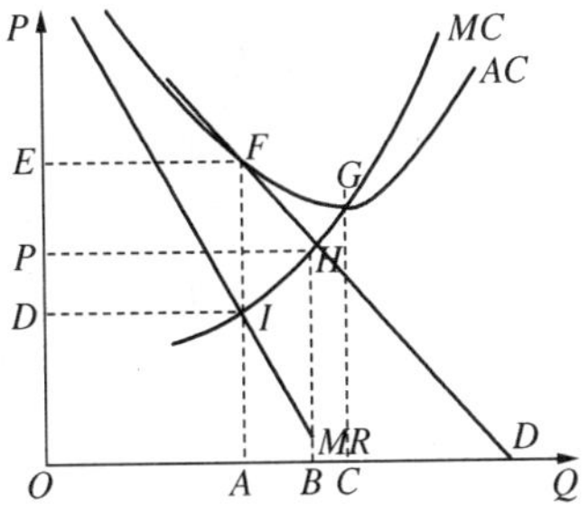

图 9-2

16. 完全竞争和垄断竞争的重要相同点是 ( )
A. 长期当中价格等于长期平均成本
B. 产品异质的程度

C. 长期平均成本曲线上利润最大化的点是相同的

D. 以上都不对

17. 完全竞争和垄断竞争的主要区别是　　　　　　　　（　）

A. 产品异质的程度

B. 市场当中厂商的数目

C. 长期中厂商获得的利润

D. 以上都是

18. 垄断和垄断竞争之间的主要区别是　　　　　　　　（　）

A. 前者价格高于边际成本,后者没有

B. 前者厂商的需求曲线和市场需求曲线是一致的,后者不是

C. 前者拥有市场力量,后者没有

D. 以上全对

19. 当发生以下哪种情况时,厂商有可能会进入一个行业？

（　）

A. 该行业存在超额利润

B. 规模经济不构成一个主要的进入障碍

C. 该行业的主要资源不被现存的厂商所控制

D. 以上全对

20. 任一不完全竞争市场的本质特征是单个企业的（　）

A. 需求曲线向下倾斜

B. 边际收益大于索要价格

C. 在产出超过一定数量以后,平均成本曲线下降

D. 在产出超过一定数量以后,平均成本曲线上升

21. 如果一个厂商的边际收益大于边际成本,则利润最大化法则要求厂商　　　　　　　　　　　　　　　　　　（　）

A. 在完全竞争和不完全竞争条件下都扩大产量

B. 在完全竞争下扩大产量,而在不完全竞争下并不如此

C. 在不完全竞争下扩大产量,而在完全竞争下并不如此

D. 在完全竞争和不完全竞争条件下都减少产量

22. 如果一个具有某种垄断地位的厂商达到了均衡点,则价格 （ ）
   A. 一定小于边际成本
   B. 一定等于边际成本
   C. 一定大于边际成本
   D. 以上都不对

23. 一利润最大化厂商的边际收益可以等于价格, （ ）
   A. 只有在行业是垄断竞争时
   B. 只有在行业是垄断时
   C. 只有当行业是完全竞争时
   D. 当销售量增加伴随着总收益增加时

24. 如果一厂商产出的市场价格高于边际成本,利润最大化法则要求厂商 （ ）
   A. 在完全竞争和不完全竞争时都扩大产量
   B. 在完全竞争下扩大产量;但在不完全竞争时未必如此
   C. 在不完全竞争下扩大产量;但在完全竞争时未必如此
   D. 在完全竞争和不完全竞争时都减少产量

答 案

1. B. 2. B. 3. A. 4. C. 5. D. 6. C. 7. D. 8. C. 9. B. 10. D. 11. D. 12. A. 13. D. 14. B. 15. C. 16. A. 17. A. 18. B. 19. D. 20. A. 21. A. 22. C. 23. C. 24. B.

判断题

1. 垄断竞争厂商长期均衡时,主观需求曲线一定与实际需求曲线相交于 $MR=MC$ 的产量上。 （ ）

2. 垄断竞争厂商在对应于 $MR=MC$ 的产量上,实际需求曲线与长期平均成本曲线相切是必然的。 （ ）

3. 产品差别必须是功能、外观、质量等方面实实在在的差别。
（　）

4. 垄断竞争长期均衡与完全竞争的一样，都是零利润均衡，因此垄断竞争市场的价格也是最低的。（　）

5. 完全竞争市场中厂商之间的竞争比垄断竞争更激烈。
（　）

6. 产品差别越大，价格差别也越大。（　）

7. 实施产品差别化策略，有利于摆脱价格战。（　）

8. 垄断竞争创造出的多样化产品以满足消费者的需要可能是一种福利的改进。（　）

9. 垄断竞争相比较于完全竞争存在福利损失。（　）

10. 消费者会偏好于消费多种产品，因此垄断竞争仍有其存在的必要性。（　）

答　案

1. 正确。

2. 正确。需求曲线与长期平均成本曲线相切是长期均衡的特征，是由厂商进入或退出机制形成的。只有在相切状态下，利润为零，进入或退出的变动才会停止。MR＝MC 是厂商达到均衡的要求。在产量达到 MR＝MC 时，厂商达到利润最大化，但是由于实际需求曲线与长期平均成本曲线相切点对应于 MR＝MC 的产量，这时利润最大化的含义恰恰是净利润为零。

3. 错误。产品差别可以是看得见的，客观的，也可以是存在与消费者心目中的。

4. 错误。虽然垄断竞争长期均衡与完全竞争的一样，都是零利润均衡，但是由于垄断竞争厂商的需求曲线是向右下方倾斜的，与平均成本曲线相切于平均成本下降处，不在它的最低点。因此与平均成本相等的价格也高于完全竞争市场的价格。

5. 错误。分析见本习题集第八章判断题第 4 题。

6. 正确。一般来说某种产品与同类产品差别越大,厂商就越具有垄断地位。因为其他产品对该产品的替代性下降。若该产品提高价格,它的需求不至于显著减少。相反,若产品差别甚小,其他产品就成为该产品较好的替代品,一旦该产品价格上升,需求就会明显减少。

7. 正确。参见第 6 题。

8. 正确。

9. 正确。

10. 正确。

计算题

1. 根据图 9-3,(1) 这个垄断竞争者的利润是多少?请在图上标出。

(2) 这个企业是在短期还是在长期运行?为什么?

(3) 画出长期垄断竞争者的均衡图形。

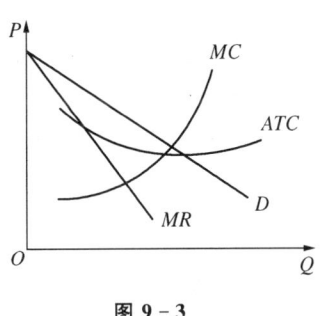

图 9-3

2. 在垄断竞争市场中,有一厂商,其短期成本函数为 $STC = 0.001Q^3 - 0.036Q^2 + 35.5Q + 100$,厂商主观认为每降低产品价格 1 元,可以增加 500 个单位的销售量。而实际上厂商的需求曲线为 $Q = 4\,000 - 100P$。求:

(1) 厂商的短期均衡产量和产品的均衡价格是多少?

(2) 厂商的获利情况怎样?

3. 在长期的垄断竞争市场,某个厂商的成本函数为 $LTC = 0.001Q^3 - 0.45Q^2 + 100Q$。该厂商的实际需求函数为 $Q = 400 - 4P$。求:

(1) 厂商的均衡产量和产品的均衡价格。

(2) 长期均衡时,厂商的主观需求曲线的方程。

4. 一个长期垄断竞争市场,厂商的主观需求曲线为 $Q=A-40P$,A 为待定值。厂商的成本函数为 $LTC=0.001Q^3-0.425Q^2+85Q$。

(1) 求厂商的均衡产量和产品的均衡价格。

(2) 若 P 提高到 500 元时,产品的市场需求为零,那么厂商的实际需求曲线的方程是怎样的?(假设它是一条直线)

5. 有两家生产厂商,其产品是同类的,可以相互替代,但是又有差别,他们形成了垄断竞争关系。厂商面临的需求曲线分别为:$Q_1=444-4P_1+2P_2$,$Q_2=438+P_1-2P_2$。厂商的成本函数为:$C_1=54Q_1+80$,$C_2=81Q_2+20$。这两家厂商都以对手的价格给定为前提来决定自己的产品价格。求市场均衡时厂商各自的价格和产量。

6. 两家企业的产品互相竞争,他们又是自己产品的垄断者。他们面临的需求曲线分别为:$P_1=28-2Q_1-2Q_2$,$P_2=22-2Q_1-3Q_2$。他们的成本函数为:$C_1=4+2Q_1^2$,$C_2=8+Q_2^2$。这两家企业都以对手的产量给定为前提来决定自己的产量。求市场均衡时这两家企业各自的价格和产量。

答　案

1. 解:(1) 略。

(2) 在短期。厂商获得严格为正的利润,还有企业进入的可能性。

(3) 略。此时需求曲线同 ATC 曲线相切。

2. 解:(1) 设厂商的主观需求曲线为 $Q=A-500P$,A 为待定值。

在垄断竞争市场,厂商的主、客观需求曲线相交于均衡点,即 $Q=4\,000-100P=A-500P$,或

$$P=40-0.01Q=0.002A-0.002Q \qquad (1)$$

另外,在均衡点上还满足:由主观需求曲线确定的 MR 等

于 MC

$$TR = Q(0.002A - 0.002Q)$$
$$MR = 0.002A - 0.004Q$$
$$MC = 0.003Q^2 - 0.072Q + 35.5$$

即 $0.002A - 0.004Q = 0.003Q^2 - 0.072Q + 35.5$。 (2)

联立(1)、(2)式两式,得出 $Q = 50, P = 39.5$。

(2) $TR = Q \cdot P = 1\,975$

$TC = 0.001Q^3 - 0.036Q^2 + 35.5Q + 100 = 1\,910$

在短期均衡点,该厂商的总收益大于总成本,获得净利润为:

$$\pi = TR - TC = 65$$

3. 解:(1) 在垄断竞争市场,厂商的实际需求曲线与长期平均成本曲线相交于长期均衡点。即

$$LAC = P = 100 - 0.25Q$$
$$0.001Q^2 - 0.45Q + 100 = 100 - 0.25Q$$

得出: $Q = 200, P = 50$。

(2) 厂商的主观需求曲线与长期平均成本曲线相切于长期均衡点。

在长期均衡点,LAC 曲线的切线斜率 $\dfrac{\mathrm{d}LAC}{\mathrm{d}Q} = 0.002Q - 0.45 = -0.05$。

主观需求曲线方程为:$(P - 50) = -0.05(Q - 200)$。

即 $P = 60 - 0.05Q$。

4. 解:(1) 在垄断竞争市场的长期均衡点,LAC 曲线与厂商的主观需求曲线相切,主观需求曲线 $P = 0.025A - 0.025Q$。

LAC 曲线的切线斜率 $\dfrac{\mathrm{d}LAC}{\mathrm{d}Q} = \dfrac{\mathrm{d}(0.001Q^2 - 0.425Q + 85)}{\mathrm{d}Q} = 0.002Q - 0.425$。

在均衡点 $\dfrac{\mathrm{d}LAC}{\mathrm{d}Q} = -0.025$,即 $0.002Q - 0.425 = -0.025$。

得出 $Q = 200, P = 40, A = 1\,800$。

(2) 实际需求曲线为一直线,当 $P=40$ 时,$Q=200$;当 $P=500$ 时,$Q=0$。

已知两个点的坐标,可以确定直线方程。

$$P-40=K(Q-200)$$

$$K=\frac{40-500}{200-0}=-2.3$$

所以,实际需求曲线方程为 $P=500-2.3Q$。

5. 解:两家厂商在市场竞争中都追求利润的最大化,他们的利润函数为:

$$\pi_1=P_1Q_1-C_1$$
$$=(P_1-54)(444-4P_1+2P_2)-80$$
$$\pi_2=P_2Q_2-C_2=(P_2-81)(438+P_1-2P_2)-20$$

市场均衡条件为:偏导数 $\frac{\partial \pi_1}{\partial P_1}=660-8P_1+2P_2=0$。

偏导数 $\frac{\partial \pi_2}{\partial P_2}=600+P_1-4P_2=0$。

解得 $P_1=128$,$P_2=182$。代入需求函数,得 $Q_1=296$,$Q_2=202$。

6. 解:两家企业的利润函数为:

$$\pi_1=P_1Q_1-C_1=(28-2Q_1-2Q_2)Q_1-4-2Q_1^2$$
$$\pi_2=P_2Q_2-C_2=(22-2Q_1-3Q_2)Q_2-8-Q_2^2$$

他们在市场竞争中都追求利润的最大化,市场均衡条件为:

$$偏导数=\frac{\partial \pi_1}{\partial Q_1}=28-2Q_2-8Q_1=0$$

$$\frac{\partial \pi_2}{\partial Q_2}=22-2Q_1-8Q_2=0$$

解得 $Q_1=3$,$Q_2=2$。代入需求函数,得 $P_1=18$,$P_2=10$。

问答题

1. 为什么说垄断竞争厂商兼有垄断和竞争两种因素?

2. 对比分析垄断竞争市场与完全竞争市场长期均衡。

3. 是否在价格高时,容易导致垄断厂商之间的价格竞争?

4. 为什么在分析垄断竞争厂商均衡时总是让主观需求曲线与实际需求曲线相交?

5. 垄断竞争厂商进行价格竞争时,随着价格一轮一轮地降低,主观需求曲线一步一步向下方移动,边际收益曲线也会因此变动吗? 这会带来什么影响?

6. 为什么说垄断竞争存在浪费和无效率? 哪些方面的因素部分抵消了这些缺陷?

答　案

1. 答:垄断竞争厂商生产的产品相互之间有很强的替代性。一家厂商产品价格提高,会失去一定数量的消费者。需求曲线的斜率(绝对值)较小,需求曲线较平坦。但是垄断竞争厂商的产品又具有异质性的特点,这保证了厂商面对的需求曲线具有负的斜率,它意味着,如果价格提高的话,不会失去所有购买者;如果增加产量,其价格必须相应地降低。这一性质类似于垄断。

2. 答:垄断竞争行业厂商长期均衡价格和产量虽然也是该厂商的产品需求曲线与长期平均成本曲线相切之点的价格和产量,但由于这一切点不可能像完全竞争厂商长期均衡点那样在长期平均成本最低点,而在长期平均成本曲线最低点左边那段向下倾斜的某个地方,因此垄断竞争厂商的长期均衡产量低于完全竞争厂商长期均衡产量,价格则高于完全竞争厂商长期均衡价格。这就是说,与完全竞争相比,垄断竞争至少导致较少产量,消费者支付较高价格,但生产者并未得到更多利润,因为较少产量的平均成本也较高。此外,垄断竞争者之间开展的广告战也导致较高的成本和价格。因此,从整个社会看,与完全竞争比较,垄断竞争行业各个厂商使用的设备规模小于最优规模,这样的设备规模提供的产量的平均成本大于该设备的最低平均成本。这意味着生产资源未能得到充分利用,存在过剩的生产能力。对于社会来说是资源的浪费。然而由垄断竞争造成的这种浪费,是由产品的差别化造成的,产品的差别化又满足了人们消费多样化的要求。垄断竞争下的较高的价格可以看作是多样化的代价。

3. 答:一般是的。价格较高时,需求价格弹性也较大(这一点在有关需求价格弹性的部分已经说明)。而且因为价格较高,有较大的降价空间。一旦个别厂商率先降价,其他厂商也会跟着降价,由此引起价格竞争甚至价格战。但是价格战一旦发起,常常难以收场。因为如果别的厂商继续降价,自己不降价就卖不出产品。

4. 答:主观需求曲线与实际需求曲线是人们分析垄断竞争厂商行为的工具。当一轮降价过程结束后,率先降价的厂商便会认识到降价的结果不像预期的那样大幅度地增加销售量,而是比例于市场份额有限地增加了销售量。它所处的价格与销售量的组合点正是在实际需求曲线上,它的主观需求曲线必须建立在这条曲线上。这就表现为两条需求曲线相交。

5. 答:在价格竞争过程中,伴随价格下降,主观需求曲线一步一步向下方移动,边际收益曲线也会因此相应地向下移动。这会导致边际收益曲线与不变的边际成本曲线的相交点向左下方移动。即边际收益曲线与边际成本曲线相交点对应的产量逐渐减小,也就是厂商的目标产量在逐渐减小。在价格竞争过程中,一方面,价格竞争推动了产量或销售量增加,一方面引起目标产量的减小,即实际产量或销售量与目标产量之间的距离不断减小,以至于最终达到一致,即达到均衡。这时厂商不再有动力扩大销售量。

6. 答:每一个垄断竞争厂商都在达到长期平均成本最低点之前达到利润最大化产量。与平均成本最低点的产量相比,产量过小,生产能力浪费了,效率不够高。但是众多的厂商生产的产品不尽相同,这种产品的差别化满足了消费多样化的要求。

第十章
寡头垄断市场产量和价格的决定

概　要

1. 寡头垄断市场是只有少数几家大厂商生产或销售某种产品的市场,每一个寡头在行业中占有相当大的份额。一家寡头的竞争性行动会影响其他几家的产量和利润。因此每一家厂商在做出决策时,必须把竞争对手的决策考虑在内。

2. 寡头垄断市场难以构造一般的均衡模型。根据不同假定,有不同的价格决定方式。

3. 古诺模型是最早出现的寡头垄断模型。该模型假定,某寡头行业中只有两家厂商,它们生产同一种产品,且有相同成本函数(边际成本为零)。两家都能及时了解市场需求,他们在决定自己产量时都以为竞争对手不会改变原有产量,然后按利润最大化产量生产。结果,各自的产量都等于市场最大需求量的 1/3,两家厂商的总产量等于市场最大需求量的 2/3。如果该行业有 n 个厂商,则每个厂商的均衡产量为市场最大需求量的 $1/(n+1)$,总产量则为市场最大需求量的 $n/(n+1)$。

4. 弯折需求曲线模型假设寡头厂商认为自己涨价时,其他厂商不会跟随涨价。因此涨价时,会明显失去销售量,即涨价时有较大的需求价格弹性。自己降价时,其他厂商会跟随降价,销售量只能有限地增加,故降价时有较小的需求价格弹性,因此需求曲线在原来价格上发生弯折。因为需求曲线弯折,边际收益曲线在需求曲线弯折点断开,就为成本变动而不改变价格留下余地。

5. 卡特尔是同一行业内各厂商之间通过对有关价格、产量和市场划分等事项达成的明确协议。

6. 价格领导是通过某种默契进行定价的一种方式。可以是低成本厂商具有领导地位,也可以是大厂商具有领导地位。其他厂商根据领导厂商的价格制定自己产品的价格。

7. 寡头市场上厂商之间的行为相互影响,相互作用。某个寡头做出决策时,必须考虑对手怎么做了。这种关系可以描述为博弈。博弈论是描述和研究理智的行为主体之间相互影响相互作用的一种决策理论。所有参与者一经选定就不再改变决策的状态叫做博弈均衡。

基本概念

寡头垄断市场　相关决策　古诺模型　张伯伦模型　卡特尔　价格领导　弯折需求曲线模型　对策论(博弈论)　纳什均衡　优势策略均衡　成本加成定价

选择题

1. 寡头垄断厂商的产品是　　　　　　　　　　　　　(　　)
   A. 同质的
   B. 有差异的
   C. 即可以是同质的,也可以是有差异的
   D. 以上都不对

2. 要得到古诺模型的均衡,必须假定　　　　　　　　(　　)
   A. 该行业中只有两个厂商
   B. 每个双头垄断者都假定对方价格保持不变
   C. 边际成本为零
   D. 以上都不对

3. 卡特尔制定统一价格的原则是　　　　　　　　　　(　　)
   A. 使整个卡特尔的利润最大

第十章　寡头垄断市场产量和价格的决定

B. 使整个卡特尔的成本最小

C. 使整个卡特尔的产量最大

D. 使各厂商的利润最大

4. 卡特尔利润最大化的条件是　　　　　　　　　　　（　　）

A. 使每个厂商的边际收益等于行业的边际成本

B. 使每个厂商的边际成本等于行业的边际收益

C. 使每个厂商的边际收益等于它们的边际成本

D. 以上都不对

5. 在长期与完全竞争者相比,激烈竞争的寡头有　　　（　　）

A. 更低的价格和更低的利润

B. 更高的价格和更高的利润

C. 更高的价格和更低的利润

D. 更低的价格和更高的利润

6. 在价格领袖制中,中小厂商在出售它们愿意出售的一切产量以后,市场需求量与中小厂商产量的差额由支配性厂商来补足,这说明支配性厂商定价时　　　　　　　　　　　　　　（　　）

A. 首先考虑的是中小厂商的利益,让他们先出售

B. 只有让中小厂商先出售产品,才能使自己的利润达到最大化

C. 首先考虑中小厂商供给意愿,才能在实现自己利润最大化时,也让中小厂商得到合理利润

D. 以上都可能

7. 下列哪一特点在高度集中的市场上普遍存在?　　　（　　）

A. 略高于正常水平的利润

B. 超过市场平均水平的广告费用

C. 超过市场平均水平的研究和开发费用

D. 以上都是

8. 以下哪种情况是巧妙而合法地为维护寡头市场结构设置了进入壁垒?　　　　　　　　　　　　　　　　　（　　）

A. 定价低于在位厂商的成本

B. 采取只允许小部分国外商品进入国内市场的关税政策

C. 部分生产者产品差别化

D. 以上都是

9. 第 8 题中哪一个选项在作为维护寡头垄断市场的进入壁垒时是非法的？ （ ）

A. A   B. B   C. C   D. D

10. 欧佩克所代表的市场结构可以概括为 （ ）

A. 纯垄断模式

B. 不完全竞争下寡头勾结垄断模式

C. 垄断竞争模式

D. 完全竞争模式

11. 下列厂商哪个不是寡头厂商？ （ ）

A. 中石油

B. 中国移动

C. 你所在地的电话公司

D. 你所在地的自来水公司

12. 如果是大豆市场，第 10 题中的四个选项哪一个是正确的？ （ ）

A. A   B. B   C. C   D. D

13. 如果卡特尔解体，结果将会是 （ ）

A. 价格上升,产量下降

B. 价格上升,产量上升

C. 价格下降,产量上升

D. 价格下降,产量上升

14. 图 10-1 描绘了弯折需求曲线模型,回答(1)至(3)题。

(1) 在弯折需求曲线模型中,拐点 R 左右两边的需求弹性是 （ ）

A. 左边弹性大,右边弹性小

B. 左边弹性小,右边弹性大
C. 左右两边弹性一样大
D. 以上都不对

(2) 当企业的利润达到最大化是,价格和产量将分别在点（　　）

A. A, E　　B. B, F
C. C, D　　D. A, C

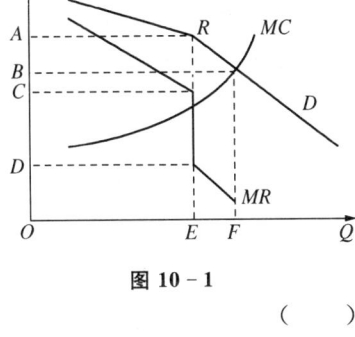

图 10-1

(3) 弯折需求曲线模型 （　　）

A. 假定一个厂商提高价格,对其他厂商不会有影响

B. 说明每个厂商愿意保持原有价格,不管其他厂商价格怎么变动

C. 说明价格为什么具有刚性,即使成本有少量变动,价格也不会轻易变动

D. 说明寡头厂商之间决策的相关性

15. 在不完全竞争条件下运作的厂商常常愿意采取成本加成定价方法,这是因为 （　　）

A. 难以得到有关边际收益和边际成本的信息

B. 担心高的定价吸引新的竞争者加入

C. 价格与最有效率的企业一致

D. 成本高价格自然也应该高

16. 根据熊彼特的看法, （　　）

A. 垄断并不一定完全缺乏效率,垄断利润可以支持研究开发

B. 垄断厂商并不能稳定地维持垄断地位

C. 厂商没有单独决定价格的权利,必须考虑需求

D. 以上都对

17. 考虑到不完全竞争的长处和短处,政策的制定应该 （　　）

A. 鼓励反竞争的商业行为

B. 容忍技术实力雄厚的大企业
C. 鼓励企业的研究开发投资
D. 以上都正确

18. 企业之间的合并有可能带来规模经济,虽然这提高了整体市场效率,却引发了市场的过度集中。市场集中的一个直接后果可能使消费者面临着较合并前更高的价格。这一想法可以由图 10-2 表示(考虑一个企业间由古诺竞争转向合并的市场过程,图中 D 是行业的需求曲线,MC 是行业的边际成本曲线),请回答(1)至(4)题。

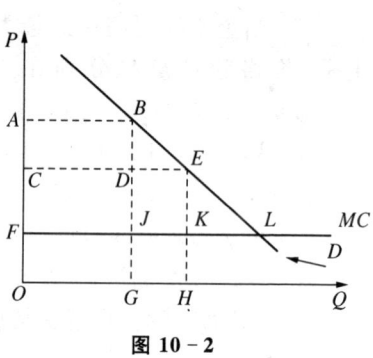

图 10-2

(1) 图中代表古诺模型下的价格和产量的点分别是　　(　　)
　A. A, G　　B. C, H　　C. F, G　　D. F, H
(2) 合并后公司利润增加的面积为　　(　　)
　A. $ABDC$　　　　　　B. $DEKJ$
　C. $ABDC - DEKJ$　　D. $ABJF - DEKJ$
(3) 合并后的无谓损失增加了面积　　(　　)
　A. BED　　　　　　B. $DEKJ$
　C. $BEKJ$　　　　　D. BJL
(4) 合并后消费者的福利损失是面积　　(　　)
　A. $ABEC$　　　　　B. $ABDC$
　C. $CELF$　　　　　D. $CEKF$

19. 图 10-3 中列出了两个企业 A 和 B 的支付矩阵,每一个企业都有两种策略可以选择,每一个企业的选择所得的支付还取决于对手的策略。每一个方格中左边的数值是企业 A 所得的支付,右边的是企业 B 所得的支付。利用图 10-3 回答(1)至(4)题。

```
              企业 B
           丙          丁
        ┌───────┬───────┐
      甲│    50 │    20 │
        │ 20    │ -20   │
企业 A   ├───────┼───────┤
      乙│   -10 │    25 │
        │ 40    │ -10   │
        └───────┴───────┘
```

图 10-3

(1) 哪一个策略是 A 的优势策略？　　　　　　　　(　　)

A. 策略甲　　B. 策略乙　　C. 策略丙　　D. 策略丁

E. 以上没有一个占有策略

(2) 哪一个策略是 B 的优势策略？　　　　　　　　(　　)

A. 策略甲　　B. 策略乙　　C. 策略丙　　D. 策略丁

E. 以上没有一个占有策略

(3) 哪个单元是优势均衡？　　　　　　　　　　　(　　)

A. 左上　　B. 右上　　C. 左下　　D. 右下

E. 以上都不是

(4) 哪个单元是纳什均衡？　　　　　　　　　　　(　　)

A. 左上　　B. 右上　　C. 左下　　D. 右下

E. 以上都不是

20. 合作均衡　　　　　　　　　　　　　　　　　(　　)

A. 当团体采取一致行动并发现策略对他们的联合支付有益时出现

B. 当企业组成卡特尔时出现

C. 是不稳定的，因为企业有协议上欺诈的动机

D. 以上都是

21. 造成不完全竞争市场的原因是　　　　　　　　(　　)

A. 平均成本在超过可能的需求量以后递减

B. 法律方面的壁垒

C. 产品差别化
D. 针对国外竞争的保护
E. 以上都是

22. 图 10-4 列出了两个企业的支付矩阵,请回答(1)、(2)两题。

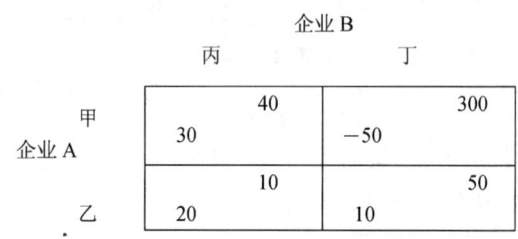

图 10-4

(1) 以下企业有占优策略   (   )
A. A 企业   B. B 企业
C. 两个企业都有   D. 两个企业都没有
(2) 纳什均衡由(   )表示   (   )
A. 左上   B. 左下   C. 右上   D. 右下

答　案

1. C. 2. D. 3. A. 4. B. 5. B. 6. C. 7. D. 8. C.
9. A. 10. B. 11. D. 12. D. 13. C. 14. (1) A.
(2) A. (3) C. 15. A. 16. D. 17. D. 18. (1) B.
(2) C. (3) C. (4) A. 19. (1) B. (2) E. (3) E.
(4) D. 20. B. 21. E. 22. (1) B. (2) D.

判断题

1. 弯折需求曲线模型意味着在寡头行业中不存在一个占支配地位的大厂商。   (   )

2. 张伯伦模型中产量与价格的均衡是通过厂商间合谋实现的。（　）

3. 博弈论有助于了解只有少数企业的市场,而无助于了解有许多企业的市场。（　）

4. 寡头市场上企业数量越多,产量和价格就越接近竞争下存在的水平。（　）

5. 寡头企业之间利己的行为必然导致相反的结果（　）

6. 在纳什均衡里,每一个人一定采取优势策略。（　）

答　案

1. 正确。

2. 错误。张伯伦模型中假定两个厂商有足够的智慧,意识到如果两家厂商团结得像独家垄断者那样便可获更高利润。产量与价格的均衡是通过厂商间这种默契实现的。

3. 正确。

4. 正确。

5. 错误。分散的竞争行为可能导致相互损害的结果,但是如果能够达成默契,利己的行为也有利于其他厂商。

6. 错误。

计算题

1. 在一个集中度较高的市场上,企业通常更容易行使市场势力(market power)从而会产生无谓损失,带来消费者剩余向生产者剩余的转移。衡量市场的集中度通常有许多不同的指标,而最著名的是赫芬因德指数(Herfindahl index)。赫芬因德指数可以分行业单独计算,假设一个行业中有 N 个企业, s_i 是第 i 个企业的市场份额(如在一段时期内,某个企业的销售额占行业总销售额的比例),赫芬因德指数就是该产业中所有企业市场份额的平方和。表10-1中的数据代表2000年和2005年某行业排名前八名企业的市场份额。

(1) 计算 2000 年和 2005 年份额占前 4 家企业的集中度(以赫芬因德指数表示),这段时间的行业有什么变化?

(2) 计算 2000 年和 2005 年份额占前 8 家企业的集中率(以赫芬因德指数表示),根据计算结果进行比较,你对这段时间内行业经历的变化有不同看法吗?

表 10-1

企业	2000 年市场份额(%)	2005 年市场份额(%)
A	10	30
B	8	6
C	12	12
D	20	30
E	21	10
F	2	1
G	5	3
H	6	1

2. 世界大部分的钻石供给来自俄罗斯和南非。假设采集每块钻石的边际成本是 1 000 美元,而且,钻石的需求如表 10-2 所示。

表 10-2

价格	数量
8 000	5 000
7 000	6 000
6 000	7 000
5 000	8 000
4 000	9 000
3 000	10 000
2 000	11 000
1 000	12 000

(1) 如果有许多钻石供给者,价格和数量应该是多少?

(2) 如果只有一个钻石供给者,价格和数量是多少?

(3)* 如果俄罗斯和南非形成一个卡特尔,价格和数量应该是多少?如果这两个国家平分市场,南非的产量和利润应该是多少?如果南非产量增加 1 000,而俄罗斯坚持卡持尔协议,南非的利润会有什么变化?

(4) 用你对(3)的回答解释为什么卡特尔协议往往是不成功的?

3. 某种产品的生产、销售市场,遵从以下的假定:① 产品是同质的,其生产成本为零;② 该产品的市场需求为:$Q = 3\,000 - 100P$。市场中只有两家厂商 A、B,而且 A 厂商先进入,随后 B 厂商进入。他们在确定产量时认为对方的产量不变。求:

(1) 市场均衡时,A、B 的产量及价格为多少?获得利润是多少?

(2) 比较该市场均衡与完全竞争、完全垄断的市场情况下均衡的异同点。

4. A 是一家小咖啡公司,正在考虑进入由雀巢控制的咖啡市场。每家公司的利润取决于 A 公司是否进入以及雀巢确定高价格还是低价格。

表 10 - 3

		雀巢公司	
		高价格	低价格
A 公司	进入	200 万,300 万	-100 万,100 万
	不进入	0,700 万	0,200 万

雀巢对 A 公司说,如果你进入,我将确立低价格。你认为 A 公司应该相信这种威胁吗?

5. 仍然是第 3 题假定的产品市场,市场中有两家厂商,但厂

商在确定产量时意识到对方会对自己的行为作出反应,从而他们达到一种避免竞争、瓜分市场的默契。求:

(1) 此时均衡时的双方产量、价格水平、利润水平分别为多少?

(2) 比较该均衡与第3题的有何不同?和完全垄断市场的均衡有何异同?

6. * 寡头市场中,厂商面临的需求曲线是弯折的,方程如下:

$$Q = \begin{cases} 400-10P & 30 \leqslant P \leqslant 40 \\ 220-4P & 0 \leqslant P < 30 \end{cases}$$

厂商的成本函数为 $TC=0.05Q^2+4Q$。

(1) 求厂商的均衡产量和产品的均衡价格。

(2) 如果厂商的成本函数因为原料、技术等原因发生变化,成本为 $TC=0.05Q^2+a \cdot Q$,那么当 a 的变动范围为多少时,厂商的均衡产量和原来一样?

7. ** 在某种产品市场上,行业的总需求函数为 $Q=490-5P$。行业里有一家规模较大的厂商和其他小厂商,大厂商在制定价格方面居于领导地位,小厂商以大厂商定的价格来确定自己的产品价格和产量,众多小厂商的总供给函数为 $Q_B=5P-10$。大厂商的成本函数为 $TC=0.001Q^3-0.19Q^2+38Q+1\,000$。求:

(1) 大厂商的需求函数。

(2) 市场均衡时大厂商的产出水平及产品的均衡价格。

(3) 小厂商的产出水平。

(4) 大厂商的利润水平。

答 案

1. 解:(1) 4家企业的集中度:2000年为 $(21\%)^2+(20\%)^2+(12\%)^2+(10\%)^2=1\,085(\%)^2$,2005年为 $(30\%)^2+(30\%)^2+(12\%)^2+(10\%)^2=2\,044(\%)^2$。以上数字表明这段时间行业集中度增加了。

第十章　寡头垄断市场产量和价格的决定

（2）8家企业的集中度：2000年为 $1\ 214(\%)^2$，2005 为 $2\ 091(\%)^2$，这一数字再次表明，这段时间内行业集中度进一步加大。但是，8家企业的集中度的变化不很显著，说明 8 家企业集中度的变动程度不如 4 家企业集中度变动程度大。

2．解：根据需求表，钻石市场的需求曲线为 $P=13\ 000-Q$。

（1）完全竞争市场，价格等于边际成本 1 000 美元，根据需求表，产量为 12 000。

（2）完全垄断，最大化 $(13\ 000-Q-1\ 000)Q$，$Q^*=6\ 000$，$P^*=7\ 000$（美元）。

（3）制定卡特尔协议的结果是使得卡特尔像一个完全垄断者那样制定价格和产量，因此产量和价格的结果同（2）。平分市场的结果是南非得到 3 000 产量，而价格仍然是 7 000 美元。俄罗斯坚持协议，南非扩张产量后的价格为 $13\ 000-7\ 000=6\ 000$ 美元，南非的利润 $(6\ 000-1\ 000)\times 4\ 000=2\ 000$ 万美元，而遵守卡特尔协议的利润为 $(7\ 000-1\ 000)\times 3\ 000=1\ 800$ 万美元，因次违背卡特尔使南非的利润增加了 200 万美元。

（4）卡特尔协议很难执行，因为给定自己的卡特尔产量，对手有提高产量从而降低价格的动机。

3．解：（1）根据假设条件，这两个厂商组成的垄断市场属于古诺模型。

从产品需求函数 $Q=3\ 000-100P$，可知，当 $P=0$ 时 $Q=3\ 000$。

根据古诺模型，这两个厂商追求利润最大化的行为导致最后的均衡产量为

$$Q_A=Q_B=\frac{1}{3}\times 3\ 000=1\ 000$$

该市场的总产出 $Q=Q_A+Q_B=2\ 000$。

产品的价格 $P=(3\ 000-2\ 000)\div 100=10$。

由于成本为零，所以 $\pi_A=Q_A P=10\ 000$。

$\pi_B=Q_B P=10\ 000$。

（2）这样的产品市场，如果由一家厂商完全垄断，那么这家厂商选择利润最大化的产量 $Q=\frac{1}{2}\times 3\,000=1\,500$。

产品价格 $P=(3\,000-1\,500)\div 100=15$。

厂商利润 $\pi=22\,500$。

如果这个市场是由无数个厂商进行完全竞争，那么长期均衡的结果是：产量 $Q=3\,000$，产品价格 $P=0$，厂商利润 $\pi=0$。

可见，古诺模型的均衡产出比完全垄断的产出要多，价格也比较低，两家厂商的利润总额比一家完全垄断厂商的利润额少；但它与完全竞争的市场相比，产出相对少、价格相对高、厂商利润高。

4. 解：制定高价是雀巢公司的占优策略，因此无论 A 公司是否进入，低价格都不是一个可信的威胁。

5. 解：（1）根据假设条件，这两个厂商组成的垄断市场属于张伯伦模型。

两个厂商像一个完全垄断厂商那样决定总产量，共同分享市场、平均分配产量。

$$Q=\frac{1}{2}\times 3\,000=1\,500$$

$$Q_A=\frac{1}{2}Q=750$$

$$Q_B=\frac{1}{2}Q=750$$

$$P=(3\,000-1\,500)\div 100=15$$

$$\pi_A=Q_A P=11\,250$$

$$\pi_B=Q_B P=11\,250$$

（2）此均衡和古诺模型相比，产量较少，价格较高，厂商获得较高的利润。

和完全垄断相比，均衡的产量、价格、利润总量都一样，唯一不同的是厂商的个数。

6. 解：（1）厂商的边际成本 $MC=0.1Q+4$。

厂商的需求曲线是弯折的,所以厂商的边际收益曲线是不连续的:

$$MR = \begin{cases} 40-0.2Q & 0 \leqslant Q < 100 \\ 55-0.5Q & 100 \leqslant Q < 220 \end{cases}$$

$Q<100$ 时,$MR>MC$。$Q>100$ 时,$MR<MC$。

当 $Q=100$ 时,厂商的利润最大,无论 Q 增大还是减少,都会使利润减少。

所以,厂商的均衡产量为 100,产品均衡价格为 30。

(2)由于厂商的边际收益曲线是断开的,边际成本在一定范围内的变化不会影响均衡产量。

这个变动范围是:$5 \leqslant MC \leqslant 20$

$$5 \leqslant 0.1Q+a \leqslant 20$$
$$5 \leqslant 10+a \leqslant 20$$
$$-5 \leqslant a \leqslant 10$$

7. 解:(1)这是一个价格领导模型,大厂商的需求函数是根据各个价格上整个市场需求量再减去小厂商的总供给得出的。

大厂商的需求 $Q_A = Q - Q_B = 500 - 10P$。

另外,因为当 $P \leqslant 2$ 时,小厂商不再提供产品,所以此时 $Q_A = Q = 490 - 5P$。

所以,大厂商的需求函数应该写成如下形式:

$$Q_A = \begin{cases} 500-10P & 2<P \leqslant 50 \\ 490-5P & 0 \leqslant P \leqslant 2 \end{cases}$$

(2)大厂商的需求函数是一条弯折的曲线,相应地厂商的边际收益曲线是断开的。

$$MR = \begin{cases} 50-0.2Q_A & 0 \leqslant Q_A < 480 \\ 98-0.4Q_A & 480 < Q_A \leqslant 490 \end{cases}$$

$MC = 0.003Q_A^2 - 0.38Q_A + 38$。

MC 曲线与 MR 曲线的一部分相交。

$$50 - 0.2Q_A = 0.003Q_A^2 - 0.38Q_A + 38$$

得出 $Q_A=100, P=40$。

(3) 小厂商的总产出水平 $Q_B=5P-10=190$。

(4) 大厂商的利润水平 $\pi_A=TR-TC=4\,000-3\,900=100$。

问答题

1. 古诺模型与张伯伦模型有什么不同？
2. 为什么在寡头市场上有时会产生价格领导的情况？
3. 在大厂商价格领导模型中，除了大厂商外，其他厂商的行为是否都像完全竞争行业中厂商的行为一样？
4. 合谋和非合谋寡头有何区别？为什么合谋是非法的？
5. 卡特尔的内在不稳定性说的是什么？

答 案

1. 答：古诺模型与张伯伦模型在分析的前半部分都是一样的，不同的是，张伯伦意识到古诺模型均衡未能达到独家垄断者那样的效果，即产量大于独家垄断的产量，价格低于独家垄断的价格。张伯伦认为在只有两个寡头的市场中，两家厂商应该有足够的理智和判断能力，能够达成一种默契，相互配合，像独家垄断那样行事，将总产量确定在独家垄断厂商的最大利润产量上，各家生产其中一半。

2. 答：寡头市场的一个显著特征是决策的相关性。每一个大厂商的定价决策、促销策略都会对竞争对手产生重要影响。一旦某个厂商率先降价，会引起其他寡头的强烈反应，甚至爆发价格战，导致两败俱伤。各家厂商为了避免激烈的价格竞争，保持各自的市场份额或销路，常常不得不放弃自己能获得最高利润的均衡价格。按照某个有影响的厂商，或按照某个低成本厂商的价格作为自己的销售价格。

3. 答：在价格领导模型中，大厂商具有支配地位。它根据边际成本等于边际收益的原则制定产量和价格。其他小厂商便像完全竞争行业中厂商一样,按照既定的价格销售自己想要销售的产品。由于产量份额很小,单个小厂商增加或减少产量不会对市场供应量产生明显影响,因而不会影响由大厂商决定的价格。

4. 答:在合谋寡头市场中,成员间就市场策略达成一致并共享信息。在非合谋寡头里,寡头厂商要考虑竞争对手的行为,但是不会实质性地讨论市场策略。在许多发达国家,寡头合谋是非法的,因为它严重地削弱了竞争。

5. 答:卡特尔是一种就同一种产品销售达成的协议,它的作用在于控制产品的市场供应量或最低价格,避免由于寡头市场竞争导致的价格下降和收益下降。执行卡特尔协议后,产量或价格被控制在理想水平上。这时成员厂商存在着单独扩大产量的动机。因为在卡特尔实现了高价格后,扩大销售更有利可图。个别厂商的违约行为会引起其他厂商的效仿,卡特尔会因此而瓦解。

这个道理可以用博弈论模型来说明。假定有两家寡头 A 和 B,每一家都有守约和违约两种策略选择,他们的支付矩阵如图 10-4:

		B 企业	
		守约	违约
A 企业	守约	500　500	200　800
	违约	800　200	200　200

图 10-4

由上述支付矩阵可知,右下格中的组合是均衡策略组合。即如果卡特尔内部没有严格的监督控制,成员厂商会分别选择违约扩大销售,最终将导致卡特尔的瓦解。

第五篇 要素市场的均衡

第十一章
生产要素价格的决定

概　要

1. 要素的均衡价格决定于它的需求与供给。要素的需求是由对产品的需求引致或派生的。

2. 要素的最佳投入量必须满足边际产品价值（或边际收益产品）＝边际要素成本的条件。

3. 边际产品价值曲线反映完全竞争产品生产厂商对单一可变要素的需求；边际收益产品则反映非完全竞争产品生产厂商对单一可变要素的需求。它们都是向右下方倾斜的曲线。向右下方倾斜的性质是由要素边际产量递减造成的。

4. 各个厂商要素需求曲线横向加总就可大体得到整个要素市场的需求曲线。

5. 分析完全竞争要素市场要素供给要区分单个厂商与整个市场的情况。单个厂商面临无限弹性的供给曲线，因为个别厂商没有力量决定要素的价格，只能按照既定的要素价格购买，单个厂商购买数量也不会影响要素价格。而要素市场的供给曲线则是向右上方倾斜的曲线。

6. 买主垄断要素市场中,垄断买主面临的要素供给曲线就是市场供给曲线,边际要素成本曲线与之分离。

7. 完全竞争要素市场上要素均衡价格由要素的供给和需求决定,即由供给曲线和需求曲线两条线的交点决定。

8. 买主垄断要素市场中,垄断买主先根据边际要素成本与边际收益产品(实际上就是要素的边际收益)相等的原则确定要素的均衡使用量,然后根据在此使用量时要素供给曲线上对应的价格确定要素的均衡价格。

基本概念

引致需求(或派生需求)　边际产品价值(VMP)　完全竞争产品生产厂商对单一可变要素的需求　边际要素成本　要素最佳投入量　边际收益产品(MRP)　非完全竞争产品生产厂商对单一可变要素的需求　完全竞争要素市场个别厂商面临的要素的供给　要素的市场供给　非完全竞争要素市场的供给曲线和边际要素成本曲线　完全竞争要素市场的均衡价格　非完全竞争要素市场的均衡价格

选择题

1. 派生需求是对____的需求。　　　　　　　　　(　　)

A. 产品和服务

B. 要素

C. 产品和服务以及要素

D. 既不是产品和服务也不是要素

2. 服装是劳动密集型产品,当对衣物的需求上升时,对劳动力的需求会　　　　　　　　　　　　　　　　　　　(　　)

A. 上升　　　B. 下降　　　C. 上升或下降

3. 生产 X 产品需要投入要素 A,则 A 的边际收益产品是

(　　)

A. A 的边际产量乘以 X 的价格

B. A 的平均产量乘以 A 的价格

C. A 的边际产量乘以 X 产品的数量

D. A 的平均产量乘以 X 的边际收益

4. 拥有 VMP 曲线的厂商是 （　　）

A. 完全竞争要素市场中的厂商

B. 完全竞争产品市场中的厂商

C. 非完全竞争要素市场中的厂商

D. 非完全竞争产品市场中的厂商

5. MRP 曲线向右下方倾斜是因为 （　　）

A. MR 是随产量增加而递减的

B. MP 是随要素增加而递减的

C. MR 和 MP 都是递减的

D. 以上都不是

6. 全体厂商对某种要素的需求曲线,与单个厂商对这种要素的需求曲线相比 （　　）

A. 前者与后者重合　　　　B. 前者比后者陡峭

C. 前者比后者平坦　　　　D. 无法确定

7. 由各个个别厂商要素需求曲线横向加总得到的市场需求曲线,在它的下部应该往里偏转,即应该做顺时针偏转,这是因为 （　　）

A. 每个厂商要素使用量都增加时,产量增加,因而产品价格会下降

B. 每个厂商要素使用量都增加时,要素价格上升了

C. 既有要素价格上涨也有产品价格下降

D. 以上都不对

8. 在一个装饰物生产厂里,生产函数在表 11－1 中描述为每天雇用的工人数和总产量之间的关系,装饰物是在一个完全竞争的市场出售。回答(1)至(2)题:

表 11-1

劳动力人数	总产量
0	0
3	60
4	75
5	80
6	80
7	76
8	70

(1) 假设在短期装饰物价格保持不变,在第几个工人之后,厂商的总收益递减?　　　　　　　　　　　　　　(　　)

A. 第 2 个工人　　　　　B. 第 3 个工人

C. 第 4 个工人　　　　　D. 第 5 个工人

E. 第 6 个工人

(2) 如果劳动力的价格为每天 50 元,装饰物的价格持是 10 元,这个企业将雇用多少工人?　　　　　　　　　(　　)

A. 0　　B. 2　　C. 3　　D. 4　　E. 5

9. 增加一单位投入品所得到的产出增加部分称为　(　　)

A. 边际收益产品　　　　B. 边际物质产品

C. 平均收益产品　　　　D. 平均物质产品

10. 已知生产要素的组合是 $10A-30B-20C$,产量是 200。如果生产要素的组合变成 $10A-31B-20C$,产量增加到 203。由此可见　　　　　　　　　　　　　　　　　　(　　)

A. 要素 A 的边际物质产品等于 3

B. 要素 B 的边际物质产品等于 3

C. 要素 C 的边际物质产品等于 3

D. 以上都不对

11. 假设生产某种产品需要 A、B、C 三种生产要素,当 A 的投

入量达到一定数量后继续量需增加时,它的边际物质产品 ( )

  A. 在 B 和 C 的数量以及技术不变时下降

  B. 在技术不变但是 B 和 C 的数量同比例增加时下降

  C. 在任何条件下都下降

  D. A 和 B

12. 在完全竞争产品和要素市场中经营的厂商,其利润达到最大化的条件为 ( )

  A. $P_x = MC$,且 MC 上升

  B. $MPP_a/P_a = MPP_b/P_b$

  C. $MPP_a/P_a = MPP_b/P_b = 1/MC_x$

  D. $MPP_a/P_a = MPP_b/P_b = 1/MC_x = 1/P_x$

13. 假定在完全竞争的要素市场上各种要素的价格、产品的价格和边际收益均等于 4 元,且此时厂商得到最大利润,则各种生产要素的边际物质产品为 ( )

  A. 2   B. 1   C. 4   D. 不可知

14. 在完全竞争市场上产品的价格增加一倍,那么边际收益产品会 ( )

  A. 不变   B. 减少一倍

  C. 增加一倍   D. 减少两倍

15. 厂商的要素需求表就是他的( )表。 ( )

  A. 平均收益产品   B. 平均物质产品

  C. 边际收益产品   D. 边际物质产品

16. 厂商在( )等于 1 这一点生产 ( )

  A. 资本的边际物质产品/资本的价格

  B. 资本的边际收益产品/资本的价格

  C. 资本的价格/资本的边际物质产品

  D. 资本的价格/资本的边际收益产品

17. 假定生产要素 A、B、C 的边际物质产品分别是 12、8、2,他们的价格分别是 6、4、1,那么这一生产要素的组合 ( )

A. 是最小成本的组合
B. 不是最小成本的组合
C. 是不是最小成本的组合,视不同产品和要素市场而定
D. 是不是最小成本的组合,视不同要素市场而定

18. 如果 $MFC_d > P_d$,则该厂商为 （ ）
   A. 寡头购买者　　　　　B. 垄断竞争者
   C. 垄断购买者　　　　　D. 以上都不是

19. 相对中国经济来说,美国经济是 （ ）
   A. 更多的资本密集型　　B. 更多的劳动密集型
   C. 更多的劳动和资本密集型　D. 较少的劳动和资本密集型

20. 如果劳动的边际产值大于工资率,下列那一种情况最有可能? （ ）
   A. 产品市场的垄断　　　B. 产品市场的竞争
   C. 要素市场的垄断　　　D. A 和 C

21. 如果投入 A、B、C 共同来生产产品 X,那么投入 A 的边际产量是 （ ）
   A. 投入一单位 A,同时按一定比例增加投入 B 和 C 所得到的额外产出
   B. 投入 B 和 C 的数量保持不变,再增加一单位 X 所需要的 A
   C. 投入 B 和 C 的数量保持不变,再增加一单位 A 所带来的 X 的增加量
   D. 投入 B 和 C 的数量按一定比例增加,生产一单位 X 所需要的 A 的数量

22. 一个企业在非完全竞争市场下运行。产品 X 的一种生产要素 A 的价格是 10 元,它的边际产量是 5,根据利润最大化原则,产品 X 的边际收益肯定等于 （ ）
   A. 1 元　　B. 10 元　　C. 2 元　　D. 5 元

23. 根据第 22 题给出的信息,投入品 A 的边际收益产品一定

是 ( )

A. 1元　　B. 10元　　C. 2元　　D. 5元

24. 第22题中的企业还使用投入要素 B,其边际产品是 100,投入 B 的价格一定等于 ( )

A. 10元　　B. 100元　　C. 200元　　D. 5元

25. 如果厂商所雇佣的最后一位工人的边际收益产品低于工资率,那么该厂商 ( )

A. 雇佣的工人太多

B. 雇佣的工人数太少

C. 雇佣的工人刚好

26. 考虑一个垄断企业。投入品 A 的价格是 10 元,边际产量是 5,产品价格是 2 元。这个企业 ( )

A. 的产量未达到利润最大化,应该扩大产量

B. 的产量未达到利润最大化,应该减少产量

C. 在成本最小条件下生产了利润最大化产量

D. 生产出利润最大化产量,但是成本未达最小化

27. 回到第 8 题给出的数据。企业要素投入满足最小成本法则,其边际收益一定等于 ( )

A. 1元　　B. 2元　　C. 4元　　D. 5元

28. 根据约翰·克拉克的收入分配理论,如果使用 10 单位某种特定的投入物,那么支付给每单位此种投入物的价格等于( )的价值。 ( )

A. 10 单位中每一个单位的边际产量的平均值

B. 其自身的边际产品

C. 第 10 个单位的边际产品

D. 10 个单位的平均产量

答　案

1. B.　2. A.　3. A.　4. B.　5. C.

6. B. 如果考虑到根据厂商数量,对全体厂商要素需求曲线所在坐标系的横轴做过相应处理(按比例压缩)以后,前者应该比后者陡峭。

7. A. 因为全体厂商都增加要素需求时,要素需求曲线应该作顺时针偏转。

8. (1) E. (2) E. 9. B. 10. B. 11. A. 12. D. 13. B. 14. C. 15. C. 16. B. 17. D. 18. D. 19. A. 20. C. 21. C. 22. C. 23. B. 24. C. 25. A. 26. B. 27. B. 28. C.

判断题

1. 假如某种生产要素所生产的产品的需求增加了,这种生产要素的需求曲线将向右方移动。　　　　　　　　　　　(　　)

2. 完全竞争市场上要素的均衡价格仍然取决于要素的需求和供给。　　　　　　　　　　　　　　　　　　　　(　　)

3. 由于对最终产品和服务的需求产生了对要素的需求,这类需求被称之为派生需求。　　　　　　　　　　　　(　　)

4. 卖方垄断的劳动力市场上,工资的价格高于劳动力的边际收益产品。　　　　　　　　　　　　　　　　　　(　　)

5. 假如生产一种产品的三种投入物 A、B、C 的 MP 分别是 12、8 和 2,设它们的价格分别是 6 元、4 元和 2 元,因此目前企业实在最小成本下生产。　　　　　　　　　　　　　　　(　　)

6. 根据上题的数据,如果 A、B、C 的价格分别为 6 元、4 元和 1 元,企业达到利润最大化时,MR 一定等于 2 元。　　(　　)

7. 如果 MR 等于 2 元,A、B、C 的价格分别等于 8 元、4 元和 10 元,假设企业在利润最大化产量上运行。投入品 A、B、C 的边际产品 MP 一定分别等于 4、2、5。　　　　　　　　(　　)

答　案

1. 正确。　2. 正确。　3. 正确。　4. 错误。　5. 错误。　6. 错误。　7. 错误。

计算题

1. （1）完成表 11-2。

（2）厂商是一个完全竞争厂商还是不完全竞争厂商？

（3）如果工资率是 60 元，厂商会雇佣多少工人？工资总额是多少？

（4）如果工资率是 35 元，会雇佣多少工人？工资总额又是多少？

表 11-2

劳动	产出	边际物质产品	价格(元)	总收益(元)	边际收益产品(元)
1	15		6		
2	28		6		
3	40		6		
4	50		6		
5	57		6		
6	62		6		
7	64		6		
8	65		6		

2. （1）完成表 11-3。

（2）厂商是完全竞争厂商还是不完全竞争厂商？

（3）如果工资率是 250 元，厂商会雇佣多少工人？工资总额是多少？

（4）如果工资率是 99 元，厂商会雇佣多少工人？工资总额是多少？

表 11-3

劳动	产品	边际物质产品	价格(元)	总收益(元)	边际收益产品(元)
1	22		20		
2	43		19		
3	63		18		
4	81		17		
5	96		16		
6	109		15		
7	119		14		
8	127		13		

3. 表 11-4 记录了对应于同种要素的不同投入水平上某块土地谷物产量的大小，完成表中的第三、第四列。设谷物的世界价格为 2 元。

表 11-4

要素投入量	谷物产量(亩)	MP_1	MRP_1(元)
0	0	—	—
1	10		
2	19		
3	27		
4	34		
5	40		
6	45		
7	49		
8	52		
9	54		
10	55		

4. 某生产厂商使用单一的可变要素，其投入产出关系为 $Q=4L^{\frac{1}{2}}$，Q 为厂商每月的产量，L 为每月要素的投入量。要素市场是完全竞争的。

(1) 若产品市场是完全竞争的，产品价格为 $P=5$，求厂商每月对要素的需求函数。

(2) 若产品市场是非完全竞争的,市场上每月对产品需求为 $Q=200-10P$,求厂商每月对要素的需求函数。

5. *某种生产要素的市场供给函数为 $L_S=100P_L-200$。

(1) 若此要素市场是完全竞争的,且对要素的需求为 $L_D=1600-20P_L$,求厂商面临的要素供给函数和边际要素成本函数。

(2) 若此要素市场是完全垄断的,求垄断厂商的边际要素成本函数。

6. 任何投入的市场需求是所有对投入的使用感兴趣的厂商的个人需求序列的水平加总,例如,他们的边际收益产品序列。现假设只有3个企业对投入要素 A 的使用感兴趣,并且这些企业在完全竞争市场出售他们的产品 X(在完全竞争市场中将会有更多的企业,但是为描述的方便在这里我们把情况简单化了),企业的生产函数由表 11-5 给出,回答(1)至(3)题。

表 11-5

投入品 A 的数量	企业 1 的总产品	企业 2 的总产品	企业 3 的总产品
1	15	5	2
2	29	15	7
3	42	30	17
4	54	50	25
5	65	65	30
6	75	75	30

(1) 如果投入品 A 的价格是 10 元,X 的价格是 1 元,每个企业使用的投入品 A 的最大数量各是多少?如果投入品 A 的价格上升到 15 元,X 的价格仍然是 1 元,每一个企业使用的投入品 A 的最大数量又分别是多少?

(2) 利用给出的信息画出投入品 A 的市场需求曲线。

(3) 设投入品 A 的市场供给固定在 15 个单位,画出投入品 A 的市场供给曲线。指出投入品 A 的均衡价格和均衡数量。

7. *某厂商的生产函数是 $Q=10L^{\frac{1}{2}}$,要素市场是完全竞争的,$P_L=2$。

(1) 当产品市场是完全竞争的时候,产品价格为 $P=5$,求厂商对要素的投入量。

(2) 当产品市场为非完全竞争市场时,产品市场需求为 $P=20-0.2Q$,求此时厂商对要素的投入量。(结果保留两位小数)

8. *某种生产要素的边际收益产品曲线为 $MRP=32-0.02L$,该要素的供给函数为 $L_S=100P_L-200$。

(1) 要素市场是完全竞争市场时,要素投入量和价格是多少?

(2) 要素市场是非完全竞争市场时,要素投入量和价格是多少?

(3) 比较前面两种情况的结果,说明非完全竞争市场的现象。

9. *某企业使用资本和劳动生产一种小器具,在短期中,资本固定,劳动可变,短期生产函数为 $X=-L^3+24L^2+240L$,其中,X 是小器具的每周生产量,L 是雇佣工人的数量,每个工人一周工作 40 小时,工资率为 12 元/小时。产品以一定的价格出售,使得企业每周可能的最大纯利是 1 096 元,为了获得这样多的利润,必须雇佣 16 个工人,问企业的总固定成本是多少?

10. 某企业仅生产一种产品,唯一可变要素是劳动,也有固定成本。短期生产函数为 $X=-0.1L^3+6L^2+12L$,其中,X 是每周产量,单位为吨,L 是雇佣工人数。

(1) 劳动的平均实物产量最大时,需雇佣多少工人?

(2) 劳动的边际实物产量最大时,需雇佣多少工人?

(3) 平均可变成本最小时,生产多少 X?

(4) 每周工资 360 元,X 的价格为 30 元/吨,利润最大时,生产多少 x?

(5) 如果工资为每周 510 元,X 的价格多大时,企业不扩大或减小生产?

(6) X 的价格 10 元/吨,总固定成本 15 000 元,若企业发现只值得雇佣36个工人,每周纯利润是多少?

答　案

1和2提示:是完全竞争厂商还是不完全竞争厂商关键看其产量增加后产品的价格是否变化。边际物质产品和边际收益产品可以通过两者的定义求得。在工资等于边际收益产品的水平上厂商的利润最大化。

3. 解:谷物市场在世界范围内处于完全竞争市场,故边际收益等于价格,边际收益产品就等于边际产量乘以价格,第三列从上至下依次为10、9、8、7、6、5、4、3、2、1,第四列从上至下依次为20、18、16、14、12、10、8、6、4、2。

4. 解:要素的边际产出 $MP = \dfrac{dQ}{dL} = 2L^{-\frac{1}{2}}$,代表每单位要素带来产出的增量。

(1) 产品市场是完全竞争的,厂商可以按既定的价格卖掉产品。

投入要素带来收益的增量 $VMP = MP \cdot P = 10L^{-\frac{1}{2}}$。

投入要素带来成本的增量 $MFC = \dfrac{dTC}{dL} = P_L$。

厂商根据 $VMP = MFC$ 来确定要素投入量,因为此时厂商收益最大或亏损最小。

所以,在厂商的要素投入均衡点上,$VMP = P_L$。

VMP 曲线代表了厂商对要素的需求曲线 $P_L = 10L^{-\frac{1}{2}}$。

(2) 产品市场是非完全竞争的,投入要素带来收益的增量 $MRP = MP \cdot MR$。

$$MR = \dfrac{d(P \cdot Q)}{dQ} = 20 - 0.2Q = 20 - 0.8L^{\frac{1}{2}}$$

$$MRP = 40L^{-\frac{1}{2}} - 1.6$$

厂商根据 $MRP = MFC$ 来确定要素投入量,因为此时厂商收益最大或亏损最小。

所以,在厂商的要素投入均衡点上,$MRP=P_L$。厂商的要素需求曲线为 $P_L=40L^{-\frac{1}{2}}-1.6$。

5. 解:(1) 完全竞争的要素市场,价格由市场出清的条件来决定:$L_S=L_D$。
$$100P_L-200=1\,600-20P_L$$
$$P_L=15$$

厂商是要素价格的接受者,面临的要素供给曲线是一条平行于 L 轴的直线。

厂商的边际要素成本函数为 $MFC=15$。

(2) 要素市场的需求方只有一家厂商,要素的投入量能够影响市场价格。
$$MFC=\frac{dTC}{dL}=\frac{d(LP_L)}{dL}=0.02L+2$$

6. 解:(1) 投入品 A 的价格是 10 元,在完全竞争市场上,厂商根据要素价格等于要素边际产品价值的条件确定要素需求量,要素边际产品价值等于要素的边际产量乘以要素的价格,得到投入品价格为 10 元时,企业 1、2、3 分别采用投入品 A 的数量为 6、6、3,当投入品的价格为 15 元时,其投入量分别为 1、5、0。

(2)(3) 如图 11-1 所示:S 是 A 的供给曲线,D 是 A 的需求曲线。

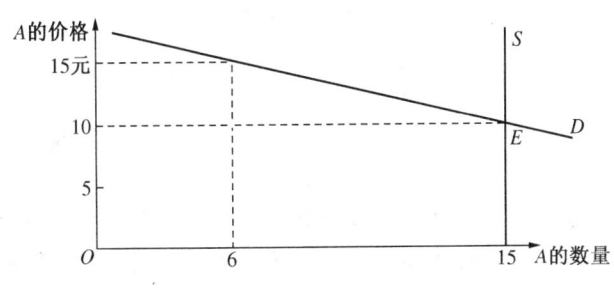

图 11-1

市场均衡点在 E 点,此时的价格为 10 元,投入量为 15。

7. 解:(1)产品市场是完全竞争的,厂商的边际产品价值 $VMP = MP \cdot P = 5L^{-\frac{1}{2}} \cdot 5$。

厂商根据 $VMP = MFC$ 来确定要素投入量,因为此时厂商收益最大或亏损最小。

$$VMP = P_L$$
$$25L^{-\frac{1}{2}} = 2$$
$$L = 156.25$$

(2)产品市场是非完全竞争的,厂商的边际收益产品 $MRP = MP \cdot MR = 5L^{-\frac{1}{2}} \cdot (20 - 0.4Q)$。

厂商根据 $MRP = MFC$ 来确定要素投入量,因为此时厂商收益最大或亏损最小。

$$MRP = P_L$$
$$100L^{-\frac{1}{2}} - 20 = 2$$
$$L = 20.66$$

8. 解:(1)当要素市场是完全竞争市场时,MRP 曲线可以代表要素的需求曲线。所以,$L_D = 1\,600 - 50P_L$。

由 $L_S = L_D$,$1\,600 - 50P_L = 100P_L - 200$,得

$$P_L = 12, L = 1\,000$$

(2)当要素市场非完全竞争时,要素投入量由 $MRP = MFC$ 决定。

$$MFC = \frac{dTC}{dL} = \frac{d(L \cdot P_L)}{dL} = 2 + 0.02L$$
$$32 - 0.02L = 2 + 0.02L$$
$$L = 750, P_L = 9.5$$

(3)由(1)、(2)可见,在非完全竞争市场中,要素投入量较少,价格较低。造成这种现象是因为在非完全竞争市场中,存在一定程度的买主垄断,称为买主垄断剥削。

9. 解:要使利润最大,应使 $W=MRP=MP\times P_X$,所以 $P_X=W/MP$。$L=16$ 时,$W=480$,$MP=-3L^2+48L+240=240$,$P_X=2$(元)。

由生产函数知 $L=16$ 时,$X=5\,888$。因此,总收益 $=2\times 5\,888=11\,776$(元),$TVC=480\times 16=7\,680$(元),所以 $TFC+$利润 $=4\,096$(元)。

若利润 $=1\,096$ 元,则 $TFC=3\,000$ 元。

10. 解:(1) 由生产函数 $X=-0.1L^3+6L^2+12L$ 得 $X/L=-0.1L^2+6L+12$。

令 $d(X/L)/dL=-0.2L+6=0$,则 $L=30$。

(2) 由生产函数得 $dX/dL=-0.3L^2+12L+12$。

令 $d^2X/dL^2=-0.6L+12=0$,所以 $L=20$。

(3) 由(1)知:$L=30$ 时,X/L 最大,此时 WL/X 最小。

由该生产函数求得:$L=30$ 时,$X=3\,060$。

(4) 利润最大的条件是:$MRP=P\times MP=W$。

$MP=W/P=-0.3L^2+12L+12=12$。所以 $0.3L=12$,$L=40$。

既然 $L>30$ 时,$AP>MP$,所以进行生产是合算的。

当 $L=40$ 时,$X=3\,680$。

(5) 停止扩大生产点是 AP 的最大点,因此由(1)知,$L=30$。

利润最大的条件是:$MP=W/P$。

$L=30$ 时,$MP=102=510/P$,所以 $P=5$(元)。

(6) $MP=W/P$,当 $L=36$ 时,$MP=55.2=W/10$。

所以 $W=552$,当 $L=36$,$X=3\,542.4$。

总收益 $=3\,542.4\times 10=35\,424$。

$TVC=552\times 36=19\,872$。

所以,$TFC+$利润 $=15\,552$。

$TFC=15\,000$,利润 $=552$ 元。

问答题

1. 完全竞争产品生产厂商对一种可变要素的需求是怎样表示的?
2. 非完全竞争产品生产厂商对一种可变要素的需求是怎样表示的?
3. 决定可变要素最佳投入量的原则是什么?说这一原则实质上是边际收益等于边际成本对吗?
4. 完全竞争要素市场均衡价格是如何决定的?
5. 买主垄断要素市场中要素价格是怎么决定的?

答　案

1. 答:完全竞争产品生产厂商对一种可变要素的需求是由该厂商的边际产品价值曲线来表示的。边际产品价值反映增加一单位生产要素所增加的产量的销售额,为产品价格与边际产量的乘积。在完全竞争产品生产厂商那里,价格是常数,要素投入量达到一定数量以后,边际产量随要素投入量增加而递减。因此,边际产品价值曲线向右下方倾斜。要素最佳投入量的决定原则是边际要素成本等于边际产品价值。如果要素市场也是完全竞争的,要素价格是常数,那么,边际要素成本就是要素的价格。追求利润最大化的厂商选择的要素数量,一定满足要素价格等于边际产品价值这一条件。如果要素价格变动,厂商就会通过变动可变要素投入量来改变边际产品价值。例如,要素价格上升,边际产品价值也就要上升,对应的可变要素投入量也就相应减少。这样,边际产品价值曲线就成为厂商对一种可变要素的需求曲线。

2. 答:非完全竞争产品生产厂商对一种可变要素的需求与完全竞争产品生产厂商对一种可变要素的需求是相似的,所不同的是完全竞争产品生产厂商对一种可变要素的需求是由边际产品价值曲线来表示的,而非完全竞争产品生产厂商对一种可变要素的需求是由边际收益产品来表示的。边际收益产品等于产品的边际收益与要素的边际产量之乘积。由于要素的边际产量曲线是向右下方倾斜的,非完全竞争产品生产厂商对一种可变要素的需求曲线也向右下方倾斜。

3. 答:决定要素最佳投入量的原则是边际要素成本等于要素的边际产品价值或边际收益产品。边际要素成本实际上就是要素的边际成本,要素的边际产品价值或边际收益产品就是要素的边际收益。所以,边际要素成本等于要素的边际产品价值也就可以理解为一种边际成本等于边际收益。

4. 略,见教材第 12 章第三节。

5. 略,见教材第 12 章第三节。

第十二章

工资、利息、地租和利润

概　要

1. 个人的劳动的供给取决于劳动的负效用,劳动的负效用随劳动时间的延长而增大。因此,劳动时间越长,劳动者所要求的供给价格越高。反过来说也一样,在一定工资率下,劳动工资率越高,劳动者愿意供给的劳动量也就越多。因此劳动供给曲线在一定范围内,向右上方倾斜。

2. 劳动供给量随劳动工资率提高而增加这种倾向不是绝对的,在工资水平达到一定程度后,劳动供给曲线会向后弯曲。运用替代效应和收入效应可以解释这种变化。劳动的替代效应是,当工资水平提高时,闲暇的机会成本由于工资提高而上升,人们愿意劳动而放弃闲暇的倾向。劳动的收入效应是,当劳动随工资上升而不断增加时,闲暇更为稀缺,劳动的机会成本上升,人们愿意减少劳动多享受闲暇的倾向。这两种相反的倾向在任何时候都存在。在工资水平较低时,替代效应较强。在较高的工资水平上,收入效应较强。

3. 完全竞争条件下的工资率由劳动的供给与需求决定。不同国家或地区工资水平的差异也可以分别用供给与需求来说明。一国劳动生产力越高,资源越丰富,技术越先进,劳动的边际收益越高,劳动需求曲线也越高;相反则反是。劳动的供给则取决于一国总人口及相应的劳动人口数量,人口越多,劳动供给越大。因此,劳动生产率低、劳动人口多的国家,工资水平一定低于劳动生产率高、劳动人口少的国家。

4. 不同行业的工资率会不同。需要区别工资的补偿性差别与非补偿性差别。前者是由劳动供给条件的差别引起的,后者则是由于劳动的质的差别或劳动的垄断性造成的。

5. 利息是对资本的报酬,利息率由可贷资金需求和可贷资金供给决定。资本的净生产率决定人们对资金的需求量,资本的净生产率越低,人们对资金的需求量也越多。资金的需求曲线向右下方倾斜。资金的供给量随利息率增加而上升,因此资金的供给曲线向右上方倾斜。两线的交点决定均衡利息率。

6. 地租是对土地的报酬。地租也是决定于它的供给与需求。整个经济体的土地供给曲线是完全缺乏弹性的,因此,随着人口增加和经济发展,土地需求越来越高,地租也有增高的趋势。

7. 利润是对企业家创新才能的报酬,也可以被看作是对企业家承担风险的报酬。垄断也会带来利润。

基本概念

个人劳动供给曲线　劳动的替代效应与收入效应　均衡工资率　工资的补偿性差别与非补偿性差别　资本的净生产率　资本的需求　均衡利息率　地租　级差地租　经济租　准租金　创新

选择题

1. 根据向后弯曲的供给曲线,当小时工资率从 0 增加到 10 000 元时,一般而言,劳动者的每周工作时间将　　　(　)
   A. 不变　　　　　　　　B. 先降低然后增加
   C. 稳定增加　　　　　　D. 稳定减少

2. 根据向后弯曲的劳动力供给曲线理论　　　　(　)
   A. 首先是替代效应,然后是收入效应
   B. 首先是收入效应,然后是替代效应
   C. 替代效应和收入效应不分先后

D. 既没有替代效应,也没有收入效应

3. 工资率上升所导致的替代效应是指 （　）

A. 工作同样长的时间可以得到更多的收入

B. 工作较短的时间也可以得到同样多的收入

C. 工人宁可工作更长的时间,用收入带来的享受替代闲暇带来的享受

D. 以上均对

4. 某工人在每小时工资5元时,每月挣1 500元,在每小时工资7元时,每月挣1 680元,由此可以断定 （　）

A. 收入效应起着主要作用

B. 替代效应起着主要作用

C. 收入效应和替代效应都没起作用

D. 无法判定

5. 既要提高工资又要避免增加失业的希望在下列哪种情况下比较容易实现？ （　）

A. 劳动的需求富有弹性

B. 劳动的供给富有弹性

C. 劳动产品的需求富有弹性

D. 劳动产品的需求缺乏弹性

6. 准租金与厂商的利润相比 （　）

A. 相等　　B. 前者大　　C. 后者大　　D. 都有可能

7. 正常利润是 （　）

A. 经济利润的一部分

B. 经济成本的一部分

C. 内隐成本的一部分

D. B和C都对

8. 假设某演员的年薪为10万元,但是如果她从事其他职业,最多能得到3万元,那么她所得的经济地租为 （　）

A. 10万元　　B. 7万元　　C. 3万元　　D. 不可知

9. 设有甲、乙两类工人,甲类工人要求的月工资率为250元,乙类工人要求的月工资率为200元。工厂为了实现最大利润,必须雇佣甲、乙两类工人,并按照250元的工资支付给每一个工人。由此可知,甲、乙两类工人得到的月经济租金为 （ ）

A. 250元、200元

B. 均为250元

C. 均为50元

D. 分别为0元、50元

10. 劳动市场中垄断厂商与完全竞争厂商比较,将为雇工的劳动支付 （ ）

A. 较多的工资

B. 较少的工资

C. 较多还是较少不确定

D. 一样多的工资。

11. 如果（ ）,劳动供给曲线向右上方倾斜。 （ ）

A. 仅考虑收入效应

B. 仅考虑替代效应

C. 既考虑替代效应又考虑收入效应,但替代效应更强

D. 既考虑替代效应又考虑收入效应,但收入效应更强

12. 向后弯曲的劳动供给曲线是因为（ ）的缘故。（ ）

A. 先是收入效应大于替代效应,后是替代效应大于收入效应

B. 先是替代效应大于收入效应,后是收入效应大于替代效应

C. 替代效应和收入效应同时起作用

D. 始终主要是替代效应起作用

13. 垃圾清洁工的工资高于一般体力劳动者的工资是因为 （ ）

A. 清洁工人数少

B. 补偿性工资差别的缘故

C. 非补偿性工资差别的缘故

D. 以上都不对

14. 在过去的100年中,美国的平均工资增加了,这可能是因为(　　)。　　　　　　　　　　　　　　　　　　　　(　　)

A. 增加的教育和训练机会使劳动者的生产率提高

B. 资本存量增大,使劳动者利用越来越多的设备和技术来工作,使他们的生产率提高

C. 资本存量增大,企业用资本替代劳动,使劳动的边际生产率下降

D. A和B都对

15. 在不同的国家间存在的工资差别主要因为　　　(　　)

A. 劳动供给不同,以及劳动在国际间流动的障碍

B. 在不同的国家,劳动者能得到的资本数量不同

C. 在不同的国家,劳动者接受的教育和训练程度不同

D. 以上都对

16. 对一个给定的经济社会,决定劳动力供给的因素包括

(　　)

A. 劳动力的数量

B. 在劳动力市场上,劳动力人口的参与率

C. 标准的或法律规定的一周工作小时数

D. 以上各项都是

17. 当提供一个不同的计时工资时,用替代效应来决定一个劳动者对于日工作小时数的改变。这种替代效应特指下面哪种情况?

(　　)

A. 如果工资率上升,劳动者将要买更好的东西,因此每一个劳动者一定工作更长时间

B. 闲暇是令人向往的,实际收入一旦上升,一个劳动者的正常倾向是选择更多的闲暇

C. 劳动的代价是牺牲闲暇,因此,如果劳动者的工资下降,闲

暇就变得相对便宜

D. 任何劳动成本上升都促使雇主努力在生产中用资本替代劳动

18. 如果第17题中是收入效应而不是替代效应,下列哪一个选项是正确的? （　　）

A. 如果工资率上升,劳动者将要买更好的东西,因此每一个劳动者一定工作更长时间

B. 闲暇是令人向往的,实际收入一旦上升,一个劳动者的正常倾向是选择更多的闲暇

C. 劳动的代价是牺牲闲暇,因此,如果劳动者的工资下降,闲暇就变得相对便宜

D. 任何劳动成本上升都促使雇主努力在生产中用资本替代劳动

19. 如果劳动力供给曲线是向上倾斜的,则最低工资法若对市场均衡工资产生的影响,其影响表现在图12-1中为 （　　）

A. 工资率为 W_1,出现失业

B. 工资率为 W_1,劳动力不足

C. 工资率为 W_2,出现失业

D. 工资率为 W_2,劳动力不足

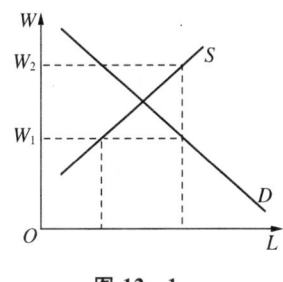

图 12-1

20. 在某个人的收入中,有一个经济租金因素,那么说明意味着 （　　）

A. 收入至少有一部分来自财产所有权而不是来自劳动

B. 超出应有收入的部分是劳动市场完全竞争的结果

C. 收入远高于平均值是由于突出的才能

D. 这个人的劳动供给曲线相对于价格是完全无弹性的,至少在一定的价格范围内是这样,因为他(她)在某程度上是独一无二的

21. 租金被定义为　　　　　　　　　　　　　　　　（　　）

A. 对使用供给十分丰富的生产要素所支付的报酬

B. 建筑物、设备或可被用来制造其他商品的存货

C. 对使用供给固定的生产要素所支付的报酬

D. 对使用土地所支付的利息率

22. 如果供给相对于价格是无弹性的,如果市场需求下降,那么供给的数量将　　　　　　　　　　　　　　　　　　（　　）

A. 不下降,价格将比其他情况下降得多

B. 不下降,价格将比其他情况下降得少

C. 下降,价格将比其他情况下降得多

D. 下降,价格将比其他情况下降得少

23. 某城市土地市场的供给和需求曲线如图 12-2 所示,回答(1)至(3)题。

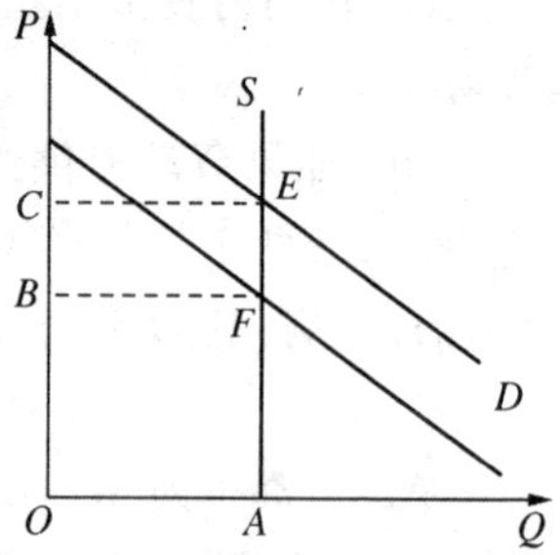

(1) 土地的供给弹性情况　（　　）

A. 无弹性

B. 单位弹性

C. 富有弹性

D. 无限弹性

图 12-2

(2) 如果国家重视发展房地产行业,则需求曲线会移动,土地的价格和数量将分别　　　（　　）

A. 上升,增加　　　　　　B. 上升,减少

C. 上升,不变　　　　　　D. 下降,不变

(3) 土地租金收入增加了(　　)面积。　　　　　（　　）

A. AOBF　　　　　　　　B. AOCE

C. CPE　　　　　　　　　D. BCEF

24. 如果生产要素仅有一次使用机会(例如,它只能用来生产一种商品),那么对它所支付的报酬　　　　　　　（　　）

A. 因为缺少竞争性投标,报酬往往下降到正常竞争水平

以下

B. 是其独立使用者的成本,而不是整个团体或社会的成本

C. 虽然它将是整个团体或社会的成本,但不应被计算为它的每一个独立使用者的成本

D. 对独立使用者或整个社会都不是成本

25. 假定土地的供给数量是固定的,但用途有多种,其中之一是生产烟草。对种植烟草的土地租用价格征收50%的税收将导致 （　　）

A. 烟草生产商的租金增加50%

B. 烟草土地使用者的租金下降50%

C. 土地所有者的租金收入减少50%

D. 租金的支出和收入都没有变化

26. 认为经济租金不是生产成本是因为 （　　）

A. 它不是对产品有实际贡献的生产要素所支付的报酬

B. 要素的供给者将该要素用于某个领域,这同它将其用于其他领域得到的价格是一样的

C. 所支付的租金实际是对建筑物或土地的改善所支付的报酬

D. 当这个生产要素被用于商品 A 的生产时,它的使用不会引起任何其他商品的损失

27. 资本包括 （　　）

A. 建筑物,例如工厂和住房

B. 设备,例如机器、工具和计算机

C. 产成品和投入的存货

D. 以上都是

28. 如果要计算一项资本资产的收益率,需要几项信息。下面哪一项是不需要的? （　　）

A. 购买或建造该资产的原始成本

B. 原始购买的融资方式

C. 为了保持该资产在其使用期内处于正常运行状态所必须支付的维护和运行成本

D. 在其生命期内,估计该资产将产生的收入

29. 一项资产的现值是 ( )

A. 它的原始成本加上预计的使用年限中的维护费用

B. 与其原始成本相同

C. 所有折现净收入之和

D. 所有净收入之和

30. 如果市场利息率提高,其他情况不变,那么任何给定的资本资产的现值将 ( )

A. 提高,并且对未来资产的预期收入越高,现值提高得越多

B. 提高,并且对现在而不是遥远的将来的资产预期收入越高,现值提高得越多

C. 下降,并且对未来资产的预期收入越高,现值下降得越多

D. 下降,并且对现在而不是遥远的将来的资产预期收入越高,现值下降得越多

31. 市场的年利息率是 9%,从现在起,1 年内 500 元的现值是 ( )

A. 459 元　　B. 559 元　　C. 263 元　　D. 445 元

32. 就决定资产价值的合理方法而言,对资本和利息的任何讨论都暗含着一种规则,这种规则指导我们 ( )

A. 根据购建的原始成本,再扣除一个合适的折旧费,最后得到现值,以此来决定资产价值

B. 根据预期未来净收入的贴现总额给资本定价

C. 根据预期未来净收入的总额给资本定价

D. 决定代表资产净生产率的金额数,然后通过利息率对生产率进行贴现

33. 要想制止高利贷的法律有效,必须设置利率的上限

( )

A. 高于均衡利率　　　　　B. 低于均衡利率

C. 等于均衡利率

34. 如果企业对于它从投资中收入的增长是乐观的,那么该资本的收益率将　　　　　　　　　　　　　　　　　（　　）

A. 增加,因为收益参与收益率的计算

B. 下降,因为收益率是一种利息率,而利息率与投资项目的价值呈反方向变化

C. 不会改变,因为收益是受技术因素影响的,不受预期收益的影响

D. 以上都可能

35. 一个企业的利润是　　　　　　　　　　　　　　　　　（　　）

A. 企业拥有的生产要素的隐性收益

B. 与企业从事的行业的风险水平相关

C. 企业从事的创新活动所得

D. 以上都对

36. 图 12-3 描绘了一条向后弯曲的劳动供给曲线和 4 条可能的需求曲线,请根据该图回答(1)至(3)题。

(1) 如果需求曲线从 D_1 移动到 D_2,那么（　　）

A. 替代效应比收入效应强

B. 替代效应被收入效应抵消

C. 收入效应比替代效应强

D. 替代效应与收入效应同向作用

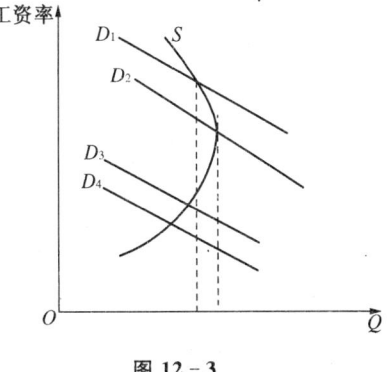

图 12-3

(2) 如果需求曲线从 D_2 移动到 D_3,以下哪种判断是正确的？

（　　）

A. 替代效应比收入效应强

B. 替代效应被收入效应抵消

C. 收入效应比替代效应强

D. 替代效应与收入效应同向作用

(3) 如果需求曲线从 D_4 移动到 D_3，以下哪种判断是正确的？

( )

A. 替代效应比收入效应强

B. 替代效应被收入效应抵消

C. 收入效应比替代效应强

D. 替代效应与收入效应同向作用

答　案

1. B.　2. A.　3. C.　4. A.　5. D.　6. B.　7. D.　8. B.
9. D.　10. C.　11. C.　12. B.　13. B.　14. D.　15. D.
16. D.　17. C.　18. B.　19. C.　20. D.　21. C.　22. A.
23. (1) A.　(2) C.　(3) D.　24. B.　25. A.
26. D. 这是由获得的租金的要素的固定要素性质决定的。
27. D.　28. B.　29. C.　30. C.　31. A.　32. B.　33. B.
34. A.　35. D.　36. (1) C.　(2) B.　(3) A.

判断题

1. 经济地租属于长期分析，而准地租属于短期分析。( )

2. 经济租金是对特定要素而言，而经济利润是对整个厂商而言。

( )

3. 已知某种产品是 A、B、C 三种生产要素结合的产物，当他们同时增加 1 个单位时，该商品的产量增加 3 个单位。这表明生产要素的边际实物产量为 3。( )

4. 厂商在边际收益产品或边际产品价值大于边际要素成本的情况下所得到的利润，要大于在边际收益产品或边际产品价值

等于边际要素成本的情况下得到的利润。 ( )

5. 假如厂商使用先进的机器设备以取代劳动,劳动的需求曲线将向右方移动。 ( )

6. 一个完全竞争性厂商,如果其最后雇佣的那个工人所创造的产值大于其雇佣的全体工人的平均产值,他必定没有实现最大的利润。 ( )

7. 如果一个熟练工人每小时的产量是不熟练工人的两倍,那么,在完全竞争要素市场中,他的工资也是不熟练工人的两倍。
( )

8. 日班和夜班工人的工资差别主要是市场的不完全性造成的。 ( )

9. 当资本的边际效率大于利息率时,厂商继续借款进行投资仍然有利可图。 ( )

10. 不论土地的生产率如何不同,对它们的需求是相同的。
( )

11. 正常利润是对风险的报酬。 ( )

答　案

1. 正确。　2. 正确。　3. 错误。　4. 错误。　5. 错误。
6. 正确。　7. 正确。　8. 错误。　9. 正确。　10. 错误。
11. 错误。

计算题

1. 劳动者的效用函数为 $U=(CH)^{\frac{1}{2}}$,C 代表收入,H 表示闲暇。劳动者每天工作 8 小时,获得效用为 21。

(1) 现在生产上需要加班 1 小时,求加班工资为多少时劳动者才愿意工作?

(2) 现在生产上需要加班 2 小时,求加班工资为多少时劳动者才愿意工作?

2. 草坪修剪需要劳动和资本两种要素的固定搭配,即一人一机。园丁的工资率 w 为每小时 4 元,割草机的租金 r 为每小时 6 元,修剪服务的需求为 $Q=20-2P$,需求单位是小时。求:

(1) 园丁的工资需求弹性 E_{LW}。

(2) 割草机的租金需求弹性 E_{Kr}。

(3) 割草机对工资率的需求交叉弹性 E_{KW}。

3. 一个厂商生产某产品,其单价为 16 元,日产量为 200 个单位,每单位产品的平均变动成本为 5 元,每月固定成本为 1 500 元。求:

(1) 该厂商的准租金和经济利润是多少?

(2) 若月产量扩大为 400 个单位,产品单价降低为 10 元,它对准租金和经济利润有何影响?

4. 在一个封闭的劳动力市场,只有一家雇佣工人的厂商,它的边际收益产品曲线为 $MRP=300-0.1L$,劳动力供给函数为 $L=20w-400$,L 为厂商每周雇佣工人数,w 为工人每周的工资。求:

(1) 这个市场上的均衡工资水平是多少?

(2) 如果工人结成工会,规定每周工资最低为 100,那么新的均衡工资是多少?就业人数又是多少?

(3) 如果市场上又出现一家厂商,它的 MRP 曲线与原先的厂商一样,那么新的均衡工资是多少?就业人数又是多少?

5. 一家厂商有以下 3 个投资项目,如表 12-1 所示,运行期均为两年,项目资金的来源是银行贷款,且厂商的信用良好,贷款无限制。求:

(1) 当银行贷款利率为每年 5% 时,厂商的贷款需求是多少?

(2) 当银行贷款利率为每年 10% 时,厂商的贷款需求是多少?

(3) 当银行贷款利率为每年 25% 时,厂商的贷款需求是多少?

表 12-1　　　　　　　　　　　　　　　　　　　　　　　万元

项目	投资额 C	第一年净收益 R_1	第二年净收益 R_2
A	20	20	15
B	25	15	20
C	40	20	25

6. 某城市的土地租赁市场,可供出租的土地数量不变,$N_S = 1\,000$ 亩,对土地的需求为 $N_D = 3\,000 - 10R$,R 为土地的年租金。求：

(1) 现有条件下,该城市的均衡地租是多少？

(2) 由于城市人口增加,对土地的需求增加,新的需求函数为 $N_D = 3\,500 - 10R$。新的均衡地租是多少？

(3) 假定现在有一个围海造田的计划,可以使城市的可租赁土地增加 200 亩,该项目的成本为 20 000 元/年。如果城市房地产是垄断经营的,那么垄断者会采纳这个计划吗？反过来,如果房地产的开发、经营市场可以自由进入,那么情况又会怎样？

答　案

1. 解：劳动者愿意加班的最低条件是使效用水平不变。

工作 8 小时的时候,效用 $U = (CH)^{\frac{1}{2}} = 21$,闲暇 $H = 24 - 8 = 16$。

劳动者收入 $C = 27.56$。

(1) 加班 1 小时,闲暇 $H = 24 - 9 = 15$,而效用 $U = (CH)^{\frac{1}{2}} \geqslant 21$,收入 $C \geqslant 29.4$,则加班工资至少为 1.84 元/小时。(2) 加班 2 小时,闲暇 $H = 24 - 10 = 14$,而效用 $U = (CH)^{\frac{1}{2}} \geqslant 21$,收入 $C \geqslant 31.5$,则加班工资至少为 1.97 元/小时。

2. 解：修剪草坪的需求价格弹性 $E_{QP} = -1.5$

(1) 劳动占总成本的 40%,服务价格对工资的变化弹性 $E_{PW} = 0.4$。

服务需求对工资率的变化弹性 $E_{QW}=E_{QP} \cdot E_{PW}=-0.6$。

当工资上升 1% 时，需求量下降 0.6%，相应地，对劳动的需求量也下降了 0.6%，则园丁的工资需求弹性 $E_{LW}=-0.6$。

(2) 租金占总成本的 60%，服务价格对租金的变化弹性 $E_{Pr}=0.6$。

服务需求对租金的变化弹性 $E_Q=E_{QP} \cdot E_{Pr}=-0.9$。

当租金上升 1% 时，需求量下降 0.9%，相应地，对割草机的需求量也下降了 0.9%，则割草机的租金需求弹性 $E_{Kr}=-0.9$。

(3) 当工资上升 1% 时，劳动的需求量下降了 0.6%，由于 K 与 L 是固定搭配的，割草机的需求也下降了 0.6%，则割草机对工资率的需求交叉弹性 $E_{KW}=-0.6$。

3. 解：(1) 准租金 $=TR-TVC=200\times16-200\times5=2\,200$，

经济利润 $=TR-TC=200\times16-200\times5-1\,500=700$。

(2) 准租金 $=TR-TVC=400\times10-400\times5=2\,000$，

经济利润 $=TR-TC=400\times10-400\times5-1\,500=500$。

扩大产量使得准租金和经济利润减少了。

4. 解：(1) 厂商的边际要素成本 $MFC=\dfrac{\mathrm{d}TC}{\mathrm{d}L}=\dfrac{\mathrm{d}(w \cdot L)}{\mathrm{d}L}=20+0.1L$。

厂商根据 $VMP=MFC$ 来确定要素投入量。

$$20+0.1L=300-0.1L$$

$$L=1\,400$$

均衡工资 $w=20+0.05L=90$

(2) 若工会规定最低工资为 100，劳动力的供给函数是一条弯折的直线。

$$w=\begin{cases}100 & 0\leqslant L<1\,600 \\ 20+0.05L & L\geqslant 1\,600\end{cases}$$

相应地，MFC 曲线是断开的：

$$MFC=\begin{cases}100 & 0\leqslant L<1\,600 \\ 20+0.1L & L>1\,600\end{cases}$$

当 $L<1\,600$ 时,$MFC<MRP$,厂商会扩大劳动的投入;

当 $L>1\,600$ 时,$MFC>MRP$,厂商会减少劳动的投入。

所以,劳动要素投入的均衡点为 $L=1\,600$,均衡工资 $w=100$。工会的作用使就业人数和工资水平都有了提高。

(3)新厂商的进入,使市场上对劳动的需求增加。

新的 MRP 曲线是两家厂商的 MRP 曲线的加总,$MRP=300-0.05L$。

$$MRP=MFC$$
$$300-0.05L=20+0.1L$$
$$L=1\,866.67$$
$$w=113.33$$

新厂商的进入使就业人数增加、工资水平提高。

5. 解:投资项目的净生产率(或年收益率)是使 $C=\dfrac{R_1}{1+r}+\dfrac{R_2}{(1+r)^2}$ 成立的 r 值。

所以,通过对表中数据的计算,得出:$r_A=50\%$、$r_B=21.1\%$、$r_C=7.9\%$。

(1)当银行贷款利率为 5% 时,A、B、C 三个投资项目的年收益率都高于贷款年利率,都是可行的项目。厂商的贷款需求 $I=20+25+40=85$(万元)。

(2)当贷款利率为 10% 时,A、B 项目的年收益率高于贷款年利率,都是可行的项目。C 项目年收益率低于贷款利率,不可行。厂商的贷款需求 $I=20+25=45$(万元)。

(3)当贷款利率为 25% 时,只有 A 项目的年收益率高于贷款年利率,是可行的项目。B、C 项目年收益率低于贷款利率,不可行。厂商的贷款需求 $I=20$(万元)。

6. 解:(1)土地租赁市场达到均衡的条件为:$N_S=N_D$。
$1\,000=3\,000-10R$,得出:$R=200$(元)。

（2）新的条件下的均衡：$N_S = N_D$。

$1\,000 = 3\,500 - 10R$ 得出：$R = 250$（元）。

（3）若实施了这个计划，新的土地供给 $N_S = 1\,200$，新的均衡 $N_S = N_D$。

$1\,200 = 3\,000 - 10R$，得出：$R = 180$（元）。

如果土地供给方是垄断厂商，它的土地租赁收入原来是 $1\,000 \times 200 = 200\,000$（元），实施了计划之后，总的年收入为 $1\,200 \times 180 = 216\,000$（元），收入增加了 $16\,000$ 元，而计划实施成本是 $20\,000$ 元/年。这个项目对于垄断厂商来说是不可行的。此种情况下，即使有提高土地供给的方案，土地供给也不会提高。

如果新厂商可以进入这个市场，新厂商实施这个计划之后年收入为 $200 \times 180 = 36\,000$（元），扣除了 $20\,000$ 元/年的成本，仍然有 $16\,000$ 元/年的净利润。这个项目对新厂商来说是可行的。此种情况下，只要存在能够补偿开发成本的项目，新老厂商都会积极投入土地开发，使净利润有减小为零的趋势。

问答题

1. 影响和决定劳动供给曲线是否向后弯曲的因素是什么？

2. 是否所有人的劳动需求曲线都向后弯曲？如果是，曲线向后弯曲发生在什么工资水平上？

3. 垂直的土地供给曲线表示什么？

答　案

1. 答：个人的偏好和工资水平决定了是否出现向后弯曲。个人偏好包括他对工作的感觉如何，边际收入对他的重要性有多高。

2. 答：有的人在 500 美元/每小时左右向后弯曲，有的人在 600 美元/每小时左右向后弯曲。在已有的工资水平上某些人的劳动供给曲线并未向后弯曲。

3. 答：垂直的土地供给曲线表示是就整个经济体系而言的。除非考虑到围海造田，一般来说，土地的数量不易变动，因而土地的供给是完全缺乏弹性的，表现为垂直的供给曲线。但是对个别行业或产品生产部门来说，土地的供给仍然具有一定弹性，表现为需求曲线向右上方倾斜。即，如果某个行业由于其产品的需求上涨，收益增加，对土地愿意以更高的价格获得使用权，那么，该行业就能吸引更多的土地供给。

第六篇　一般均衡与经济福利

第十三章
一般均衡理论

概　要

1. 一般均衡理论研究的是整个经济体系的总体均衡。它将各个产品市场、要素市场、产品市场和要素市场之间、各当事人之间都存在密切联系为背景来研究各个产品市场、要素市场、产品市场和要素市场之间是否能够同时达到均衡。

2. 瓦尔拉斯首创了一般均衡理论，他认为在消费者偏好、要素供给和生产函数为已知时，可以证明所有产品和要素市场可以同时达到均衡，即整个经济体系处于一般均衡状态。在这种一般均衡状态下，所有产品和要素的数量和价格都有确定量值。

3. 实现一般均衡所要求的条件是：对于有多个个人、多种产品、多种生产要素的经济，达到均衡时要求，在生产方面，任何一对生产要素之间的边际技术替代率，在用这两种要素生产的所有产品上都相等；在交换方面，任何一对产品之间的边际替代率在任何使用这两种产品的个人来说都相等；在生产和交换两者之间，任何一对产品间的边际转换率等于消费这两种产品的每个个人的边际替代率。

4. 在一种两个个人、两种产品和两种要素的简单经济体中，一般均衡模型可以用埃奇沃思盒式图表示。生产领域一般均衡用两组方向相反的等产量曲线表示。两组方向相反的等产量曲线之间切点的连线表示效率曲线。其上各点表示与各个初始要素分配相对应的一般均衡点。将效率曲线转换到以产品数量为纵、横轴的直角坐标系上，便可得到生产可能性边界。

5. 交换领域一般均衡用两组方向相反的无差异曲线表示。两组方向相反的无差异曲线之间切点的连线表示契约曲线。其上各点表示与各个初始产品拥有量相对应的一般均衡点。包括生产领域和交换领域在一起的一般均衡，则用反映两种产品边际转换率的生产可能性边界的切线斜率表示。当该切线斜率与消费者边际替代率一致时，达到一般均衡。

基本概念

生产领域一般均衡　交换领域一般均衡　生产与交换的一般均衡　生产可能性边界　边际转换率　效率曲线　契约曲线

选择题

1. 同时分析经济中所有的相互作用和相互依存关系，这个过程称为　　　　　　　　　　　　　　　　（　）

A. 局部均衡分析

B. 供给需求分析

C. 部门均衡分析

D. 一般均衡分析

2. 完全竞争下一般均衡的任何特点包含着以下意思（　　）

A. 对所有个人来说，任意两种商品的边际效用之比一定等于它们对应的边际成本之比

B. 消费所有商品的边际效用相等，但是不等于每个消费者消费这些商品的边际成本

C. 每种投入品的边际有形产品等于此投入品的价格

D. 每种投入品的边际收益产品等于它生产的最终产品的价格

3. 一般均衡思想被用于分析市场之间的联系,如果 A 和 B 商品之间是完全替代关系,即最开始 A 和 B 的价格相等,随后 A 产品由于技术进步,供给增加,这将直接导致 B 的需求 （　　）

A. 不受影响　　B. 下降　　　　C. 上升　　　D. 无法判断

4. 上一题中最终 B 的市场价格 （　　）

A. 下降　　　B. 增加　　　C. 不变　　　D. 无法判断

5. 考虑对两种商品 A 和 B 的消费,目前,A 的边际效用是 100,B 的边际效用是 28,A 的价格是 25 元,B 的价格是 7 元。在这个例子中,消费者均衡条件是 （　　）

A. 满足的,因为 A 的边际效用大于 B 的

B. 不满足,因为 A 的边际效用不等于 B 的

C. 不满足,因为 A 和 B 的价格不相等

D. 满足的,因为每种商品的边际效用和其价格之比相等

6. 在完全竞争一般均衡里,以下哪一条是不正确的? （　　）

A. 消费者的边际效用之比等于价格之比

B. 两商品的边际技术替代率等于它们的价格之比

C. 两商品的边际技术替代率在任何生产过程中都相等

D. 两商品的边际技术替代率等于它们的边际替代率

7. 在一个存在甲和乙两个人和 X、Y 两种商品的经济中,达到交换领域一般均衡的条件为 （　　）

A. 对甲和乙,$MRT_{XY} = MRS_{XY}$

B. 对甲和乙,$MRS_{XY} = P_X/P_Y$

C. $(MRS_{XY})_甲 = (MRS_{XY})_乙$

D. 上述都对

8. 在一个存在 X、Y 两种商品和 L、K 两种要素的经济体中,达到生产领域一般均衡的条件为 （　　）

A. $MRTS_{LK} = P_L/P_K$
B. $MRTS_{LK} = MRS_{XY}$
C. $MRT_{XY} = MRS_{XY}$
D. $(MRTS_{LK})_X = (MRTS_{LK})_Y$

9. 在存在 A、B 两个人和 X、Y 两种商品的经济中,包括生产和交换在内的一般均衡的条件为 （　　）
   A. $MRT_{XY} = (MRS_{XY})_A = (MRS_{XY})_B$
   B. $(MRS_{XY})_A = (P_X/P_Y)_B$
   C. $MRT_{XY} = P_X/P_Y$
   D. $(MRS_{XY})_A = (MRS_{XY})_B$

10. 如果达到社会生产可能性边界时,$(MRS_{XY})_A = (MRS_{XY})_B > MRT_{XY}$,则应该 （　　）
    A. 增加 X　　　　　　B. 减少 Y
    C. 增加 X,减少 Y　　D. 增加 Y,减少 X

11. 如果社会达到生产可能性边界时,$(MRS_{XY})_A = (MRS_{XY})_B < MRT_{XY}$,则应该 （　　）
    A. 增加 X　　　　　　B. 减少 Y
    C. 增加 X,减少 Y　　D. 增加 Y,减少 X

12. 如果尚未达到社会生产可能性边界,$(MRS_{XY})_A = (MRS_{XY})_B > MRT_{XY}$,则应该 （　　）
    A. 增加 X　　　　　　B. 增加 Y
    C. 增加 X,减少 Y　　D. 增加 Y,减少 X

13. 如果尚未达到社会生产可能性边界,$(MRS_{XY})_A = (MRS_{XY})_B < MRT_{XY}$,则应该 （　　）
    A. 增加 X　　　　　　B. 增加 Y
    C. 增加 X,减少 Y　　D. 增加 Y,减少 X

14. 如果 A 愿意为了得到一个苹果而放弃三个橙子,B 愿意为了得到一个橙子而放弃一个苹果,那么 A 用一个橙子换 B 的一个苹果将 （　　）

A. 使 A 境况变好,B 境况不变坏
B. 使 A 境况变好,B 境况变坏
C. 使 A 和 B 的境况都变好
D. 使 B 的境况变好,A 的境况变坏

15. 效率曲线上的点表示生产者 ( )
A. 通过生产要素的交换达到了各自产出最大化
B. 通过生产要素的交换达到了利润最大化
C. 通过生产要素的交换达到了社会产出最大化
D. 以上都对

16. 转换曲线是由哪条曲线得出的? ( )
A. 消费者契约曲线
B. 社会生产可能性边界
C. 效率曲线
D. 社会福利曲线

17. 边际转换率表示的是 ( )
A. 两种商品的边际成本之比
B. 两种商品的边际资源耗费量之比
C. 增加(减少)一单位 X 产品必须减少(增加)几单位 Y 产品
D. 以上都是

18. 边际替代率与边际转换率之间的关系是有关( )的问题。 ( )
A. 社会福利的问题
B. 配置效率的问题
C. 生产效率的问题
D. A 和 B 都对

19. 微观经济学主要关注 ( )
A. 价格水平
B. 相对价格
C. 各种商品的比价和要素的比价

D. B 和 C

20. 如果对消费者甲来说以商品 X 替代 Y 的边际替代率等于3,对于消费者乙来说,以商品 X 替代 Y 的边际替代率等于2,那么 ( )

A. 乙用 X 向甲换取 Y　　　B. 乙用 Y 向甲换 X
C. 两人不会交换　　　　　D. 以上都可能

21. 根据图 13-1 的埃奇沃思盒式图,回答(1)至(3)题。图中——表示消费者 A 的无差异曲线,—·—·—表示消费者 B 的无差异曲线,交换发生之前的初始点在 C 点。

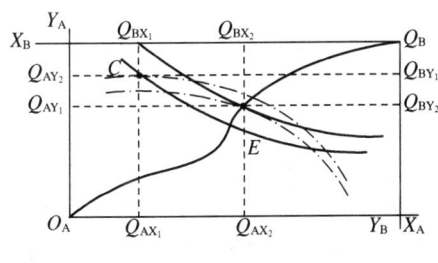

图 13-1

(1) 图中的粗线 $O_A O_B$ 表示 ( )

A. 转换曲线
B. 契约曲线
C. 生产可能性边界
D. 需求曲线

(2) 以下表述正确的是: ( )

A. 在初始条件 C 给定的情况下,契约曲线上的每一点都是社会最优产出点
B. 决定 C 的两条无差异曲线围成的区域是 A 和 B 都能够接受的交换区域
C. 在 C 点处 A 和 B 的边际替代率相等
D. 在 C 点处 A 和 B 的效用相等

(3) 交换发生后的均衡点在 E 点,则 A 和 B 的交易情况表述正确的是 （ ）

A. A 以 $Q_{AX_1} - Q_{AX_2}$ 单位 X 换回了 $Q_{AY_2} - Q_{AY_1}$ 单位 Y

B. A 以 Q_{AY_2} 单位 Y 换回了 Q_{AX_1} 单位的 X

C. B 以 $Q_{BX_1} - Q_{BX_2}$ 单位 X 换回了 $Q_{BY_2} - Q_{BY_1}$ 单位 Y

D. B 以 $Q_{BY_2} - Q_{BY_1}$ 单位 Y 换回了 $Q_{BX_1} - Q_{BX_2}$ 单位 X

答　案

1. D. 2. A. 3. B. 4. A. 5. D. 6. C. 7. C. 8. D. 9. A. 10. C. 11. D. 12. A. 13. B. 14. A. 15. C. 16. C. 17. D. 18. D. 19. D. 20. A. 21.（1）B. (2) B. (3) C.

判断题

1. 一般均衡的分析使用的主要是规范分析方法。（ ）

2. 在只有两种商品的经济中,如果两种商品的均衡价格分别是 12 和 23,那么,36 和 69 也是均衡价格。（ ）

3. 契约曲线是所有可能的契约之轨迹。（ ）

4. 要素的初始分配决定了是否能够通过交换达到最有效率状态。（ ）

5. 经济体系一般均衡的关键是消费者对两种产品的边际替代率等于它们的边际转换率,与生产效率关系不大。（ ）

答　案

1. 正确。 2. 正确。

3. 错误。契约线是所有交换均衡点的轨迹。但是在达到均衡点以前可能有许多次交换,每一次交换都有一个契约。因此契约线上并没有代表所有可能的契约。

4. 错误。

5. 错误。不能说与生产效率关系不大。边际转换率是生产可能性边界上某点切线的斜率。处在生产可能性边界上,意味着生产过程中达到最有效率状态。

计算题

1. 假设社会上的消费者只喜好 X 和 Y 两种商品,这两种商品之间是完全互补关系。产品市场是竞争的。现在由于生产 X 的某种资源出现短缺,导致生产 X 的边际成本上升(供给缩减),请用一般均衡思想描述 X 和 Y 商品市场价格和数量的变化,画出各自供给和需求曲线的变化。

2. 产品 X 和 Y 是替代品,假定两者短期供给是固定的:$Q_X=500$,$Q_Y=200$,而需求受到两种商品价格的共同影响:$Q_X=850-5P_X+2P_Y$,$Q_Y=540-2P_Y+P_X$。求:

(1) 这两种产品的均衡价格为多少?

(2) 假如 X 产品的供给增加了 150,会对两种商品的价格产生什么影响?

3. 产品 X 和 Y 是互补品。需求函数:$Q_X=600-4P_X-P_Y$,$Q_Y=\frac{1}{2}Q_X-\frac{1}{2}P_Y$。假定两者短期供给是固定的:$Q_X=500$,$Q_Y=240$。求:

(1) 这两种产品的均衡价格为多少?

(2) 假如 X 产品的供给增加了 20,会对两种商品的价格产生什么影响?

4. **一个封闭经济中有两种生产要素——资本和劳动,生产两种商品——X 和 Y。生产要素是同质的,而且在本时期内供给无弹性,要素可以自由流动,市场均属于完全竞争,并处于长期均衡中。已知劳动的供给为 $L=2\,500$,单位:月工时;资本的供给为 $K=360\,000$,单位:百元。商品的月产量为:$X=(0.002\,7)^{\frac{1}{4}} \cdot K^{\frac{3}{4}}L^{\frac{1}{4}}$,$Y=(432)^{\frac{1}{4}}K^{\frac{1}{4}}L^{\frac{3}{4}}$。消费者的效用函数为:$U=X^{\frac{1}{2}}Y^{\frac{1}{2}}$。

商品 X 的价格 $P_X=100$。求：

(1) 商品 Y 的价格 P_Y 是多少？

(2) 每百元资本的月回报 R 是多少？

(3) 工人的月薪 w 是多少？

答　案

1. 略。参见教材中关于互补品市场的讨论。

2. 解：(1) 市场均衡条件 $Q_X=850-5P_X+2P_Y=500$ 且 $Q_Y=540-2P_Y+P_X=200$。

方程联立求解，得出：$P_X=172.5, P_Y=256.25$。

(2) 假如 X 产品供给增加 150，新的均衡条件为：

$$Q_X=850-5P_X+2P_Y=650$$
$$Q_Y=540-2P_Y+P_X=200$$

方程联立求解，得出：$P_X=135, P_Y=237.5$。

X 产品供给的变化使两种产品价格均下降了。

3. 解：(1) 市场均衡条件 $Q_X=600-4P_X-P_Y=500$ 且 $Q_Y=300-2P_X-P_Y=240$。

方程联立求解，得出：$P_X=20, P_Y=20$。

(2) 假如 X 产品供给增加 20，新的均衡条件为：

$$Q_X=600-4P_X-P_Y=520$$
$$Q_Y=300-2P_X-P_Y=240$$

方程联立求解，得出：$P_X=10, P_Y=40$。

X 产品供给的变化使两种产品价格变化方向不一致，X 产品价格下降了，而补充品 Y 的价格上升。

4. 解：要素市场均衡要求：$w=VMP_L=P \cdot MP_L$。

$$P_X \cdot \frac{1}{4} \cdot (0.0027)^{\frac{1}{4}} K_X^{\frac{3}{4}} L_X^{-\frac{3}{4}} = w$$

$$\frac{1}{4}\frac{P_X \cdot X}{L_X}=w$$

$$P_Y \cdot \frac{3}{4} \cdot (432)^{\frac{1}{4}} K_Y^{\frac{1}{4}} L_Y^{-\frac{1}{4}} = w$$

$$\frac{3}{4}\frac{P_Y \cdot Y}{L_Y} = w$$

则有 $P_X \cdot X \cdot L_Y = 3P_Y \cdot Y \cdot L_X$ (1)

同样地,由 $R = VMP_K = P \cdot MP_K$,

$$P_X \cdot \frac{3}{4} \cdot (0.0027)^{\frac{1}{4}} K_X^{-\frac{1}{4}} L_X^{\frac{1}{4}} = R$$

$$\frac{3}{4}\frac{P_X \cdot X}{K_X} = R$$

$$P_Y \cdot \frac{1}{4} \cdot (432)^{\frac{1}{4}} K_Y^{-\frac{3}{4}} L_Y^{\frac{3}{4}} = R$$

$$\frac{1}{4}\frac{P_Y \cdot Y}{K_Y} = R$$

则有 $3P_X \cdot X \cdot K_Y = P_Y \cdot Y \cdot K_X$ (2)

产品市场上,消费者均衡的要求为

$$MRS_{XY} = \frac{\Delta X}{\Delta Y} = \frac{P_X}{P_Y}$$

$$\frac{MU_X}{MU_Y} = \frac{P_X}{P_Y}$$

代入 $MU_X = 0.5X^{-\frac{1}{2}}Y^{\frac{1}{2}}$, $MU_Y = 0.5X^{\frac{1}{2}}Y^{-\frac{1}{2}}$,得出

$$\frac{Y}{X} = \frac{P_X}{P_Y}$$ (3)

将(3)式代入(1)式、(2)式,得出:$L_Y = 3L_X$,$3K_Y = K_X$。

又因为 $L_X + L_Y = 2\,500$,$K_X + K_Y = 360\,000$,可得出:$L_X = 625$,$L_Y = 1\,875$,$K_X = 270\,000$,$K_Y = 90\,000$。

将结果代入生产函数,得出:$X = 13\,500$,$Y = 22\,500$。

(1) 由 $P_X \cdot X = P_Y \cdot Y$,得 $P_Y = 60$(元)。

(2) $R = \frac{3}{4}\frac{P_X \cdot X}{K_X} = 3.75$(元)。

(3) $w = \frac{1}{4}\frac{P_X \cdot X}{L_X} = 540$(元)。

问答题

1. 整个经济原处于一般均衡状态,由于新技术普遍运用,保暖内衣 X 的市场供给(S_X)增加,那么:
   (1) 产品市场会有什么变化?
   (2) 在生产要素市场上,会有什么变化?
   (3) 收入的分配会发生什么变化?
2. 完全竞争条件对分析经济体系一般均衡有什么影响?

答 案

1. 答:(1) 如果保暖内衣 X 的市场供给(S_X)较前期有明显增加增加,那么在需求变化不大的情况下,保暖内衣 X 的市场均衡价格将下降。保暖内衣 X 的价格下降会引起市场需求量、购买量增加。由于保暖内衣 X 使用量增加,其替代品普通内衣的市场需求会下降,即,在普通内衣价格不变的情况下,市场对它们的需求量减少。

(2) 由于保暖内衣市场销售量增大,该内衣所用投入品(例如某种特殊的纤维)的需求相应增加。如果这种特殊纤维的供给富有弹性,那么它的市场交易量将迅速增加,否则,其价格会迅速上升。

(3) 保暖内衣市场的繁荣影响到普通内衣的市场销售量,普通内衣行业的收益下降。普通内衣所需特殊要素的生产也会因此受到影响,进而这些行业中厂商的盈利受到影响。保暖内衣所需特殊纤维的需求增加,该纤维生产部门的收益提高。

2. 答:完全竞争条件是实现一般均衡的必要条件。在完全竞争条件下,厂商的产量达到 $P=MC$ 的水平。只有在 $P=MC$ 时,任意两种产品的边际转换率(实际上是 MC 之比)才可能等于它们的价格之比。一般均衡才能通过价格体系的调整来实现。

第十四章

经济福利

概　要

1. 在既定技术和资源数量情况下，一个经济体系所能够达到的福利水平是判断资源使用效率的标准。有关经济福利的研究，属于规范分析范围。

2. 资源最优配置的标准用帕累托最优表示。资源配置达到帕累托最优表明：在技术、消费者偏好、收入分配等既定条件下，社会经济福利达到最大，资源配置的效率最高。

3. 帕累托最优在同时满足一般均衡的三个要求时达到。即：在消费领域中，经济体系中每个消费者对任一对产品的边际替代率相等；在生产领域中，经济体系中每个生产者对任一对产品的边际技术替代率相等；在消费和生产领域中，任一对产品的边际转换率与消费者对这对产品共同的边际替代率相等。

4. 经济体系达到一般均衡时，也就达到帕累托最优。在市场经济中，帕累托最优的实现依赖于严格的条件：完全竞争的市场，不存在规模报酬递增，不存在外部效应。

5. 帕累托最优依赖于要素和产品的初始分配，有多少种要素和产品的初始分配方案就有多少种帕累托最优。

6. 通过契约曲线，可以得到效用可能性边界。效用可能性边界显示出多个帕累托最优点，但是不能决定其中哪一点是对整个社会来说最优的点。要找到对整个社会来说最优的点，还依赖于社会福利函数。

7. 确定社会福利函数不可避免地遇到如何把个人偏好转变为社会偏好的问题。个人偏好转变为社会偏好要做的工作就是社会选择。社会选择过程包含着巨大的困难。

基本概念

帕累托最优　效用可能性边界　社会福利函数　社会选择　阿罗不可能定理

选择题

1. 配置效率最优的含义是　　　　　　　　　　　　（　）
   A. 产出全部被消费者消费
   B. 没有任何一对产品的再分配可以使一个人获益而不对他人造成损失
   C. 任何再分配都将增加所有人的福利
   D. 收入可以经税收进行再分配

2. 假定美国政府决定对经济体中每年超过 20 000 美元的所有人征收 100 美元的税收,这一税收收入将被重新分配给年收入少于 2 000 美元的人。这项政策将　　　　　　　（　）
   A. 产生配置效应,因为它劫富济贫
   B. 配置无效率,因为重新分配造成某些人受到损失
   C. 配置无效率,因为 100 美元不足以使收入平等
   D. 减少了社会总效用

3. 根据大部分经济学家的说法,完全竞争理论是　　（　）
   A. 给出了一个"现实世界"行为的合理、精确的描述,尽管它不能用于评价这种行为的效率
   B. 大致描述了"现实世界"行为,尽管竞争是不完全的,但是这种描述对评价行为的效率相当重要
   C. 尽管在描述"现实世界"行为的时候算不上大致正确,但是对评价其效率非常重要

D. 与"现实世界"的行为几乎没有相似之处,也不能被用于评价效率,但是因为这种提法是进入非完全竞争理论的前提,所以它是非常重要的

4. 以下除了哪个选项,其余都是实现完全竞争均衡状态条件? （   ）

A. 价格等于平均成本

B. 对每一个人和对他（她）消费的每一种商品而言,边际效用与价格的比率对所有商品都是相等的

C. 价格等于边际成本

D. 在个人间的收入分配没有显著的不平等

5. 除了以下哪个选项,其余都是垄断会引起的问题？（   ）

A. 价格太高产量太低

B. 有负的外部影响

C. 资源配置扭曲

D. 有净的福利损失

答　案

1. B.　2. B.　3. B.　4. D.　5. B.

判断题

1. 帕累托最优的理论基础是序数效用理论,但是对于基数效用理论也同样成立。　　　　　　　　　　　　　　　（   ）

2. 一般均衡条件满足后,也就达到帕累托最优。（   ）

3. 如果社会福利函数是每个人的效用的递增函数,那么,任何在资源约束下最大化社会福利函数的配置都是帕累托最优配置。　　　　　　　　　　　　　　　　　　　　　　（   ）

4. 一个有效运行的经济可能并不令人满意,因为存在不平等。　　　　　　　　　　　　　　　　　　　　　　（   ）

5. 在有负的外部效应的经济中,竞争均衡不一定是帕累托最

优的,而正的外部效应则改善竞争均衡的效率。 （ ）

6. 在纯交换经济的帕累托最优配置下,绝对不可能会有两个人互相喜欢对方的消费组合。 （ ）

7. 如果 X 是帕累托最优配置,而 Y 不是,那么每个人的福利在 X 配置下不会差于 Y 配置下的,而有些人的福利则胜于 Y 配置下的。 （ ）

8. 人们能够得出代表全社会所有人对福利判断的社会福利函数。 （ ）

9. 契约线上的每一个配置都是帕累托最优配置。 （ ）

10. 在有外部经济的条件下,完全竞争均衡不一定是帕累托最优的。 （ ）

答　案

1. 正确。　2. 正确。　3. 正确。　4. 正确。　5. 错误。
6. 正确。　7. 错误。　8. 错误。　9. 正确。　10. 正确。

计算题

1. 假定一个社会中有两个消费者 A、B,资源约束决定两个人的效用可能性曲线为 $U_A+4U_B=200$。求在以下的福利函数条件 $W(U_A,U_B)$ 下,若要使社会福利最大化,U_A、U_B 该如何确定?

(1) $W(U_A,U_B)=\min(U_A,U_B)$。

(2) $W(U_A,U_B)=\max(U_A,U_B)$。

(3) $W(U_A,U_B)=(U_A\cdot U_B)^{\frac{1}{2}}$。

2. 电力的需求量白天与夜晚不同,各自的需求曲线分别为：白天 $Q_1=240-2P_1+P_2$,夜晚 $Q_2=120+P_1-2P_2$。电力公司的成本函数为 $C=(\max(Q_1,Q_2))^2$。该如何定价使得经济福利最大?

3. 由消费者 A、B 及产品 X、Y 构成的经济中,A、B 的效用函数为：$U_A=X\cdot Y$,$U_B=40(X+Y)$。X、Y 的存量为：$X=120$,

$Y=120$。该经济系统的福利函数为 $W(U_A,U_B)=U_A \cdot U_B$。求：

(1) 该经济的效用边界。

(2) 社会福利最大化时的资源配置情况。

4. 在一个由两消费者和两产品构成的经济中,效用函数为: $U_A=X \cdot Y, U_B=2X \cdot Y, X 、 Y$ 的存量为: $X=60, Y=80$。该经济系统的福利函数为 $W(U_A,U_B)=U_A \cdot U_B$。求社会福利最大化时的资源配置情况。

答 案

1. 解:(1) $W(U_A,U_B)=\min(U_A,U_B), 0 \leqslant U_A \leqslant 200, 0 \leqslant U_B \leqslant 50$。

当 $U_B=U_A=40$ 时,$W(U_A,U_B)$ 达到最大。

(2) $W(U_A,U_B)=\max(U_A,U_B), 0 \leqslant U_A \leqslant 200, 0 \leqslant U_B \leqslant 50$。

当 $U_B=200, U_A=0$ 时,$W(U_A,U_B)$ 达到最大。

(3) $W(U_A,U_B)=(U_A \cdot U_B)^{\frac{1}{2}}=\frac{1}{2}(U_A \cdot 4U_B)^{\frac{1}{2}} \leqslant \frac{1}{4}(U_A+4U_B)=50$。

当 $U_A=4U_B$ 时,$W(U_A,U_B)$ 达到最大,此时 $U_B=25$, $U_A=100$。

2. 解:经济福利最大是指在一定的成本下取得效用最大或是一定的效用下成本最低。

由于电力公司的成本函数为 $C=(\max(Q_1,Q_2))^2$,只有在 $Q_1=Q_2$ 时,成本才能达到最小,即 $Q_1=Q_2=Q$。

电力公司的定价要符合利润最大化的要求。

利润 $\pi=Q_1P_1+Q_2P_2-C=(P_1+P_2)Q-Q^2$,

利润最大化的条件为: $\dfrac{\mathrm{d}\pi}{\mathrm{d}Q}=0$。

$$P_1+P_2-2Q=0$$

将上式代入需求函数,得出 $P_1=110, P_2=70, Q=90$。

3. 解：设配置给消费者 A 的产品为 (x,y)，消费者 B 的产品为 $(120-x,120-y)$，此时两者的效用分别为：
$$U_A = xy, U_B = 40(240-x-y)$$
将上面两个式子消去 y，可得 $40U_A = x(9\,600-40x-U_B)$。

帕累托最优状态是一方效用水平一定的条件下，另一方效用极大化的状态，U_B 一定的情况下，U_A 最大的条件是 $\dfrac{\mathrm{d}U_A}{\mathrm{d}x}=0$。
$$9\,600-U_B-80x=0$$
将上式代入 U_A，得出 $U_B = 9\,600-80U_A^{\frac{1}{2}}$，此为该经济系统的效用边界。

(2) 社会福利函数为 $W(U_A, U_B) = U_A \cdot U_B = U_A(9\,600-80U_A^{\frac{1}{2}})$，社会福利极大化的条件为
$$\frac{\mathrm{d}W}{\mathrm{d}U_A} = 9\,600-120U_A^{\frac{1}{2}} = 0$$
解得当 $U_A = 6\,400$ 时，$W(U_A, U_B)$ 达到最大。
$U_B = 3\,200, x = 80, y = 80$。

配置给消费者 A 的产品为 $(80,80)$，消费者 B 的产品为 $(40,40)$。

4. 解：配置给消费者 A 的产品为 (x,y)，消费者 B 的产品为 $(60-x, 80-y)$。
$$W = W(U_A, U_B) = (U_A \cdot U_B)^{\frac{1}{2}} = 2xy(60-x)(80-y)$$
W 最大化的条件为：
$$\frac{\partial W}{\partial x} = 2y(60-2x)(80-y) = 0$$
$$\frac{\partial W}{\partial y} = 2x(60-x)(80-2y) = 0$$
由以上的方程组解得：$x = 30, y = 40$。

配置给消费者 A 的产品为 $(30,40)$，消费者 B 的产品为 $(30,40)$。

问答题

1. 为什么在实现帕累托最优的条件中要规定不存在规模报酬递增？

2. 为什么在实现帕累托最优的条件中要规定不存在外部效应？

答 案

1. 答：因为如果存在规模报酬递增，就会出现正的利润和大于边际成本的价格。

2. 答：因为存在外部效应时，会扭曲资源配置。在存在外部经济的现象时，由于社会收益大于个人的收益，有利于社会的个人经济活动不会达到社会需要的程度，即社会需要的活动上资源配置不足；在存在外部不经济现象时，由于个人或个别企业不承担外在成本，个人成本低于社会成本，按照私人成本决策时，产量大于社会最佳产量，资源配置过多。

第十五章
市场经济与政府管制

概 要

1. 市场机制并非总是有效率的,在发生垄断、存在外部效应和提供公共产品等场合,市场机制往往缺乏效率。因此需要政府进行必要的干预和调节。

2. 各国普遍通过反垄断法对垄断进行限制,对自然垄断则采取管制价格的方式。

3. 在决定公共产品的数量以及促使人们提供社会需要的公共产品上,市场机制不能发挥有效性。公共产品的决策常常依靠非市场的选择,即公共选择。

4. 外部效应影响资源配置的有效性。发生外部经济的场合,社会收益大于私人收益,个人缺乏利益激励去从事有利于社会而个人得不到足够好处的活动,因而在这部分活动上配置的资源过少。在发生外部不经济的场合,社会成本大于私人成本,产量过大,资源配置过多,超过社会最优水平。

5. 在发生了外部效应的场合,人们要求政府代表社会利益进行干预。管制污染、征收排污费等是常用的方法。

6. 科斯提出了通过界定私人产权来对解决外部不经济问题的观点。这种方法的有效性取决于私人产权交易时可能花费的交易成本。

基本概念

公共商(产)品　市场失灵　成本-收益分析

科斯定理　外部效应

选择题

1. 市场失灵是指　　　　　　　　　　　　　　　　　（　）
A. 市场机制没能使社会资源的分配达到最有效率的状态
B. 价格机制不能起到有效配置资源的作用
C. 根据价格所作的决策使资源配置发生扭曲
D. 以上都是

2. 以下哪一个特征不是公共产品的特征？　　　　　　（　）
A. 非排他性　B. 竞争性　C. 外部性　D. 由政府提供

3. 可用以下哪一个术语来描述一个养蜂主与邻近的经营果园的农场主之间的影响？　　　　　　　　　　　　（　）
A. 外部不经济　　　　B. 外部经济
C. 外部损害　　　　　D. 以上都不是

4. 公路拥挤表明公路这种物品具有　　　　　　　　　（　）
A. 竞争性　　　　　　B. 非排他性
C. 竞争性和排他性　　D. 排他性

5. 公共产品的均衡产量可以由　　　　　　　　　　　（　）
A. 由市场供求决定　　B. 由购买者决定
C. 由投入－产出法决定　D. 由成本－收益分析法决定

6. 如图15-1,假设化工厂排放污染的私人边际成本为零,SMC、SMR分别表示社会边际成本和收益,那么私人排放污染和社会最优的排放污染的水平分别是　　　　　　　（　）
A. O,A　　B. A,B
C. B,O　　D. B,A

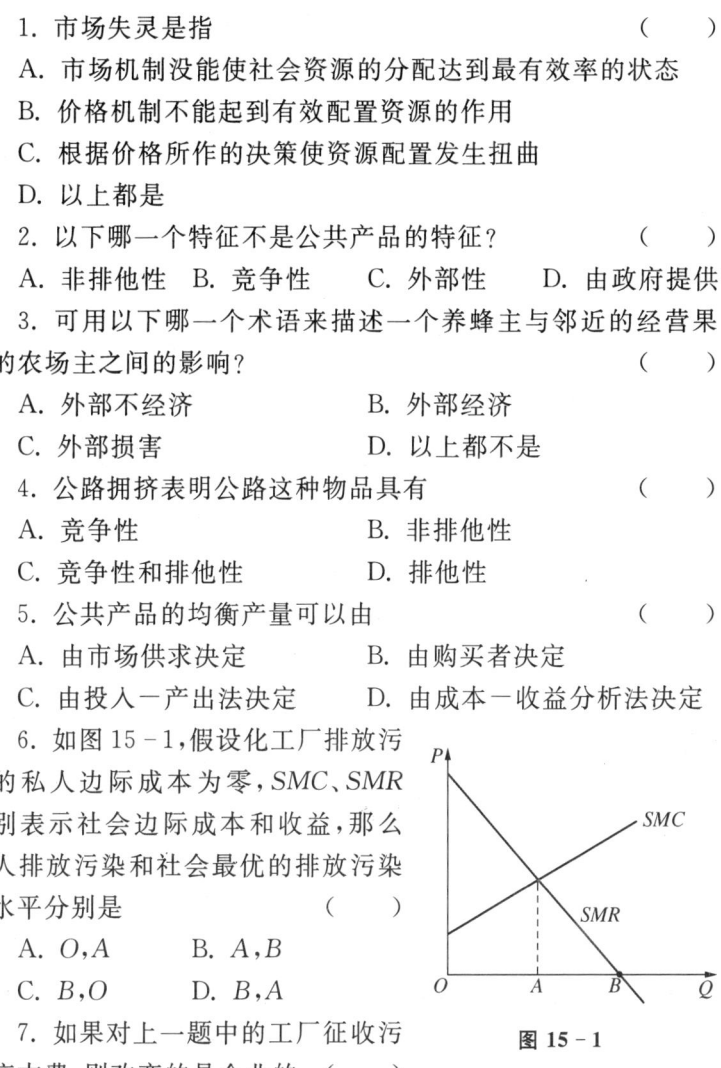

图 15-1

7. 如果对上一题中的工厂征收污染庇古费,则改变的是企业的（　）

A. 边收益曲线　　　　　　B. 总收益曲线
C. 边际成本曲线　　　　　D. 需求曲线

8. 关于科斯理论,正确的论述是　　　　　　　　　(　　)

A. 科斯理论阐述的是产权与外部影响问题
B. 科斯不赞成优先考虑政府作用
C. 产权方式在涉及的主体数目较小时较为有效
D. 以上都对

9. 在图 15-2 中生猪养殖的厂商造成了水和空气的污染。$MS(P)C$ 分别代表社会(私人)边际成本, $AS(P)C$ 分别代表社会(私人)平均成本,则如果不加以管制,则厂商的利润最大化产量和社会最有效产量分别在　　　　　(　　)

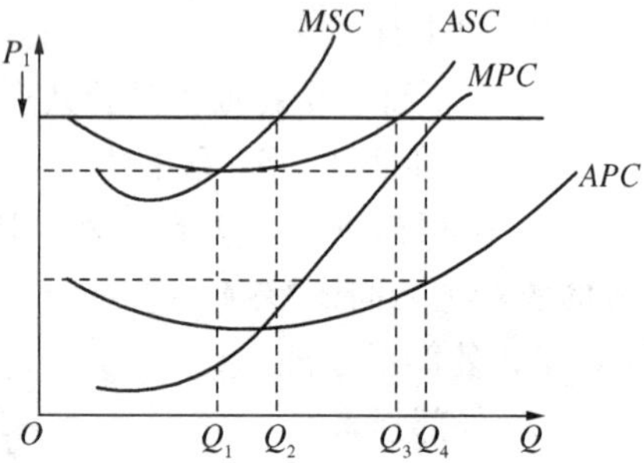

图 15-2

A. Q_1、Q_3　　B. Q_2、Q_3　　C. Q_1、Q_2　　D. Q_2、Q_4

10. 通过产权界定或给资源使用权定价,适宜于有效利用
　　　　　　　　　　　　　　　　　　　　　　　　(　　)

A. 人力资源　　　　　　　B. 多次性使用的资源
C. 可再生的资源　　　　　D. 以上都是

11. 通过下列哪种途径可以使外部不经济的产品减少供给?
　　　　　　　　　　　　　　　　　　　　　　　　(　　)

A. 减税　　　　　　　　　B. 补贴
C. 增加税收　　　　　　　D. 市场价格变动

12. 使用价格管制于自然垄断行业是因为　　　　　(　　)

A. 规模经济要求垄断厂商存在
B. 管制价格可以使价格降低
C. 管制价格可以使产量增加

D. 以上都是
13. 产生公用地悲剧的原因在于　　　　　　　　（　　）
A. 私人边际收益大于社会边际收益
B. 私人边际成本大于社会边际成本
C. 社会边际收益大于私人边际收益
D. 社会边际成本大于私人边际成本
14. 对垄断厂商实行价格管制的困难主要在于　　（　　）
A. 垄断厂商具有关于成本的信息,而政府部门没有
B. 垄断厂商可能采取对策性行为
C. 政府部门人力有限而企业数量多
D. 以上都是
15. 当厂商生产污染了环境,而又不负担其成本时,（　　）
A. 其边际成本被低估
B. 其平均可变成本被低估
C. 其总成本被低估
D. 以上都对
16. 以下哪一条最准确地说明产生污染的生产是缺乏效率的?　　　　　　　　　　　　　　　　　　（　　）
A. 其社会总成本高于私人总成本
B. 其社会边际成本高于私人边际成本
C. 其产量大于社会最优产量
D. 忽略了外在成本
17. 在完全竞争但是存在外部成本的情况下,产品的最优产量应该　　　　　　　　　　　　　　　　　　（　　）
A. 是社会平均成本等于价格的产量
B. 是私人成本边际成本等于价格的产量
C. 是社会边际成本等于价格的产量
D. 是私人平均成本等于价格的产量
18. 解决外部不经济问题可以采取以下哪一种方法?（　　）

A. 征税 B. 界定产权
C. 通过将外部性内在化 D. 以上都可行

19. 政府在考虑是否对某项技术研发予以补贴,已知该项技术的收益和成本曲线如图 15-3 所示,该项技术的社会最有效率的产量和价格是( )

A. Q_2, P_2
B. Q_1, P_1
C. Q_2, P_1
D. Q_1, P_2

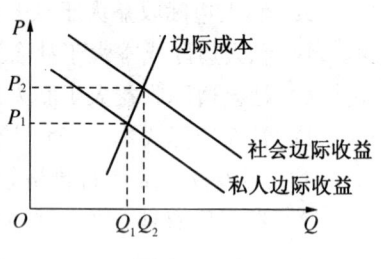

图 15-3

答　案

1. D.　2. B.　3. B.　4. B.　5. D.　6. D.　7. C.　8. D.
9. D.　10. D.　11. C.　12. D.　13. D.　14. D.　15. D.
16. C.　17. C.　18. D.　19. A.

判断题

1. 公共产品在消费时一般具有外部性。　　　　　　　　(　　)
2. 增加公共产品的消费者人数需要减少其他消费品的生产。
　　　　　　　　　　　　　　　　　　　　　　　　　(　　)
3. 当存在外部不经济时,私人成本与社会成本的差异是导致市场失灵的原因。　　　　　　　　　　　　　　　　　　(　　)
4. 存在外部不经济时,社会边际成本高于价格。　　　　(　　)
5. 社会边际成本高于价格说明在这种商品生产上资源使用得过多。　　　　　　　　　　　　　　　　　　　　　　　(　　)
6. 科斯认为任何时候只要产权界定清晰,价格机制就能有效运行。　　　　　　　　　　　　　　　　　　　　　　　　(　　)

7. 对自然垄断实行价格管制的作用主要在于降低价格。
( )

8. 社会对公共产品的需求曲线是由个人对公共产品的需求曲线横向加总得到的。( )

9. 消除外部经济效应的唯一方法是征税或补助。( )

10. 公共产品生产上市场机制失灵是说供求双方信息不对称。( )

11. 因为污染破坏了环境,所以应该禁止任何污染。( )

12. 公用电话和公共汽车等也是公共产品。( )

答　案

1. 错误。 2. 错误。 3. 正确。 4. 正确。 5. 正确。
6. 错误。 7. 错误。 8. 错误。 9. 错误。 10. 错误。
11. 错误。 12. 错误。

计算题

1. 我们看一个关于瑞星软件产品的例子。每年瑞星公司都要推出杀毒软件的新版本,这一项要花费掉该公司 30 万元成本。而对于消费者来说,从瑞星公司的网站中下载这样的软件并不需要花费任何成本。瑞星公司经过市场调研,发现市场对于新升级的软件的需求表如表 15－1 所示(设可供选择只有表中的 5 种价格)。

表 15－1

升级软件的价格(元)	升级软件的需求(个)
180	1 700
150	2 000
120	2 300
90	2 600
0	3 500

(1) 从社会最优的角度来看,这样的升级软件应该定多高的价格?

(2) 瑞星公司愿意生产并销售该种升级软件的最低价格是多少?根据需求表,请画出需求曲线,并指出最低价格时相对于社会最优时的福利损失。

(3) 从利润最大化的角度来看,瑞星公司应该定多高的价格?此时社会福利损失是增加还是减少了?

2. 一个社区内,居住在上游的甲每天排放的大量生活废水污染了河流下游的一些邻居。请说明:

(1) 外部性的社会边际成本是指什么?

(2) 在不存在政府干预和科斯方法解决的条件下,画图说明甲废水的排放数量。

(3) 根据(2)中的图形说明这个社区最优的排放量是多少?

3. 一家自然垄断的厂商,它面临的需求曲线为 $Q=2\,000-10P$,它的边际成本函数为 $MC=50$,政府要对它进行价格管制,规定了最高限价为 100。求:

(1) 管制前的均衡产量和价格。

(2) 政府管制使厂商增加了多少产量?

4. 一家具有外部经济性的企业,每多生产一单位的产品,企业的边际收益为 $MR=100-0.05Q$,整个社会的边际收益为 $MR^*=105-0.05Q$,企业的成本函数为:$TC=0.1Q^2+20Q$。为了达到帕累托最优,需要政府对该企业进行补贴。求:

(1) 补贴前企业的产量。

(2) 政府该对企业补贴多少?

(3) 政府补贴使产量增加了多少?

5. 一家厂商,其生产行为产生外部不经济,厂商的成本函数为:$TC=0.05Q^2+10Q$,而社会成本为:$TC^*=0.1Q^2+13Q$。厂商生产的产品的需求函数为:$Q=500-5P$。为了达到帕累托最优,需要政府对厂商收费以调节私人成本与社会成本的差异。求：

（1）政府该如何收费？

（2）收费后厂商的产量和产品价格有何变化，利润有何变化？

6.* 有两家厂商，它们之间存在外部性，厂商1给厂商2造成额外成本，它们的成本函数为：$C_1 = 2X^2$，X是厂商1的产量；$C_2 = Y^2 + 2XY$，Y是厂商2的产量。产品价格为：$P_1 = 80$，$P_2 = 60$。求：

（1）在两家厂商不对外部性进行交涉的情况下，它们各自的产量和利润情况。

（2）如果它们进行交涉，并且忽略交易成本，那么两厂商的产量是多少；利润分配有什么样的可能？

7. 在一家农场中有一个果园和一个鱼塘，鱼塘对果园具有外部性，果园产量为A，鱼塘产量为B，其成本函数分别为：$C_A = 0.01A^2 - 0.5B$，$C_B = 0.01B^2$。水果的单价为$P_A = 5$，鱼的单价为$P_B = 6$。求：

（1）若果园和鱼塘由不同的人承包，各自的均衡产出和利润。

（2）* 若果园和鱼塘由同一个人来承包，两种产品的产出和总利润。

8.* 在一个经济系统里，由消费者A、B和公共产品Z、私人产品X。消费者A、B的效用函数为：$U_A = X_A Z^{\frac{1}{2}}$，$U_B = X_B Z^{\frac{1}{2}}$。最初经济系统中私人产品数量为24，公共产品要用私人产品来生产，生产函数为$X = 2Z$。该经济系统的福利函数为$W = U_A \cdot U_B$。求使福利最大化的公共产品的最佳产量。

答　案

1. 提示：可以认为，软件是一种生产具有规模经济的商品，只需投入固定成本，一旦生产出来边际成本为零。因此社会最优定价应该是刚好弥补固定成本的价格，从而使得社会上尽可能多的消费者消费到商品。而厂商却是在利润最大化的角度定价,定价相对较高,并且有一部分消费者消费不到该类软件,这部分消费者损失的福利就是社会福利损失。

2. 略。

3. 解:(1)管制之前,厂商的边际收益为 $MR = 200 - 0.2Q$
厂商由 $MR = MC$ 来决定产量。

$200 - 0.2Q = 50$,可以得出 $Q = 750, P = 125$。

(2)政府管制之后,厂商的 MR 曲线是断开的

$$MR = \begin{cases} 100 & 0 \leqslant Q < 1\,000 \\ 200 - 0.2Q & Q > 1\,000 \end{cases}$$

新的 MR 曲线决定了厂商的均衡产量是 $Q = 1\,000$。

政府管制使厂商多提供了 250 个单位的产品。

4. 解:(1)补贴之前,企业由 $MR = MC$ 来决定产量。

$100 - 0.05Q = 0.2Q + 20$,可以得出 $Q = 320$。

(2)要使资源配置优化,必须使企业的收益提高,为了促使企业提高产量,补贴是以每单位产品发放给企业的。

企业生产每单位产品获得补贴为 $MR^* - MR = 5$。

(3)补贴后,企业的边际收益为 $MR = 105 - 0.05Q$。

$$MR = MC$$
$$105 - 0.05Q = 0.2Q + 20$$
$$Q = 340$$

政府的补贴使产量增加了 20 个单位。

5. 解:(1)为了达到帕累托最优,政府必须向厂商收费,使厂商的私人成本等于社会成本。

政府向厂商收取的费用为:$TC^* - TC = 0.05Q^2 + 3Q$。

(2)未收取费用时,厂商的边际成本为 $MC = 0.1Q + 10$。

$$MC = MR$$
$$0.1Q + 10 = 100 - 0.4Q$$

可得产量 $Q=180$,产品价格 $P=64$,厂商利润 $\pi=8\ 100$。

收取费用后,厂商的边际成本为 $MC=0.2Q+13$,$MC=MR$,$0.2Q+13=100-0.4Q$。

可得产量 $Q=145$,产品价格 $P=71$,厂商利润 $\pi=6\ 307.5$。

政府的收费政策使得厂商的产量减少了 35 个单位,产品价格上升了 7 个单位,厂商利润减少了 1 792.5 个单位。

6. 解:(1)两家厂商的利润函数为:
$$\pi_1 = P_1 X - C_1 = 80X - 2X^2$$
$$\pi_2 = P_2 Y - C_2 = 60Y - Y^2 - 2XY$$

两家各自决策:
$$\frac{\partial \pi_1}{\partial X} = 80 - 4X = 0$$
$$\frac{\partial \pi_2}{\partial Y} = 60 - 2Y - 2X = 0$$

由上式联立解得:$X=20$,$Y=10$。

$\pi_1=800$,$\pi_2=100$。

(2)厂商之间如果要进行交涉,就是追求利润总和的最大化,然后再对利润进行分配。

利润总和 $\pi = \pi_1 + \pi_2 = 80X - 2X^2 + 60Y - Y^2 - 2XY$。

利润总和最大化,要满足:
$$\frac{\partial \pi}{\partial X} = 80 - 4X - 2Y = 0$$
$$\frac{\partial \pi}{\partial Y} = 60 - 2Y - 2X = 0$$

解得:$X=10$,$Y=20$,$\pi=1\ 000$。

利润总和大于分别决策时的利润之和,总利润增加了 100。

两家厂商对利润分配的要求是:在维持原来利润水平的基础上,双方分享增加的部分,具体如何分配由双方的谈判能力决定。

7. 解:(1)承包经营人追求利润的最大化的均衡条件:

$MR = MC$。

$5 = 0.02A, 6 = 0.02B$。

解得：$A = 250, B = 300$。

$\pi_A = 5 \times 250 - 0.01 \times 62\,500 + 0.5 \times 300 = 775$

$\pi_B = 6 \times 300 - 0.01 \times 90\,000 = 900$

(2) 合并经营后，利润最大化的均衡条件为：

$$\frac{\partial TR}{\partial A} = \frac{\partial TC}{\partial A}, \frac{\partial TR}{\partial B} = \frac{\partial TC}{\partial B}$$

即 $5 = 0.02A$ 且 $6 = 0.02B - 0.5$。解得 $A = 250, B = 325$。

新的利润为 $\pi = \pi_A + \pi_B = (5 \times 250 - 0.01 \times 62\,500 + 0.5 \times 325) + (6 \times 325 - 0.01 \times 105\,625) = 1\,681.25$。

8. 解：社会福利函数 $W = U_A \cdot U_B = X_A \cdot (24 - 2Z - X_A) \cdot Z$

福利最大化的条件：

$$\frac{\partial W}{\partial X_A} = (24 - 2Z - 2X_A) \cdot Z = 0$$

$$\frac{\partial W}{\partial Z} = X_A \cdot (24 - 4Z - X_A) = 0$$

由于 $Z \neq 0, X_A \neq 0$，所以，$24 - 2Z - 2X_A = 0, 24 - 4Z - X_A = 0$。

解得：$Z = 4, X_A = 8, X_B = 8$。

公共产品的最佳产量是 4。

问答题

1. 为什么说垄断或不完全竞争会降低效率，这种效率是什么意义上的效率？

2. 对自然垄断实行管制的原则是什么？

3. 除了教科书上列举的之外，公共产品还有哪些？

4. 公共产品与外部效应是否有联系？

答 案

1. 答：这种效率是指配置效率。垄断尽管往往会带来规模经济，促进技术创新，有助于提高动态效率，但是因其具有静态的效率损失，资源不能得到充分利用，社会福利受到损失。这种损失可以用图 15-4 表示。

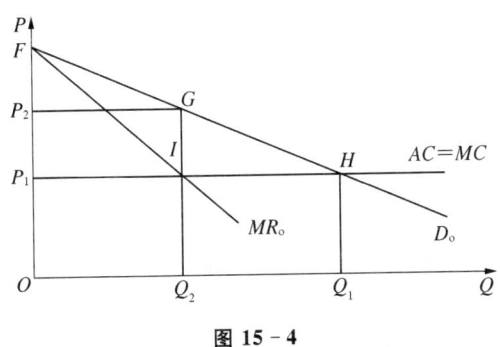

图 15-4

图中 D_0 和 MR_0 分别表示垄断厂商的需求曲线和边际收益曲线。假定该厂商的平均成本和边际成本相等且固定不变，由直线 $AC=MC$ 表示。垄断厂商利润最大化产量则在 Q_2，价格在 P_2，高于边际成本。这说明产量没有达到帕累托最优。因为该厂商的最优产量在 Q_1。在产量为 Q_1 处，消费者可以得到 $\triangle FP_1H$ 面积所表示的消费者剩余。在垄断下，由于产量过小，$\triangle GIH$ 面积所表示的消费之剩余未能得到。这就是社会福利的净损失。图中 P_1P_2GI 所代表的面积为垄断厂商攫取的消费者剩余。

2. 答：自然垄断存在的合理性在于其规模经济性，但独家垄断难免带来价格过高、产量较少的问题。政府对自然垄断企业实行管制，就是要使其价格被控制在合理范围内。政府一般采取限制其最高价格的方法，其结果不仅是限制了最高价格，同时也将使产量有所提高。

3. 答：公共产品的种类有许多，只要是具有非排他性的产品都可以看作是公共产品。常见的公共产品还有路灯、路标、市民广场、天气预报和在电视广播中提供的其他信息服务等。

4. 答：公共产品实际上具有正的外部性。

图书在版编目(CIP)数据

微观经济学学习指导 / 刘东,王国生,张建忠主编. —2版. —南京:南京大学出版社,2009.08(2021.9重印)
(商学院文库)
ISBN 978-7-305-06354-1

Ⅰ.微… Ⅱ.①刘…②王…③张… Ⅲ.微观经济学-高等学校-教学参考资料 Ⅳ.F016

中国版本图书馆 CIP 数据核字(2009)第 132774 号

出 版 者	南京大学出版社
社 址	南京市汉口路22号　　邮编 210093
出 版 人	金鑫荣
丛 书 名	商学院文库
书　　名	微观经济学学习指导(第二版)
主 编	刘　东　王国生　张建忠
责任编辑	耿飞燕　高　彬　　编辑热线 025-83595227
照 排	南京紫藤制版印务中心
印 刷	丹阳兴华印务有限公司
开 本	850×1168 1/32 印张8.875 字数231千
版 次	2021年9月第2版第7次印刷
ISBN	978-7-305-06354-1
定 价	23.00元

网址:http://www.njupco.com
官方微博:http://weibo.com/njupco
官方微信号:njupress
销售咨询热线:(025)83594756

* 版权所有,侵权必究
* 凡购买南大版图书,如有印装质量问题,请与所购图书销售部门联系调换